中国博士后科学基金面上资助项目（2019M652763）
湖南省普通高等学校教学改革研究项目（HNJG-2020-WT017）
湖南省教育科学规划课题（XJK20BGD005）
湖南省社科基金高校思想政治工作研究项目（21B17）

本科专业调整与产业结构演进动态耦合机制研究

Research on the Dynamic Coupling Mechanism Between Undergraduate Major Adjustment and Industrial Structure Evolution

杨水根◎著

湖南科学技术出版社
·长沙·

图书在版编目（CIP）数据

本科专业调整与产业结构演进动态耦合机制研究 / 杨水根著 . —长沙 : 湖南科学技术出版社 , 2022.10

ISBN 978-7-5710-1609-8

Ⅰ . ①本… Ⅱ . ①杨… Ⅲ . ①高等学校—专业设置—研究—中国 Ⅳ . ① G649.28

中国版本图书馆 CIP 数据核字（2022）第 096865 号

本科专业调整与产业结构演进动态耦合机制研究

BENKE ZHUANYE TIAOZHENG YU CHANYE JIEGOU YANJIN DONGTAI OUHE JIZHI YANJIU

著　　者：杨水根
出 版 人：潘晓山
责任编辑：杨　旻
责任美编：刘　谊
整体设计：闰江文化
出版发行：湖南科学技术出版社
社　　址：长沙市芙蓉中路一段 416 号泊富国际金融中心
网　　址：http://www.hnstp.com
湖南科学技术出版社天猫旗舰店网址：
http://hnkjcbs.tmall.com
邮购联系：0731-84375808
印　　刷：湖南省众鑫印务有限公司
（印刷质量问题请直接与本厂联系）
厂　　址：湖南省长沙县榔梨街道梨江大道 20 号
邮　　编：410100
版　　次：2022 年 10 月第 1 版
版　　次：2022 年 10 月第 1 次印刷
开　　本：710 mm×1000 mm　1/16
印　　张：16
字　　数：211 千字
书　　号：ISBN 978-7-5710-1609-8
定　　价：96.00 元

杨水根，湖南浏阳人，博士、博士后，湖南省青年骨干教师，湖南工商大学内聘教授、硕士研究生导师、麓山青年学者，湖南省精品在线开放课程、湖南省线上线下混合式一流课程“零售学”负责人，现任湖南工商大学经济与贸易学院党委书记，兼任中国商业经济学会理事、中国商业经济学会青年分会常务理事、湖南省商业经济学会秘书长。先后主持国家社科基金项目、中国博士后科学基金面上资助项目等课题20多项；在《系统工程理论与实践》《大学教育科学》等期刊公开发表学术论文30多篇；主持获湖南省高等教育教学成果一等奖1项，参与获国家级教学成果二等奖1项、湖南省高等教育教学成果奖7项（其中特等奖1项，一等奖3项）；获“湖南省优秀教务工作者”“湖南省教育系统优秀党务工作者”等多项荣誉称号。

前　言

CONTENTS

专业是高校人才培养的基础平台和基本单元。“同步规划产教融合与经济社会发展，推动学科专业建设与产业转型升级相适应”是“十四五”时期全面推进一流本科教育建设、促进区域经济高质量发展的迫切要求。优化产业结构是推进经济结构战略性调整的主要着力点，产业结构变动引起的就业结构将直接影响本科专业设置与调整，基于资源配置效应和创新效应增加本科专业发展所需的教育资源投入和教育成果产出；本科专业调整根植于产业结构，促进产业结构所需的人力资本规模与结构发生改变，实现教育资源的科学利用和创新知识的有效产出，进而促进产业结构向合理化、高级化、高效化演进，促进两者的动态耦合调整有助于构建高等教育高质量发展体系、提升服务区域经济社会发展能力，对于培育经济发展新动能、实现经济社会高质量发展具有重要的现实意义。

本研究的主要内容包括：

首先，在科学界定本科专业调整与产业结构演进及其耦合协同经济效应等概念的基础上，对相关文献进行了梳理，利用 2003—2019 年全国宏观及省域数据，综合剖析了产业结构演进轨迹、本科专业结构调整现状以及当前本科专业调整与产业结构演进耦合协同发展面临的机遇与挑战，结合教育内外部关系理论、人力资本理论、产业结构演进及结构—功能等经典理论，阐述了本科专业调整与产业结构演进动态耦合的理论机制；其次，基于本科专业调整和产业结构演进两个系统进行评价指标设计，并引入耦合协调度模型、信息熵、空间变异系数、趋势面分析、标准差椭圆等多种分析工具分产业、分时间测度与分析我国本科专业调整与产业结构演进耦合协调度的时空演化特征；再次，建立面板数据模型和空间计量模型探讨两者耦合协同发展的经济增长效应及其空间溢出效应，并进一步讨论文科建设的耦合协同情况；最后，构建 ARIMA（p, d, q）模型预测到 2025 年我国产业结构变动趋势，并基于回归模型探讨了本科专业结构调整的发展方向。在此基础上，为进一步揭示微观特征，选择全国首批产教融合示范省——湖南省为典型案例，对本科专业调整与产业结构演进的区域特征进行分析，同时结合 A 大学专业动态调整的实践，总结和提炼本科专业调整与产业结构演进动态耦合发展的一般经验与启示。研究发现：

第一，我国本科专业调整与产业结构演进存在动态耦合互动关系，2003—2019年本科专业调整由规模扩张向高质量发展转变，产业结构演进明显较快，但两个系统的耦合互动性不强；耦合协同水平呈上升趋势但具有外延式发展、过渡式发展和内涵式发展的阶段性特征，历经“本科专业超前－基本同步－本科专业滞后”的演变过程，尚处于Ⅶ型耦合协同发展阶段，距系统最优（Ⅷ型）还有一定距离；两者耦合协同度具有空间集聚特性，总体呈现“东高西低”相对固化的空间分布格局，区域差异趋向扩大，且三次产业学科的耦合协同度也具有“东北—西南”空间演化趋势，第二产业更是成为中西部地区产教融合的薄弱环节。

第二，本科专业调整与产业结构演进耦合协同发展有助于释放本科教育的先导效应，能够显著促进经济增长，并呈现“西部＞东部＞中部”的区域异质性特征；三次产业学科的耦合协同经济增长效应整体呈现“二三一”的梯次分异趋势，而东部地区第一产业学科的耦合协同经济增长效应最强，中部地区是耦合协同经济增长效应的洼地；由于耦合协同度显示具有“集聚—分散—集聚”的空间循环过程，两者耦合协同发展对经济增长具有显著的正向空间溢出效应，且间接效应明显大于直接效应，但受地理因素的制约，空间涓滴效应有待加强；进一步分学科讨论发现，文科建设与产业结构演进的耦合协同发展尚处于起步阶段，其教育经济引领作用目前仅在东部地区发挥，推进文科建设与产业结构演进协同发展的广度和深度是解决区域不均的重要方向。

第三，从未来发展趋势来看，我国产业结构将不断向“三二一”演进，并随着地区经济高质量发展，对于人文类的人才需求会出现结构性调整，对于教育学类和经管类人才需求趋于稳定，而对理工类和医学类的专业人才需求会持续上涨，专业化的农业人才需求相应增长。因此，未来应统筹推进基础学科和应用学科协同发展，适当增加理工类和医学类专业布点和招生人数，不断优化调整经管类和教育学类专业设置结构，鼓励学科交叉，推进特色专业集群化发展，加快推进“四新”建设，以期实现本科教育与产业结构更好地协调发展。

基于前述研究，提出从优化动态调整基本原则、锚定耦合动态调整重点、创新动态协同调整策略等方面明确动态耦合协同发展方向，从健全需求引领调整机制、推动供需融合精准对接、打造内涵提质创新引擎等方面提升两者耦合协同发展水平，从加强耦合协同政策引导、加大人才培养经费支持、优化专业评价质量体系、建设潜心育人师资队伍等方面健全耦合协同长效保障体系等行动路径。

目 录

CONTENTS

第一章 导论

1.1 研究背景、问题提出与研究意义

1.1.1 研究背景

构建高质量发展高等教育体系是提升国家竞争力、参与全球竞争与治理的客观诉求。《中华人民共和国国民经济和社会发展第十四个五年规划和2035年远景目标纲要》明确指出建设高质量教育体系，提高高等教育质量，建立学科专业动态调整机制和特色发展引导机制，增强高校学科设置针对性，推进基础学科高层次人才培养模式改革，优化区域高等教育资源布局，推进中西部地区高等教育振兴。面对中华民族伟大复兴战略全局和世界百年未有之局、新一轮科技革命和产业变革的新形势，科学把握新发展阶段的总体要求和发展态势，认真贯彻新发展理念，客观上要求推动构建高等教育新发展格局，坚持“以本为本”，强化系统思维，突出改革创新[①]。当前，我国高等教育在校生总人数为4 183万，位居世界第一，STEM毕业生人数是美国的6~8倍，高等教育毛入学率由2015年的40%上升到2020年的54.4%，已建成世界规模最大的高等教育体系[②]。同时，高等教育体系实力（2018）位居世界第八、亚洲第一，全球创新指数（2020）连续两年位居世界第14名[③]，这表明我国高等教育已迈入普及化阶段，整体进入世界第一方阵。

当前，我国已进入高质量发展阶段，产业结构不断优化升级带来技术

① 教育部新闻发布会介绍2021年春季学期学校疫情防控等［OL］.http://www.gov.cn/xinwen/2021-02/24/content_5588564.htm

② 教育部.2020全国教育事业统计公报［OL］.http://www.moe.gov.cn/jyb_sjzl/sjzl_fztjgb/202108/t20210827_555004.html.

③ 2020全球创新指数排名，我国位列第14位［OL］.科技日报,http://finance.china.com.cn/roll/20210105/5468820.shtml

结构、就业结构、消费结构等的快速调整，人力资本作为经济增长的决定因素，是推动产业结构优化升级的关键要素。瞄准经济社会发展需求，为产业转型升级输出创新人才和提供行业企业共性技术研究成果是高校的重要使命。作为人力资源供给、科学研究、社会服务和文化传承的重要阵地，高等教育肩负的责任和使命重大，积极推动人才培养的供给侧结构性改革、不断优化适应新发展格局要求的学科专业结构是实现以教育高质量发展服务国家经济社会发展的迫切要求。健全需求导向的人才培养结构调整机制是充分发挥高等教育支撑引领作用的紧迫任务。党的十九大报告强调“深化产教融合，加快一流大学和一流学科建设，实现高等教育内涵式发展”。《国务院办公厅关于深化产教融合的若干意见》（国办发［2017］95号）提出“同步规划产教融合与经济社会发展，推动学科专业建设与产业转型升级相适应”。《教育部关于加快建设高水平本科教育，全面提高人才培养能力的意见》（教高［2018］2号）要求“大力推进一流专业建设，深化高校本科专业供给侧结构性改革，建立健全专业动态调整机制”。2018年习近平总书记在全国教育大会上强调“要提升教育服务经济社会发展能力，调整优化高校区域布局、学科结构、专业设置，建立健全学科专业动态调整机制，推进产学研协同创新。”《教育部关于深化本科教育教学改革，全面提高人才培养质量的意见》（教高［2019］6号）强调深化高校专业供给侧结构性改革，按照专业建设“小逻辑”服从国家发展“大逻辑”的要求，通过加快构建自主性、灵活性与规范性、稳定性相统一的专业设置管理体系，深入实施“六卓越一拔尖”计划2.0，全面实施一流本科专业建设“双万计划”，以新工科、新医科、新农科、新文科建设为引领，带动高校专业结构调整优化和内涵提升。2021年《中共中央 国务院关于新时代推动中部地区高质量发展的意见》更是明确提出“加快高水平专业建设……支持中部省份共建共享一批产教融合实训基地”。2022年全国教育工作会议强调教育工作要围绕中心、服务大局，创新发展支撑国家战略需要的高等教育，推进人才培养服务新时代人才强国战略，推进学科专业结构适应新发展格局需要。《教育部2022年工作要点》明确提出提升高等教育服务创新发展能力，调整优化学科专业结构，发布实施新一版学科专业目录及管理办法，发布首批急需学科专业引导发展清单及管理办法，试点建设一批学科交叉中心，统筹卓越拔尖人才培养，深入实施卓越拔尖人才培养计划，深入推进新工科、新医科、新农科、新文科建设，加快培养理工农医类专业紧缺人才。可见，在我国经济发展进入新时代的重要阶段，促进教育链、人才链与产业链、创新链的有机衔接，是当前推进人力资源供给侧结构性改革的迫切要求。实现本科专业调整与产业结构演进动态耦合协同是推动高等教育内涵式发展、建设高质量人才培养体系的客观要求。到 2035 年建成高等教育强国，必须着力抓好“根本质量、整体质量、成熟质量和服务质量”。本研究聚焦本科专业调整与产业结构演进动态耦合机制建设研究，以期对国家重大战略进行呼应与支持。

1.1.2 问题提出

专业是高校办学的基础单元，是人才培养的重要一环。专业建设水平的高低，不仅对高校学科结构、布局、特色发展有着重要影响，从长远看，也直接影响本科教育水平的提升。从某种意义上说，专业建设是本科院校办学的基础和重要支撑，也是高校联系与服务社会、充分发挥高校人才培养职能的基本纽带，建立符合高等教育人才成长规律、满足经济社会发展需求、科学合理的本科专业结构体系是充分发挥本科高校办学优势、体现人才培养特色、更好体现自身价值与定位的基础性工程。作为一流人才培养的基本单元，一流本科专业建设是一流本科教育建设的基础和依托，是提高高校人才培养能力的重要发力点。早在 2014 年 2 月，教育部发布《关于在部分省（市）开展高等教育结构调整综合改革试点的框架性方案》，特别提出以服务地方经济社会发展为基本方向，以更好地满足产业需求为导向，推动高校学科专业布局调整，实现本科专业结构与产业结构更为紧密的衔接，培养和造就大批高素质应用型人才。实践中，高等教育的发展水平与区域经济发展程度具有很强的正相关关系，高等教育的学科专业结构与产业结构有着密不可分的紧密联系，产业结构的变化通过就业结构需求的变动，进而呼唤与推动专业结构进行调整与优化，同时，专业结构的调整与改革则有助于推动产业结构的升级与高质量发展，这种同频共振有助于实现高校与地方经济社会发展的双赢。因此，本研究从我国扩大本科教育招生以来，通过分析本科专业结构调整和产业结构演进的基本现状与时代内涵，探究两者动态耦合协同发展的内在契合机制是什么？耦合协同发展具有怎样的时空特征？是否具有显著的经济增长效应？未来发展的基本方向在哪里？如何提升两者动态耦合协同发展水平？对上述问题的探讨与研究，既是对现实重大问题的回应，亦是现实发展要求的期盼，更是实现"十四五"时期提升高校服务地方经济发展能力、适应经济社会发展需求的重点基础性工作。

1.1.3 研究意义

本科教育是一种依据专业分工培养高级人才的活动，专业是高校的立足之本，因此，本科专业结构是人才供给结构的重要组成部分，集中反映了经济与社会发展对人才的基本需求。产业是社会分工的产物，体现了生产力发展水平，是经济和社会发展的基础，产业结构优化升级是形成新的增长动力和比较竞争优势的基础，直接关系我国能否最终跨越中等收入陷阱，实现由高增长向高质量发展的转变，获得国际竞争的主动权。尤其是在新的历史时期，我国产业发展面临迭代升级的重大历史机遇，客观上要求推动传统产业的数字化改造升级，以新技术、新模式孵化新发展、新动能，提升资源的合理有效配置，这客观上需要大批高素质、高技能的人才，也必将带来就业结构的巨大变化，需要学科专业的动态调整与之相适应和支撑。

（1）理论意义。一是通过深入探讨本科专业调整与产业结构演进现状、基本特征及建设模式，构建本科专业调整与产业结构演进动态耦合的理论机理和分析框架，有助于提升我国一流本科专业建设的理论认识；二是通过对本科专业调整和产业结构演进动态耦合的理性思考，运用空间分析技术和回归计量方法，进一步拓展本科专业动态调整的研究视野、内涵和方法。

（2）实践意义。一是加快本科专业调整是贯彻落实中央及习近平总书记关于推进"双一流"建设和教育重要论述的实践要求，将有助于高校更好地发挥比较优势和优化资源配置，提升人才培养水平与质量；二是通过深入剖析本科专业调整和产业结构演进现状、机遇与挑战、实施效果评价与对策建议等实践中亟待厘清和思考的重大问题，为加快本科教育内涵式发展和相关部门创新政策支持等提供借鉴和参考，因此，从本科专业结构与产业结构的互动深入研究相关问题，无论对提高我国本科专业建设质量，推升教育服务经济社会发展的能力，还是促进经济社会高质量发展都具有重大的现实意义。

1.2 概念界定、逻辑结构与章节安排

1.2.1 概念界定

（1）本科专业调整。本科是从学历层次去划分人才受教育程度，专业则是从知识结构和未来从事的职业类型去归类人才。高等学校应该基于自身优势和资源，结合经济社会发展需求，建立科学合理的专业结构体系。普通本科教育是专业教育，以学科为基础的专业设置，是现代大学的立学之本、教学之范。基于我国目前经济管理体制的实际状况，依据以“学科为主，兼顾业务部门的需要”原则是较为适宜的专业设置办法。2018 年，教育部颁布《普通高等学校本科专业类教学质量国家标准》，这也是我国首个高等教育教学质量国家标准，该标准突出“学生中心、产出导向、持续改进”理念，对于建设世界眼光、国际标准、中国特色、高点定位的高等教育质量具有重要指导意义。在“双一流”建设快速推进的进程中，普通本科院校专业建设综合评价有利于保障本科人才培养的基本规格，也是我国高等教育质量保障体系不可缺失的部分。建立专业结构动态调整机制，不断加强通识教育，扩大学生知识面和方法训练，根据社会发展需要适时优化与调整本科人才培养方案，促进专业结构优化和特色培育，提高人才培养适应性。本研究侧重从成效评价角度考察专业调整带来的质与量变化情况，本科专业调整不仅有助于满足新时代需求的学生规模扩大、学科专业结构优化，还将引起原创性科研成果产出的增量和资源使用效率的提升，即在“学生中心、产出导向、持续改进”的教育理念引领下，从质与量两方面考察本科专业调整实效。

（2）产业结构演进。产业结构指一个国家或者地区之间全部经济资源在各产业中的配置结构和比例关系。产业结构不是一成不变的，其演进一般可以从横向演进和纵向演进两个维度考察，换句话说，应该充分考虑产

业结构合理化和产业结构高级化。产业结构合理化是根据社会需求和资源禀赋条件，以促进资源的有效配置和合理使用为目标，促进各部门之间的要素配置，进而提升资源的使用效率，增强产业之间的关联与协调程度，当然，这本身也是一个动态发展过程。对于产业结构高级化，其基本特征通常是随着第一产业比重的持续下降，第二产业比重最初出现增长，随后出现下降，随着时间推移，第三产业比重逐步增加，这种变化实际上也意味着在技术水平稳步提高的同时，不同产业之间的内在分工得到进一步细分，彼此之间的协作程度更高，结构规模不断优化，生产效率不断提升，生产成本、交易成本等都出现不同程度的下降，绿色化生产效率稳步提升，有效推进粗放型向集约型经济增长方式转变。近年来，部分学者认为产业结构合理化、高级化仅仅是经济结构优化数量上的表现，这种数量上的要素转移能否取得良好的经济效益还取决于产业结构的效率高低，因此开始将产业结构的高效化纳入产业结构的研究范围中，这是在既定技术条件下，低效率产业比重逐渐降低，高技术产业比重逐渐上升的过程。鉴于此，本研究主要从产业结构的合理化、高级化和高效化三个角度构建综合评价指标体系对产业结构演进进行测度。

（3）动态耦合。一般来说，耦合是一种紧密联系，如果两个事物之间存在彼此影响、相互作用的内在关系，那么我们就可以说两者之间存在一定程度的耦合关系，对这种关系的牢固程度以及密切性进行测量就叫作耦合度。本研究聚焦讨论本科专业调整与产业结构演进之间的相互促进、相互制约的关系，本科专业调整根植于产业结构演进，而本科专业借由人力资本积累和技术创新效应促进产业结构转型升级，是两者相互协同发展的过程。本科专业调整与产业结构演进的动态耦合不仅有助于进一步促进教育与产业子系统的结构优化和质量提升，更有利于实现产学研深度融合，更好地服务地方经济高质量发展。

1.2.2 逻辑结构

本研究沿着“提出问题—分析问题—解决问题”的逻辑主线，按照“现状调研—理论构建—实证检验—案例分析—政策探讨”的研究步骤开展研究。研究技术路线如图 1–1 所示。

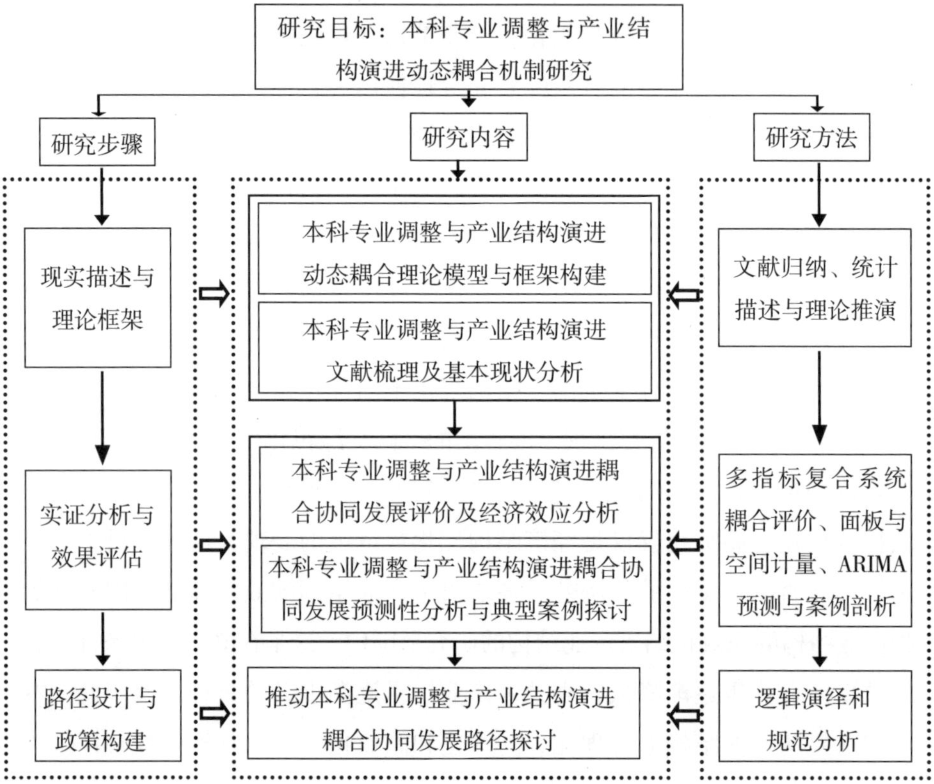

图 1-1　研究技术路线图

1.2.3　章节安排

第一章 绪论。明确研究背景及意义，系统阐述研究的重要概念界定、研究框架和研究内容，并指出研究方法和可能存在的创新点。

第二章 文献综述。结合研究主题，围绕本科专业调整、产业结构演进、本科专业调整与产业结构演进关系等进行文献梳理，并进行简要评述，进而明确研究方向。

第三章 本科专业调整与产业结构演进基本现状分析。本章主要从时空维度对本科专业调整及产业结构演进轨迹进行量化分析，其中，一是重点考察本科专业调整现状，分析本科专业布局、结构与特点等情况，宏观掌握本科专业调整变化特征；二是探讨产业结构演进轨迹，分析产业结构历史演进、就业适应性等问题，实现对主要特征、趋势与差异的较好掌握；

三是本科专业调整与产业结构演进耦合协同发展面临的机遇与挑战，基于创新型国家、“双一流”建设、产教融合等现实背景，剖析客观环境，明确亟待解决的问题，为后续研究奠定坚实的基础。

第四章 本科专业调整与产业结构演进动态耦合机制分析。基于教育内外部关系、人力资本、产业结构演进、结构—功能等经典理论，系统阐述本科专业调整与产业结构演进动态耦合的理论逻辑，对系统耦合互动机制的内在机制、影响机制、作用机制等进行分析，对动态耦合机制的动态特征、多方主体与协同效应进行讨论，实现对两者动态耦合内在驱动力及协同演化路径等问题的理论解读。

第五章 本科专业调整与产业结构演进耦合协同发展水平测度。基于前述理论分析，构建本科专业调整和产业结构演进动态耦合协同评价指标体系；利用熵值法、ESDA 数据分析和趋势面分析等方法从整体特征、阶段性特征、产业比较等三个方面探究两者耦合协同发展水平的演化轨迹；从空间视角探讨本科专业调整与产业结构演进耦合协同空间分异及发展趋势，实现对总体情况的较好把握与评判。

第六章 本科专业调整与产业结构演进耦合协同发展效应分析。本章主要讨论本科专业调整与产业结构演进耦合协同发展的区域经济效应，以两者耦合协同水平为自变量，地区经济增长为因变量，在对劳动力、资本、人力资本、技术进步、政府政策和对外开放等基本因素进行一般性分析与控制基础上，构建面板数据和空间面板数据模型定量测度专业动态调整与产业结构演进协同发展是否适应区域经济增长的需要？并分地区、分产业验证两者耦合协同发展能否实现“1+1>2”的经济增长效果，并考察这类协同效应的空间地理差异。

第七章 本科专业调整与产业结构演进预测性分析。本章通过构建六大学科专业结构与产业结构的回归方程，预测了我国 2020—2025 年本科专业结构和产业结构比重值，为未来本科专业结构调整提供基本方向。首先基于相关系数和回归分析判断六大学科本科在校生比重与三次产业结构的因果关系，得到各学科专业与产业结构的有效方程；随后，基于 2003—2019 年我国三次产业增加值构建 ARIMA（p,d,q）时序模型，得到 2020—2025 年三次产业增加值占 GDP 比重预估值；最后，基于回归方程和已知的三次产业结构比重，估算 2020—2025 年分六大学科及分“四新”类别的本科专业在校生比重，明确专业调整的重点和方向。

第八章 本科专业调整与产业结构演进耦合协同发展典型案例分析。在前述对宏观数据进行实证检验和分析的基础上，本部分通过选取中部教育大省湖南省和 A 大学作为分析样本，深入剖析其学科专业结构与产业结构动态调整情况，以典型案例剖析的方法进一步分析学科专业结构动态调整的微观特征，进一步检验本科专业动态调整的重要性和有效性，提炼和总结专业动态调整的一般路径和经验启示，实现对问题研究的更深入认识。

第九章 推动本科专业调整与产业结构演进耦合协同发展路径探讨。基于理论探讨和实证分析结果，并借鉴典型案例分析的主要经验和启示，提出从优化动态调整基本原则、锚定耦合动态调整重点、创新动态协同调整策略等方面明确动态耦合协同发展方向，从健全需求引领调整机制、推动供需融合精准对接、打造内涵提质创新引擎等方面提升两者耦合协同发展水平，从加强耦合协同政策引导、加大人才培养经费支持、优化专业评价质量体系、建设潜心育人师资队伍等方面健全耦合协同长效保障体系等行动路径。

1.3 主要研究方法与主要创新点

1.3.1 主要研究方法

本研究综合运用多种分析方法开展研究工作，基本方法包括：

（1）文献分析与实地调查相结合。通过文献梳理分析研究进展，从整体上对本科专业动态调整与产业结构演进动态耦合机制的相关研究进行归纳分析，以便更好地掌握研究进展和发展动态，同时，通过实地调研典型省份与部分院校本科专业调整、部分地区产业结构调整等实际，丰富研究样本、数据与历史资料。

（2）理论分析与实证研究相结合。引入教育内外部理论、人力资本理论、产业结构演进及结构—功能等基础理论，系统构建本科专业动态调整与产业结构演进动态耦合理论分析框架，演绎归纳两者耦合协同发展的内在理论机制；运用信息熵、耦合协同度模型、面板数据和空间计量方法等探讨本科专业调整与产业结构演进的耦合发展程度及其经济效应；利用 ARIMA 模型和回归方程预测，得到 2020—2025 年我国六大学科专业毕业生比重值，并结合定性分析，为未来调整我国本科专业结构提供方向指导。

（3）大样本统计与典型案例分析相结合。通过 2003—2019 年省级面板数据，利用面板回归模型和空间面板模型实证测度本科专业调整与产业结构演进耦合协同度及其经济效应，并利用回归模型对人才需求进行预测得出一般性结论，同时，选取中部教育大省湖南省作为典型研究样本，提炼和总结本科专业调整与产业结构演进动态耦合的一般经验，为提升同类型本科专业调整和产业结构演进耦合协同发展效应提供现实参考。

1.3.2 主要创新点

（1）丰富了本科专业动态调整与产业结构演进动态耦合理论分析框架。现有文献更多侧重于本科专业动态调整、产业结构演进的单向研究，鲜少直接讨论本科专业动态调整与产业结构演进动态耦合水平及效应。本研究基于协同发展理论，构建本科专业调整和产业结构演进动态耦合分析框架，提出综合评价体系与协同发展理论模型，实现将经典教育学、经济学理论引入本科教育质量提升具体问题研究，不仅为我国本科专业调整提供新思路、新视野，进一步丰富了本科专业动态调整与产业结构演进动态耦合理论分析框架，同时对更好利用资源，推进“双一流”建设、推进区域经济高质量发展具有重要现实意义。

（2）构建了本科专业调整与产业结构演进动态耦合多维评价体系与框架。总的来看，现有研究关于本科专业调整与产业结构演进动态耦合水平评价尚没有形成统一认识和量化标准。本研究结合高等教育学科专业发展规律与特点，构建两者耦合协同发展评价指标体系，引入耦合协调度模型、信息熵、空间变异系数、趋势面分析、标准差椭圆等多种分析工具分产业、分时间测度与讨论我国本科专业调整与产业结构演进耦合协同度的时空演化特征，建立面板数据模型和空间计量模型探讨两者耦合协同发展的经济增长效应及其空间溢出效应，构建 ARIMA（p,d,q）模型预测到 2025 年我国产业结构变动趋势，并基于回归模型探讨了本科专业结构调整的发展方向，不断提升成果的说服力和实际应用价值。

（3）探索了本科专业调整与产业结构演进动态耦合协同发展路径。实证结果表明，本科专业调整与产业结构演进动态耦合协同发展是实现高等教育高质量发展、主动回应经济社会发展新常态的客观要求。基于此，本研究提出以明确动态耦合协同发展方向为前提、以提升两者耦合协同发展水平为重点、以健全耦合协同长效保障体系为支撑，建立紧密对接产业链、创新链的专业体系，探索并创新“产业链—专业—学科”一体化发展机制，形成与区域经济、科技和社会发展相适应、特色鲜明、布局合理、结构优化的本科教育高质量发展体系，以期为更好地发挥高等教育支撑和引领作用提供新思考和新借鉴。

第二章 文献综述

基于研究主题，本章分别从本科专业调整、产业结构演进、本科专业调整与产业结构演进等三个方面进行相关文献梳理，以此进一步厘清认识，掌握研究前沿，为后续研究工作的顺利开展奠定基础。

2.1 本科专业调整研究

2.1.1 调整依据与价值

现有关于本科专业调整依据与价值的文献可以从三个层面进行梳理，主要问题、内在价值和影响因素。其中：

从现行专业调整呈现的主要问题看，很多学者从不同视角、结合不同样本对专业设置与社会需求匹配情况、专业设置失衡的内在原因等进行讨论。宗利永（2007）等通过数据统计分析上海市 26 所本科院校的专业结构，指出当时重复设置的专业占比达到近 15%。郭小宏（2009）认为我国大学本科专业设置和调整的历史演变表明差异化的经济体制和高等教育发展阶段，学科专业设置与优化具有不同的特征。韩延明（2011）认为新办本科院校办学定位与办学行为没有完全匹配，在专业设置等方面存在一定的盲目行为。张伟（2012）通过研究专业规模扩张阶段的发展现状，指出专业调整与设置存在权利滥用以致太过于重视专业外延的发展、惰性思维致使路径依赖，还有内涵缺失没有重视课程建设。何香仪（2012）结合地方院校办学实际，认为地方院校的专业设置相对调整更慢或积极性更低，这与专业调整成本密切相关，受到办学条件的限制，新专业的增设因为办学门槛等原因不能第一时间进行增加，这在一定程度上影响了这些高校的专业调整与市场需求的紧密协同。黄加文（2014）指出市场需求导向要求从产业流程和产业分工角度推进专业细分和课程结构改革，在高校人才培养改革过程中，专业设置和课程结构改革存在的阻力，存在对市场不够熟悉以致结构不平衡以及适应社会的能力不强等问题。王志军（2014）通过对34所院校的样本分析，认为其专业设置没有紧密对接市场需求，专业的内涵建设与应用性特征建设不够等影响了学生的后续发展与就业水平。苏华（2015）认为专业结构性矛盾是影响大学生就业的主要瓶颈。张彩云和赵冬（2016）则认为专业设置滞后性是由其本质属性决定的，高校专业设置滞后是我国现阶段经济高速发展的必然现象，是专业渐进的一种量变状态和表现形式，是市场经济条件下高校“路径依赖”的必然反应，也是世界高等教育发展的普遍规律。李俊义（2017）认为新建本科院校专业结构调整存在偏差的主要原因是：以简单的市场化思维应对复杂的专业调整，一味追随市场，抛弃专业积淀追求专业布局，以传统学科思维应对跨学科职业变化趋势，学科本位主义想法影响了交叉学科专业的设置。汪伟明（2018）认为提升高校人才培养质量应该重视学生专业选择与职业去向一致性问题研究，提升人才培养的社会适切性 。徐秋艳（2019）研究认为高等教育自身发展过程中的薄弱环节与投入不足等问题，在较大程度上影响了产业结构的转型升级，与此同时，产业结构调整的不合理性又会在一定程度上影响高等教育的发展质量。皇甫林晓和梁茜（2020）认为推进办学体制改革十分重要，加快高等教育朝着多元、规范与国际化的方向发展，深入落实高等教育领域的“放管服”改革，不断提升高等教育的质量和水平，为实现高等教育内涵式发展，建立现代高等教育体系打开新局面。顾拓宇（2020）以112所地方本科师范院校为样本对象，统计分析了这些院校专业设置情况，研究发现部分地方本科师范高校存在专业设置巨型化、工学类专业所占比重较大、师范专业日渐式微、红牌专业设置较多等现象和问题。张万方（2021）指出高等教育的大众化推动了地方高校扩张式发展。地方高校在发展进程中出现了办学定位模糊问题，一个突出表现就是学术至上。根据西方地方高校办学经验及当前我国社会发展的特点，职业性导向才是地方高校办学定位的理性回归。

从专业调整的内在价值看，很多学者对专业调整在区域经济发展中的作用、高校内涵式发展中的地位、学校核心竞争力的培育等进行了较多研究。曹洪军（2008）认为专业设置和就业之间存在着十分紧密的关系，从其内在要求与培养环节来看，两者有着一脉相承的关系。《国家中长期教育改革和发展规划纲要（2010—2020）》提出要“坚持以人为本，遵循教育规律，面向社会需求，优化结构布局”，强调高校通过专业设置合理培养人才，推进专业结构布局优化。邬大光（2016）、张大良（2017）等认为一流的本科教育是一流大学的关键，要实现积极培养创新创业人才这个目标，需要紧紧抓住专业建设与教师队伍等关键问题。曾庆伟（2016）、倪亚红等（2017）指出“双一流”建设背景下，学科专业建设是高校建设的精要所在。Michelsen（2017）以挪威大学工程、人文和医学学科为例，强调专业和学科建设在高等教育中的重要性。张存（2018）分析了湖南省专业结构和产业结构的发展情况，提出面向产业发展培养适应区域经济发展需求的人才有助于推进湖南省经济的快速发展，同时，加快专业结构的调整客观上也是推进高校内涵式发展的客观要求。黄炳超（2019）提出构建基于能力培养的应用型本科实践教学体系，突出以能力培养为重点，培养适应经济社会发展的应用型、复合型、创新型人才，这是国家实施创新驱动战略形势下教育优化与完善的必然要求，也是教育本质和规律的全新阐释。张纯坤和马青（2020）认为人才培养规格和模式首要考虑的因素是专业设置，体现高等教育的贡献和价值应该通过专业培养的人才水平来体现。刘自团和彭华安（2020）认为高质量本科教学是“双一流”建设的深切要求和重要基础，要重视一流专业的建设。张丽娜（2020）认为普通高校本科专业设置应坚持需求导向、标准导向和特色导向，根据国家和地方经济发展预期确定招生规模、制定培养方案，稳步推进按类招生，打破跨学科专业发展的机制障碍，建立并完善统筹考虑招生、就业与人才培养等相互联系的专业动态调整机制。实际上，在发展的早期，教育对经济增长的重要性并没有受到人们很大的重视。第一次产业革命之前，人们还没有充分认识到教育对经济增长的促进作用，威廉配第（1672）是首个对教育投入与产出或贡献进行较为系统研究的学者，他提出教育带来的人的素质提升，有助于从事更多复杂劳动，从而提升创造更多的价值。亚当·斯密（1767）在《国富论》中对教育所产生的收益进行了进一步分析，对于分工效率的提升将产生重要作用。库兹涅茨（1985）

认为知识存量的组织、劳动生产率的提高、结构变动等因素都与劳动者素质的提升息息相关，这些都是促进经济增长的重要因素。丹尼森（1974）通过实证分析的方法对劳动和资本在经济发展过程中的重要贡献进行了具体阐述，从一个侧面对教育的价值和意义进行了讨论。乃至近代，越来越多的学者围绕教育对劳动效率提升、教育与人力资本、教育与社会分工进行了日益丰富的讨论和研究，这些都为本研究提供了很好的借鉴和启示。

从专业调整的影响因素看，很多学者围绕内外部因素进行研究，从高校外部来看主要有 3 个方面，即行政方面的因素、社会因素以及科技和产业结构发展的因素等；从高校内部来看主要有利益的驱动、人才培养体制、分工合作意识、领导层办学理念等。潘懋元（1988）指出，学科专业结构受到生产力、科学技术水平、政治、经济及文化多方面因素影响。徐军（2005）指出，学科专业结构是产业结构在高等教育结构中的反应因子，且产业结构是影响教育结构调整的关键性因子。任丽清和刘剑虹（2011）认为，高校推动专业结构调整的动机与获得更好的声誉有关系，有利于扩大招生与社会影响，也会考虑到经济动机的综合考量。张朋飞和段胜楠（2015）指出，新中国成立以来我国颁布了一系列有关专业设置的政策，调整着我国各级各类高等学校的专业设置，随着经济社会的发展，尤其是改革开放以来各项政策逐渐扩大了高校的专业设置权限，促进了专业设置的综合化、科学化等趋势。张胤和温媛媛（2016）提出中国高校学科建设的三种现实模式，即行政推动模式、学术内生模式以及市场引领模式。郭书剑（2018）指出“双一流”建设政策、学科评估、组织变迁等是影响学科专业调整与建设的重要因素。Xue（2019）认为高等教育可以通过生产劳动和科学技术促进经济发展，因而影响高等教育专业结构的主要因素有区域产业结构、专业重复性、招生质量、就业率和培训质量等。胡科（2020）指出本科教育质量是高等教育质量的基础，“双一流”建设过程中要为学生学习和成长建立良好的校园支持环境，加强专业学科建设，不断提升本科教育质量。吕晓永（2020）指出应用型本科院校要为地方经济发展服务，在专业设置上就必须以需求为导向对接地方主要产业，才能更好地为地方发展培养合适的人才。郑晓霞（2020）认为我国高校专业结构滞后于产业结构问题依然普遍存在，应加强前瞻和错位发展，凸显办学特色，交叉共享，优势互补提升区域整体办学水平，引导专业结构立体化发展，构建新型课程结构等 4 个方面努力，促进产业结构与专业结构的适应性调整。刘文社（2020）通过分析江苏省产业与本科专业结构的问题，发现两者之间不够匹配、专业布局贪大求全、动态调整机制不健全，提出应用型本科院校要完善专业动态调整机制，以战略性新兴产业为契机发展自己的优势特色专业，以区域产业链为牵引构建专业体系。范涛（2021）等认为一流学科专业建设需要综合考虑建设主体、对象、内容以及管理制度等多元化的建设模式，统筹考虑办学资源，提升管理效率，切实推动建设水平提升。刘国瑞（2021）认为学科结构包括科类、层次、要求等不同差异，积极推动学科结构与建设策略的调整。

2.1.2 经验借鉴与比较

Johnes & Geraint（1997）讨论了 1997 年 5 月以来英国高等教育发展中至关重要的成本和产业结构问题，认为考虑到产出水平，目前在英国开办的大学数量基本上是正确的，从成本的角度看，存在一个合并的机会窗口，但这是非常狭窄的，高等教育产业结构还远未达到最优。Hongjuan（2018）从美国一流本科教育改革探究对我国“双一流”教育发展的影响和借鉴。李鹏虎（2020）认为随着大学工作重点与形式逐步由教学向研究转型，美国高校面临着提升本科教学质量的压力和挑战，为了扭转本科教育趋弱的倾向，美国高校实施了包括组建教学发展中心、实施科学教育计划等改进措施。此外，设有卡内基教学学术学院、学科教育研究等集本科教学研究与实践于一体的支持性组织，对我国本科教育有一定借鉴作用。姚文杰和何斌（2020）通过对德国、美国和日本三国本科职业教育办学的分析，系统总结了其在课程内容建设、人才培养模式、师资力量打造、教育评价体系构建等方面的成功经验，在此基础上提出了契合我国国情的本科职业教育建设路径，具体包括建立具有类型教育特色的课程体系，构建“校企合作、产学一体”的本科职业教育办学格局，推动本科教师队伍建设，完善教育质量评价体系，健全多元评价机制。董樊丽（2020）、聂文洁和张兵（2020）指出美国斯坦福大学 Bio-X 计划是美国高校学科交叉融合发展的典范，其在平台组织、管理制度、资金投入、设备共享、人才团队、考核评价、成果归属等方面的体制机制对于我国高校建设创新型学科组织模式、促进学科交叉融合发展具有重要借鉴意义。贾明学（2020）研究发现澳大利亚体育运动科学协会和国家大学课程认证中心是体育本科专业课程认证的主体机构，澳大利亚体育本科专业课程认证体系强调了结构框架的国家统一性、认证内容的协调整合性、指标体系的实践操作性、认证过程的严谨规范性和认证方式的循环发展性等特点。冯永刚和魏敏敏（2020）指出美国高校通识教育以学生实际所需和社会发展为依据，在实施过程中积累了丰富的经验，尤其是哈佛大学、芝加哥大学和麻省理工学院在通识教育实践方面各具特色，对世界各国高校产生了持久而深远的影响，应强化通识教育的自觉意识、精选跨学科课程、注重反思性实践和优化通识教育评价机制 。张慧睿和马万华（2019）指出在实施对外援助中，日本政府利用大学的知识与人力资源优势，资助发展中国家的留学生和短期培训人员，派遣本国专家和志愿者，进行教育援助提升人力资源以及开展以科研为基础的国际合作等，从而提升了本国国际援助的有效性，加强了国际援助的能力建设，也提升了大学的国际化水平。毛现桩（2020）指出作为世界高等教育强国，英国于 2016 年正式实施了本国的“教学卓越框架”，这是唯一由政府主导的国家级高等学校教学质量评估体系，其目的是改善提高其高等学校的教学质量，尤其是本科教学质量，增强其知识经济的国际竞争力。陆素菊（2021）指出日本独立设置的本科职业教育机构和实践探索可以为我国本科层次职业教育试行提供启示。周光礼和姚蕊（2021）以 11 所全球顶尖大学作为研究对象，分析了 21 世纪以来上述高校本科专业设置改革的现状，研究发现世界一流大学本科专业设置数量稳步增长，呈现重理工、与区域优势产业紧密结合、重视基础学科、促进交叉融合、加快优势专业集群发展等特点。此外，英国高校重视学科交叉人才的培养，把提高学生独立思考能力和开放性思维能力作为训练重点，强调教育的实践目的，采用“合作教育”的模式，帮助学生走出课堂，开展科学研究，尝试发明创造。与国际上的学科专业相比，在口径上，日本、英国、德国的一些学科专业要比中国宽，口径较窄的学科专业会导致学生的知识面不够宽，社会适应性不够强。学科相对较窄的口径专业不利于培养出质量高的教育创新人才。从美国、英国、德国等欧美国家高等教育的发展趋势来看，一级学科培养人才方式更有利于创新人才的培养。比较来看，我国学科专业口径需要进一步拓宽和调整，通过以个性化专业设置促进人才培养模式改革，通过专业分化促进本科教育多样化发展，积极推动专业设置国际化促进高校人才培养国际化，培养更多具有创新意识和思维的高素质人才。

2.1.3 调整思路与方法

有关本科专业调整的思路与方法，更多集中在组织变革、特定学科专业建设、人才培养、专业结构和层次布局等定性分析。Etzkwits（1997）构建了双螺旋结构模型旨在加深校企合作、校政合作、政企合作的融合，培养创新型人才。Gilbert（2005）提出“学科特区”组织架构以克服财经类院校传统的资源守旧、程序老套的问题。曲绍卫（2006）认为应该充分考虑本科专业与产业结构的辨证统一关系，构建一个良性互动且较为完善的经济社会与高等教育发展的良性机制。王成瑞等（2014）提出以政府统筹规划为导向建立学科专业结构调整动态机制，以教育主管部门宏观调控为抓手优化顶层设计，以高校协同为依托，促进基础学科和应用学科的和谐共生。何光耀和黄家庆（2014）认为在专业特色发展的基础上，需要制定满足地方经济社会发展的体制机制，体现“地方”与“应用”，办学定位要科学确定和符合事实，促进学校和企业之间的合作，成立双赢的“双主体”办学模式。尤伟（2015）认为应用型本科院校的专业调整模式应该构建多元参与的专业规划机制，强化政府的“顶层设计能力”，增强高校与市场的协同度，淡化院系专业界限，实现学科专业交叉人才培养。李俊义（2017）认为以瞄准地方、交叉整合方式做好产业类专业，地方经济的发展和地方优势产业的转型升级都离不开对制度建设、技术、人才的需求，新建本科院校的专业调整应瞄准地方产业，注意学科交叉、专业间整合方式组建产业群专业。柳贡慧（2017）指出地方高校应结合学校特色，将专业建设与创新创业教育紧密结合，提升专业水平。吴敏良（2017）认为专业群动态调整应坚持主动适应产业发展、突出学校自身特色、推行政校企合作、准确及时预测人才需求、努力实现资源共享五大理念。龙奋杰（2018）提出“学科—专业—平台—团队”一体化建设思路，以学科建设为龙头，引领和指导专业建设。

王慧敏（2018）认为地方财经院校应该坚持推进一流专业建设，以优先发展特色专业、打造品牌带动整体发展，提高服务地方社会经济发展的能力。王晓玲（2019）认为高校专业动态调整是深化高等教育改革、提高高等教育质量、建设高等教育强国的重要课题，高校专业动态调整机制研究既关乎宏观层面高等教育改革的推进，又关乎微观层面高校专业的具体发展实践。刘宽亮（2019）指出新建地方本科院校专业结构调整应遵循适切性、系统性和动态性原则，新建地方本科院校专业结构调整是政府主导、高校实施、社会参与的过程。张秀丽（2019）认为科学构建高校专业预警与退出机制已成为高校教育资源合理配置中亟须解决的重要研究课题。孙明英（2020）指出政府与省属大学之间规制关系呈现出“有序规范”特征，并非完全是政府自上而下单向强加的结果，而是政府与大学合力作用的产物：一方面政府出于对大学“有序规范”的需要而放权不彻底；另一方面大学作为改革行动者在自治能力不足或条件不具备的情况下会主动寻求政府规制，需要从政府放松规制与大学提升自治能力两方面来进行改革。汪旭晖和阙庆迎（2021）认为在促进学校与行业的互动与联系，推进一流本科教育过程中，要高度重视高校、政府以及社会等各方的协同，科学建立本科专业结构优化调整机制。刘振天和罗晶（2021）认为教育评价是一把“双刃剑”，既有认知、说明、比较、激励、改进、提升等正向功用，也有导致工具化和功利化、加剧趋同化和分化等消极影响，科学用好教育评价这根指挥棒，对于促进教育事业健康发展、加快教育强国建设具有十分重要的意义。杨莹莹（2021）通过文献梳理发现，目前我国应用技术型高校专业设置的研究相对薄弱，处于起步探索阶段，尚未形成完整的体系，亟需加大探索力度。苏志钢（2021）指出本科层次职业教育是构建中国特色现代职业教育体系的战略选择，应该充分认识高等教育发展的新形势，把握未来产业发展趋势，积极调整专业面向、扩大试点范围，不断提升办学实力和水平，为地方经济社会发展培养更多高层次技术技能人才。

2.2 产业结构演进研究

2.2.1 发展趋势与变革

文献梳理表明，国内外学者对产业结构演进的研究成果日益丰富，关于产业结构演进规律，Petty（1691）最早提出工业收益高于农业收益，而商业收益又高于工业收益，劳动力由农转工再转商。Clark（1940）提出“配第—克拉克定理”，即随着国民经济收入的提高，第三产业的国民收入和产业比重上升。Kuznets（1949）提出“库兹涅茨法则”，认为劳动力从农业部门向工业部门或服务业部门转移有助于经济增长。Lewis（1954）提出“二元结构转变理论”，指出在相对落后的经济发展环境中，传统农业部门投入了资本和劳动力等更多要素，随着工业升级则日益向现代工业部门转移。Hoffman（1958）提出“霍夫曼定理”，认为产业结构变动呈现从轻工业向重工业转化的趋势。Chenery（1960）认为产业发展的差异化选择将从不同方式影响经济的增长，呈现非均衡的发展特征。赤松要（1960）提出产业结构演化的“雁阵模型”，认为新兴经济体参与国际分工遵循“外贸进口—国内加工—出口国外”的路径。近年来，伴随着生产力水平的不断提高，我国产业结构不断优化，高度化和合理化特征日益明显，其中，高度化突出产业结构水平由低向高演进，合理化则主要强调产业与产业之间协调能力和关联能力的提高。干春晖等（2018）指出第一产业具有比重不断下降的趋势，但是基础性地位不会变弱，第三产业占比呈现上升趋势并且发挥较强的经济带动作用，需要重视促进区域协调发展，加强融合发展制造业与现代生产性服务业。成卓和金阳（2018）认为我国产业结构的发展趋势是全面实现工业化，服务业将成为产业结构变化的绝对主导。韩永强等（2019）认为劳动力结构伴随产业结构发生演化，从长期看，两者的协同性日益得到增强。王晓通（2020）认为流动人口的就业去向伴随着产业结构发生变化，第三产业日益占据主导地位，收入水平及分配也随之发生相应的变化。王海弟（2021）研究发现2019年我国经济增长主要由第二产业增长拉动（贡献率超过50%），但第三产业拉动经济增长的作用逐渐增大，第二产业作用逐渐减小，短期内三次产业价格结构变化对经济增长影响的总效应不大，但三次产业自身的价格变化效应并不小，并且价格结构变化极大地改变了三次产业增长拉动实际经济增长的效应，长期来看，价格结构变化通过鲍莫尔成本病对经济增长产生较大阻碍作用。李凌汉和娄成武（2021）研究发现村庄农产品产业在发展双重困境、政策性激励、乡村精英政策感知、政策扶助创新资源整合、创新实现与政策性再扶助五个核心范畴对农村产业创新具有显著影响。《湖南省国民经济和社会发展第十四个五年规划和二〇三五年远景目标纲要》明确提出：把聚力打造“三个高地”（国家重要先进制造业高地、具有核心竞争力的科技创新高地、内陆地区改革开放高地）作为实施“三高四新”战略的首要任务，引导各类要素协同向打造“三个高地”集聚。

2.2.2 驱动机制与动力

国内外学者研究发现关于产业结构调整的影响因素主要包括资源禀赋、技术进步、需求结构、产业政策、区域贸易等。Mazundar（1996）结合索洛模型和资本积累理论发现，进口资本品、出口消费品对经济增长有显著促进作用，贸易结构的改善对产业结构优化升级具有显著的作用。Michaely（1997）研究发现，通过促进资源配置优化和技术转移等方式，出口有助于推进产业结构的转型升级。Gary Gereffi（1999）研究了全球商品供应链领域与对外贸易和产业结构转型升级两者之间的关系。尽管很多专家学者对中国出口贸易结构与产业结构升级两者之间的关系有较多研究与探讨，但是目前尚未形成较为一致的结论。Schimiz & Knorringa（2000）研究发现发展中国家很多产业处于全球价值链分工体系中低端环节，要想进入研发、设计等附加值高的生产环节需要付出的努力很大。Gereffi G（2005）指出很多研究认为参与全球垂直的专业化分工，有助于产业结构的优化升级。赵进文等（2004）基于投入产出分析理论，提出总消费、进出口、技术结构、投资结构是影响产业总产出变动的主要因素。储德银（2014）从总量和结构效应双重视角实证分析我国财政政策对产业结构调整的影响。Jabbour L.（2015）认为积极参与全球分工体系可以促进欠发达国家产业升级，提升在全球价值链中的分工地位 。孙绍勇（2017）认为“一带一路”沿线国家 OFDI、产业结构升级和经济增长三者之间具有紧密的内在联系，“一带一路”建设将为沿线国家扩大对外直接投资提供有利契机，进而促进本国产业结构升级和经济增长，而 OFDI 规模不断扩大，也将加强中国与“一带一路”沿线国家在经济领域和非经济领域的合作与交流，从而透过“一带一路”建设为世界与中国的共同发展、联动发展创造机遇。韩永辉等（2017）研究发现产业政策通过产业结构合理化和高度化促进产业结构优化升级，其中市场化力量是产业政策发挥作用的根本原因，且政府职能和地方政府效率也是重要因素（Acemoglu，2015）。吴建江（2020）指出消费结构升级对中、西部地区产业结构转型的推动作用高于东部地区。余长林等（2021）研究表明产业政策对数字经济行业技术创新的影响在不同行业表现不同，在电信传媒和软件信息行业专利申请和发明上，政府补贴的影响最为显著，软件信息行业受行业准入制度的影响比较显著。张双才和刘松林（2021）认为先进制造业是我国制造业升级发展的基本趋势，其主要依靠创新驱动培育，先进制造业创新驱动离不开创新要素的有效供给和高效的要素供给机制，我国加速先进制造业培育，需要分析创新驱动要素供给中面对的各种制约因素，加速构建健全和高效的创新驱动要素供给机制。刘强和李泽锦（2021）指出从时间维度看，相对于产业结构优化、居民消费升级对就业数量和质量的拉动效应更强。在具体产业层面，左玉洁（2021）指出新型城镇化有助于助推产业结构优化，加快释放消费潜力、促进消费升级。

2.2.3 产业结构与增长

在发展经济学中，多位学者就产业结构与经济增长的关系进行了较为深入的研究，其中具有代表性的有罗斯托、库兹涅茨、钱纳里等。罗斯托（1962）指出产业经济部门的有序更替带动了现代经济发展，此外，由技术创新或引进新技术所形成的高新技术产业会推动产业结构的变动从而促进传统产业的改造和更新。库兹涅茨（1985）对比了各国国民经济核算项目中各部门占总产值的份额，指出产业结构与就业结构有着联动关系，经济高增长会拉动消费者需求从而带动消费需求结构变化，导致产业结构发生变动。钱纳里（1991）认为国民经济结构的组合变化是经济发展的本质，因此分析了经济发展下各部门之间的相依性，提出了工业化实现的起点，即传统经济与现代经济间的“刘易斯”折点区间。此外，Kuznets（1971）认为产业结构变化有助于经济增长，生产要素转移到生产率高的部门有助于加速经济增长。Lucas（1993）从供给和需求角度构造产业发展模型，强调产业结构变化对经济增长的重要影响。Temple（2006）、Cordoba（2008）、Acemoglu（2012）、Lin 等（2013）构建多部门模型，研究发现产业结构变化，进而推动要素的跨部门流动，对经济增长具有较大的影响。袁富华（2012）、李子联和华桂宏（2015）及韩永辉（2016）等研究发现存在产业结构调整导致的经济发展“结构性减速”困境。郑晓（2012）指出经济增长与产业结构升级能够相互促进，一个国家经济所能达到的高度决定产业结构的高级化和合理化程度。肖尧和杨校美（2016）围绕垂直专业化分工和产业结构调整对工业经济增长方式的转变进行了研究，发现前者对不同技术难度的行业转变增长方式产生差异性影响。周克（2019）分析了我国产业结构升级对总生产率变动的关系，发现产业结构对总生产率增长产生了较大影响，但其主要受部门内生产率的提升的影响，基于两者影响，提出推动产业结构合理变化的部门的生产率是促进总生产率有效增长的关键。陈晓东和邓斯月（2019）认为结构变动率高是我国 1978 年以来经济发展的主要特点，这说明决定我国经济加速增长的重要变量已经是结构性因素，即要素投入水平相同时，由要素投入结构变化引起的产业转型已经开始加速经济增长。何文海和张永姣（2021）研究发现产业结构高级化缺乏合理化的基础，高级化会促进经济发展而合理化会限制经济发展，但是两者对于经济发展的正向与负向影响会随时间逐渐变弱，甚至产业结构合理化的负向作用也会转为正向。

2.3 本科专业调整与产业结构演进关系研究

2.3.1 内在逻辑机制

Sultz（1982）提出“人力资本理论”认为教育投资是不可或缺的生产要素之一，并利用“教育投资收益率计算法”测量教育对经济发展的贡献度。Robert（1990）提出高等教育投入对产业结构和经济发展的贡献主要有三种方式：提供高素质的人力和更新现有劳动力、研究与开发以及技术转让。Etzkowitz（2003）提出“三螺旋”理论，认为大学、政府、产业存在螺旋上升发展的关系。国内教育学泰斗潘懋元（1988）提出教育外部关系理论，认为教育受一定经济文化等因素制约，但也为其服务。林蕙青（2006）通过对国内外高校专业结构调整的对比研究，认为学科专业结构调整的关键是要积极、主动的适应社会发展的要求。温晓慧和丁三青（2012）依据产业结构理论中的配第—克拉克定理，认为经济发展带动的产业结构转型升级会使企业对高素质人才的需求提升，而高校所培养的人才结构、层次、规模等必须与产业结构需求紧密契合。马廷奇（2013）围绕产业结构转型对高校专业调整的作用机制进行分析，研究发现产业转型不但能够推动高校专业调整发生改变，还有助于提升毕业生就业率，促进充分就业。王询和孟望生（2014）提出人力资本能够促进经济增长，而在构成地区人力资本的学研、应用、素质和健康四要素中，学研的贡献作用最大。王贺元和王伟宜（2016）基于就业的视角提出高校为提高学生就业率设置了大量的新型专业，这些专业存在定位取向模糊、内涵同质化以及不平衡性等问题，并对此提出了适宜的专业调整机制。刘园园（2016）基于教育外部关系理论、人力资本理论、新经济增长理论、三螺旋、结构—功能主义理论构建了学科专业结构与产业结构的理论联系。岳昌君（2017）认为专业结构与产业结构并不存在直接的线性相关关系，在两者之间有一个中介，即就业结构。田贤鹏（2018）基于“三角协调模型”的分析框架，构建了“政府—市场—高校”的学科专业动态调整机制。教育经济学对教育与经济关系的探讨更为精细化。西奥多·W. 舒尔茨（1990）认为教育经济学起始于教育对经济增长贡献率的讨论。叶澜（2006）认为研究专业与产业的内在关系，需要从教育与经济的内在机制进行梳理和讨论。张学敏和叶忠编（2014）认为不同主体加大教育投入的过程中，需要正确看待教育的价值，注意教育与经济规模的内在关系，撇开过度经济动机的考虑，防范出现“不足”或“过度”。高书国（2019）、迟景明（2020）等分析了高等教育层次结构与产业结构和经济发展的相关问题，发现产业结构与经济发展能够显著影响高校人才培养的类别和层次。陈万明和沈婷（2012）采用时间平移及灰色关联法，对江苏省 1998—2009 年高等教育结构与产业结构互动关系中的时滞进行测算，得到两者间存在 3 年的直接时滞，基于就业结构存在 7 年的间接时滞。何菊莲等（2013）研究发现高等教育人力资本能够促进产业结构的升级。

杜传忠和刘忠京（2014）指出高校专业结构滞后于现有产业结构优化升级的需求，因此要在产业结构视角下对我国高等教育结构进行战略性调整。杨林等（2015）对2004—2013年我国产业结构优化升级与高校学科专业调整的协调性进行研究，发现我国高等教育现状与产业结构升级的根本性要求有一定的差距，针对该现象认为要提升两者的协调性、适配度、均衡性。从区域经济视角，吴雯雯和曾国华（2015）以江西省为例，利用典型相关分析与回归分析等方法分析了区域高校专业结构与产业结构的协调方式、影响程度和调整策略，并基于产业升级视角提出学科专业调整机制的建议。许春东（2016）以广东省为样本，分析当地产业结构与高校专业结构的协同发展，对存在的不协调性现象进行了针对性的分析和讨论，并提出构建适合产业发展需求的专业动态调整机制若干建议。王成端和王石薇（2017）分析了四川省区域产业结构优化升级与高校调整的相关性。王志强和李盛兵（2018）研究发现广东省学科专业设置与产业发展趋势不匹配，对此提出本科院校专业设置应从关注产业需求、明确功能定位、建立预测机制、建立优化机制、适应战略布局等方面着手调整。王晓玲和张德祥（2019）总结了我国自成立以来高校的专业调整发展历程，并提出专业调整机制最重要的主体包括政府、市场、学校以及学生，而专业调整机制的本质就是这些主体与需求之间形成的权利关系或互动关系。袁东敏（2020）研究了湖南省高校专业结构优化机制，提出应以市场需求为导向培养人才，社会部门与企业应积极配合高校专业调整，形成联动机制，完善专业动态调整。汪旭晖和阙庆迎（2021）加入了社会力量对学科专业动态调整的影响，提出本科专业结构应以市场需求为导向，遵循政府宏观调控、高校自主调整、社会力量参与的优化调整机制。王应密和韦瑞瑞（2021）研究发现教育与高职教育对经济增长的贡献成正比，且该贡献率存在地区差异，东部贡献率最高，西部次之，中部最低。

2.3.2 双向互动机制

关于两者互动实证研究，主要集中在教育结构与经济结构的宏观研究、高校专业与产业结构的协同性、就业结构以及区域产业结构需求与人才供给现实状况等方面。关于教育结构与经济结构的宏观研究，Lee等（1994）

研究发现科技是韩国和中国台湾地区经济发展的关键因素，经济增长依赖人力资本的增加。Lin（1996）利用回归模型发现不同学科专业背景的高等教育人才影响经济产出，进而影响产业结构优化升级。刘新平和孟梅（2010）构建了学科建设与产业结构协调发展的耦合关系评判指标体系，并对两者耦合发展度进行测算，结果显示两者耦合关系基本稳定，但协调发展面临巨大压力。李卉（2012）运用回归分析比较了我国产业结构、大学生就业结构和专业结构的关联性。杨宇轩（2012）从两个方面分析了高校教育层次结构与经济增长的相互关系：从静态角度看，高校教育为经济结构的优化升级提供了丰富的、适应经济发展的人力资源，促进经济发展，经济结构的升级转化，甚至决定高校人才培养的方向，从动态角度看，高校教育结构与经济结构协调是由政府、高校、市场、家庭多方主体博弈的结果。闵维方和蒋承（2012）、杜传忠和刘忠京（2014）从专业结构、层次结构、地区结构等角度分析了我国高等教育结构与产业结构之间的错位关系。王志华（2014）等人基于距离协调度模型，针对2000—2012年我国三次产业结构与制造业结构变动下相关专业结构的情况，分析了产业结构与专业结构的协调性。周伟和王秀芳（2014）以安徽省为例，分析了安徽省产业结构的变化并发现安徽省高校专业结构不适应当地产业结构发展问题，对此提出优化高校教育结构的建议。霍影等（2014）构建协同测度模型实证评价东北三省人才结构调整和产业结构升级协同适配度，发现辽宁和吉林位于最优评价区间，东北三省应增加农学和医学学科人才培养以获得更佳的协同适配度。郭继强（2014）提出“双联动论”，即教育结构，产业结构与就业结构间两两连接，分析了该结构脱节与失衡等具体问题，指出其中的原因与教育行政化、劳动力市场制度障碍和碎片化政策等紧密相关。薛应珍和原朝阳（2015）分析了高校专业结构与产业结构之间存在的问题，提出降低“同质化”程度、缩小专业重复度、提高行业相关度以及优化学科专业结构等对策以增强应用型本科高校与区域经济互动发展。姜华（2016）等以辽宁省数据为样本，运用典型相关分析发现区域高校教育结构相对于经济结构具有滞后性，对于提高二者协调性提出加大高等教育投入力度和增加人才储备的建议。龚森（2016）研究了福建省高职教育结构与产业结构发展的关系强调高职教育培养的技术型人才对于区域产业结构优化升级的重要作用，并对提高两者契合度提出了具体措施。闫广芬和张磊（2016）通过对高校专业结构升级与产业结构优化的协同分析，认为专业设置与产业正处于“低水平发展陷阱”。马力和张连城（2017）对高等教育、就业与产业结构间的关系进行研究，发现产业结构调整“拉动”在经济增长的低级阶段处于主导地位，而在高级阶段以高等教育结构调整的“推动”作用为主。周金堂（2018）认为高校人才培养定位应满足所在区域产业分工和布局的需要，集中优势专业，培养应用型特色专业，突出当地产业优势，促进人才培养类型、结构的有效有序调整。姜璐等（2018）以我国 2005—2016 年数据为样本，利用耦合协调模型，分析了高等教育结构调整与产业结构变化的关系，研究发现二者隶属于社会大系统中的两个子系统，相互独立又彼此影响。陈惠敏（2018）以深度贫困地区为例，分析了教育扶贫与经济结构升级协同发展的关系，发现教育发展能够带动贫困地区经济结构的优化升级，同时经济结构的优化升级不断推进教育发展，实现经济结构优化升级和教育的协同发展。陈霞和刘斌（2019）基于投资异质性视角分析了高等教育投资对经济增长的影响。刘志林（2019）分析了我国 1982—2017 年高等教育结构与经济结构发展状况，发现两者协调发展有利于高校教育与经济发展形成良性互动。刘志民等（2019）以高等农业教育为例，利用结合核密度估计法、词频统计法、关键词权重分析等方法对 8 290 条招聘信息进行提炼分析，从涉及高等教育结构与产业结构的月薪、学科专业、地区分布、学历层次以及综合能力等 5 个方面，对我国高等教育结构与产业结构之间的关系进行了实证研究。李良华等（2020）基于我国经济发展实践，分析了人力资本积累、经济结构转型与高等教育发展的动态演进过程，研究发现高等教育能促进人力资本积累进而优化经济结构，同时经济结构升级对人力资本的需求形成引导，进而影响高校学科专业结构调整。张明广和茹宁（2020）基于产业转型的视角，分别从需求侧与供给侧分析了产业结构升级对大学生就业需求的影响与我国高等教育各个子结构的调整与变化，并对产业结构与高等教育结构的供需匹配矛盾进行了归纳分析。景维民等（2020）分析了教育人力资本结构、技术转型升级与区域经济增长之间的关系，研究发现教育人力资本结构高级化是通过促进技术转型升级以实现经济高质量发展，指出政府要坚持优先发展教育，培养与引进高层次人才。杨伊等（2021）分析了高等教育投入、人力资本结构对区域经济增长影响的外溢性，研究发现高等教育投入与高级人力资本在地理空间上均存在较强的自相关性，高级人力资本中技术创新效应的直接溢出和间接溢出均可推动经济的增长。陈春平和胡何琼（2021）利用回归分析和灰色关联分析法，从宏观层面分析了我国2000—2019年经济发展与高等教育层次的相关性，并指出我国高等教育整体上仍滞后于经济发展水平，主要有缺乏高层次人才、中层次人才过多的问题。

2.3.3 协同发展路径

Ding（2009）、Wei（2012）认为产业结构优化通过影响高等教育财政支出、投资方向进而实现专业结构调整。Schulter & Peter（2003）认为高等教育机构与工业界的密切合作是研究应用和在经济过程中使用研发成果的最佳工具，是开发新产品、新技术和新服务的基础。刘世清和田守花（2010）研究发现上海高校存在专业结构与社会经济及产业结构变化不一致等问题，提出应根据产业结构变化实现专业结构调整和改革。李战国和谢仁业（2011）揭示了美国高校学科、专业结构能够根据经济社会与科学技术的发展做出灵活和适时的调整两大原因，即"实用主义"价值传统和以课程生成、组合、调整等内部动因形成学科、专业的机制相关联，对此提出我国高校专业发展要主动迎合经济和科技发展需求，只有紧密贴合发展，高校才能获得自身发展的源头、动力和空间。祁占勇（2012）认为研究了应用型本科高校发展的特点，并提出应用型高校要以市场需求为导向，综合考虑政府、企业与社会多重利益相关者对于专业结构的影响，构建相应的专业自主设置与淘汰评估机制，发挥行业中介组织在专业调整中的作用。林春树（2014）以福建省为例，揭示了福建省高校专业与产业结构的内在联系，并提出要坚持产学研相结合，加大物流、金融等生产性服务人才培养力度，注重具有发展潜力的新兴交叉学科与边缘学科的开发与建设，促进以服务经济为主的产业结构形成。杨林等（2015）提出"文理渗透"，即通过理论与应用性学科专业知识相互渗透促进复合型人才培养，具有哲学思维与文学创意的人才更符合市场需求，专业能力过硬、实践能力更强。吴雯雯和曾国华（2015）以江西省为例，认为近年来会计学、金融、财务管理等文科类专业学生数量增长明显，与实现“中国制造2025”目标存在一定的偏差，本科专业结构优化升级势在必行，相关教育部门应该对不同专业招生数量进行合理调整，对人口过剩的专业进行控制，适当扩大工农医学等紧缺专业招生规模，同时建立专业退出机制，减少结构性失业比率。肖凤翔和安培（2017）提出优化专业设置必须坚持产教融合，高等教育学科专业设置应围绕“中国制造2025”重点领域，以产业需求为导向，动态调整专业设置，精准供给高层次人才。陶威（2017）从特色产业、人才培养、完善科技成果转换机制等方面提出了甘肃省高等教育结构与产业结构融合发展的相关建议。沈慧和张克荣（2017）认为高校产业优化有利于高校转型与区域产业发展，其提出地方政府应制定符合区域产业结构优化需求的高校教育改革规划，加大政策激励与制度支持，引导高校向服务于地方产业结构的方向调整。陈星（2017）认为课程设置应对接产业发展，应用型高校要对人才培养模式创新，优化课程内容使其贴近职业要求，促进教学与事件过程的对接以及专业链与产业链对接，加强实验、实训、实习环节，自主开发适合应用型高校教学用的教材。周金堂（2018）以江西省为例，分析了区域本科教育专业结构与产业结构的联系，发现两者契合性与匹配度都较差，对此提出高校人才培养应与人才市场需求对接，高校把交叉型学科人才培养作为人才培养规格的方向将有利于改变产业链停留在低水平时期的现状。孙威和何熠（2019）研究发现产业转型升级容易导致高校人才错位就业及人才紧缺，高校专业设置的不合理和盲目扩招是大学生就业难的原因之一，提出大学应将市场需求作为专业调整的主要方向，合理配置教学资源，优化专业设置，培养出适应性更强的复合型人才。王伟舟（2018）认为高校要加强专业培养特色的凝练，结合自身资源、历史和基础，做大做强优势学科专业，为产业发展与升级提供强有力的人才支撑，实现与经济社会发展的更紧密衔接。张晞等（2020）以江苏省高校专业数据为样本分析了地方应用型高校专业推进策略，研究发现高校专业建设存在特色专业建设缺乏重点，过于分散，建设重复，与产业发展需求脱轨等问题，提出本科专业调整要对接产业集群发展，建设应用专业集群，特色专业建设要紧扣区域产业特征，集中优势资源，推进学科专业一体化。郑小霞（2020）研究了华南三个省份高校专业结构与产业结构情况，发现两者发展情况不相匹配，提出要引导专业结构立体化发展，构建新型课程结构以促进二者适应性调整。吉文林和苏治国（2021）从助力乡村振兴的角度，以农林牧渔业为例，提出了专业目录伴随科技进步和产业发展调整和优化，升级改造后的目录定位更加清晰、纵向贯通、横向融通，突出体现了农村改革新要求、农业绿色发展新理念和农业产业与专业的有效衔接。

2.4 研究述评

当前，国内外学者对本科专业调整、产业结构演进及本科专业调整与产业结构演进关系等进行了较为丰富的探索，其研究结论和方法为后续研究提供了有益的借鉴，但也存在诸多值得进一步提升的空间，具体体现在：

（1）理论逻辑有待进一步厘清。现有关于本科专业调整与产业结构演进的定性分析十分丰富，其中关于两者耦合机制的研究大多沿用国外成熟理论进行宏观描述，结合我国国情和实际情况深入到本科专业调整和产业结构演进的耦合动力机制系统研究较少，在国家大力推进高质量发展、加强产业结构转型升级的新形势下，本科院校如何根据产业发展需求，立足自身优势与特色，不断优化学科专业结构，培养更多适应新时代和创新型国家需求的人才值得认真思考。

（2）研究方法有待进一步优化。现有关于本科专业调整与产业结构演进的实证研究更多集中在某一特定省份或全国时序数据的分析，涉及省级层面的长面板分析还较少，部分文献虽通过主成分分析、层次分析、耦合协调度模型等测算了本科专业调整与产业结构演进的协同度，但选取的衡量指标各异，尚未形成统一的标准，且“双一流”建设和产业结构转型升级也为产业与专业深度融合发展带来了机遇与挑战，拓展本科专业调整与产业结构演进动态耦合评价指标、评判机制、综合运用面板回归计量和空间分析技术及多种数理方法还存在较大的研究空间。

（3）实践政策研究有待进一步完善。现有关于本科专业调整与产业结构演进的政策研究更多是具体省份或学校案例研究，关于加快本科专业调整与产业结构演进动态耦合机制建设及政策支持体系的研究还不够充分，特别是在高等教育高质量发展新形势下，如何在科学把握本科专业调整与产业结构演进内涵的基础上，贯彻新发展理念，服务构建新发展格局，完善本科专业调整与产业结构演进动态耦合机制、构建本科专业动态调整长效机制、提升人才培养的社会适切性，这些都是实践中亟待思考的重点课题。

第三章

本科专业调整与产业结构演进基本现状分析

党的十九大报告指出“深化产教融合，加快一流大学和一流学科建设，实现高等教育内涵式发展”。《中华人民共和国国民经济和社会发展第十四个五年规划和2035远景目标纲要》提出加快构建高等教育高质量发展体系和到2035建设高等教育强国的总任务，促进本科专业动态调整与产业结构演进耦合协同发展是现阶段深化高等教育供给侧结构性改革、推进“双一流”建设的重要战略任务。本章深入分析本科专业调整与产业结构演进现状，剖析两者耦合协同发展面临的机遇与挑战，为后续理论与实证分析奠定坚实的基础。

3.1 本科专业调整现状

从改革开放至今，我国本科高等教育快速发展，共经历了4次大规模的学科目录与专业设置调整。随着高等教育进入普及化阶段，经济社会发展对本科教育高质量发展提出了新要求，也预示着本科教育将面临新的调整与优化。为此，本部分从本科专业布局、学科专业结构以及专业调整主要特点等三个层面阐述我国本科专业调整的基本现状。

3.1.1 本科专业布局

（1）专业设置及种类情况

根据《普通高等学校本科专业目录（2020年版）》，截至2020年底，我国本科专业共有12个学科门类，93个专业类，703种专业。相比1998年版和2012版《普通高等学校本科专业目录》，专业类总量不断增加，专业种类数量由1998年的249种变动到2012年的707种，再调整到2020年的703种，这一变化表明了我国本科专业为适应国家和地方经济社会发展，处于不断动态调整的过程。其中，工学布点种数最多，占总数的比重也最大，达到33%，文学布点种数和占比次之，而农学、医学、管理学、艺术学等专业布点种数占比近年来均呈现上升趋势（表3-1），这也可以在一定程度上说明新工科、新农科、新医科、新文科的建设布局加快。随着我国经济社会不断发展，以“四个面向（面向世界科技前沿、面向经济主战场、面向国家重大需求、面向人民生命健康）”为牵引，围绕科技创新、国家发展和社会需求，高校学科专业结构也在不断优化调整。2021年融合教育、古文字学、量子信息科学、非物质文化遗产保护、密码科学与技术等新设特色专业，将37个新专业列入普通高等学校本科专业目录，进一步丰富了本科专业设置结构和层次，这也是我国加快紧缺专业人才培养的重要例证。

表3-1　我国本科专业布点种数情况（单位：种数）

年份	哲学	经济学	法学	教育学	文学	历史学	理学	工学	农学	医学	管理学	艺术学	总计
1998	3	4	12	9	66	5	30	70	16	16	18	—	249
2003	12	35	26	19	109	16	74	378	54	58	—	—	781
2007	5	18	38	45	97	8	82	206	35	50	57	—	641
2012	6	21	43	49	105	8	87	239	36	51	62	—	707
2016	5	22	36	19	67	8	48	203	35	56	56	40	595
2018	4	22	37	20	117	7	40	209	29	56	54	43	638
2020	4	23	43	25	123	7	42	232	38	59	59	48	703
2021	4	23	46	26	123	8	43	246	43	62	63	51	738

数据来源：《中国教育统计年鉴（1998—2019）》，2020年数据来源于《普通高等学校本科专业目录（2020年版）》，2021年数据来源于《列入普通高等学校本科专业目录的新专业名单（2021年）》。

（2）本科院校专业布局情况

到2019年末，我国本科院校数由2003年的644所增至1265所。其中，综合大学308所，占比24.35%；理工院校369所，占比29.17%；医药院校107所，占比8.46%；师范与财经院校分别为158、131所，占比12.49%、10.36%；农林业院校47所，占比3.75%；语文、政法、体育、艺术、民族等院校共占比10.36%（图3-1）。由图3-1可见，理工院校数量占比最高，其次是综合类大学、师范院校、财经院校，最低的是民族院校14所，仅占

1.11%。在当今经济社会快速发展的趋势下，各高校应结合自身优势，不断优化办学定位，积极适应当地产业结构以及自身特色发展，努力建设一流大学和特色学科。

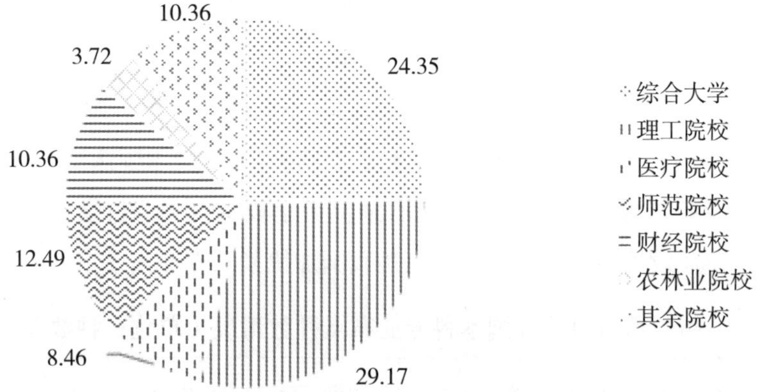

图 3-1　2019 年全国普通本科院校分类别占比情况

数据来源：《中国教育统计年鉴（2019 年）》。

从普通高等学校的地区分布来看，截至 2020 年 6 月 30 日，全国共有普通高等学校 2740 所，其中本科院校 1258 所，东部地区的江苏（78 所）、山东（70 所）是本科院校最多的省份，而西部的西藏和青海境内仅有 4 所本科院校，本科院校布局的东西差异明显。现实中，源于自身历史积淀、城市经济、城市吸引力、自身经费能力等差别，北京拥有 26 所 211 大学、8 所 985 大学，上海则有 9 所 211 大学、4 所 985 大学，分别为高等教育的“第一城”和“第二城”，在今天的“双一流”建设高校上，这两个城市同样优势明显，且优势还在进一步扩大。江苏是一流学科建设高校新增最多的省份，湖北是中部地区本科院校数量最多的省份，而陕西新增为零，与江苏、湖北的竞争趋于劣势。受经济的影响，西北和东北等传统高等教育大省发展较慢，鉴于中心城市的兴起，东部和南部强二线城市、西南成都等城市是未来高等教育版图的重点区域，但三四线城市本科院校布局较少。未来如何有效缩小区域发展差异、缓解教育不均是推动本科教育高质量发展的难点。

（3）本科专业增量情况

为更好地适应国家和区域经济发展需求，高校基于学校办学定位和办学条件，不断优化学科和专业结构，促进高校办出特色，提高人才培养质量。根据麦可思研究发现，2016—2020年各高校新增备案本科专业总计7 989个，2020年新增2 046个，是近3年以来最多的一次。从新增备案与新增审批专业之和来看，2018—2020年12大学科的新设专业布点数均有增长，尽管哲学体量小，但也有1个布点数的增长，经济学、法学、历史学、农学和管理学的新增专业布点数增长且占比不断上升，工学和艺术学布点数在增加但占比在下降，这表明随着经济社会的发展，各学科门类专业将呈现持续扩增的趋势。

在教育部组织的2021年度普通高等学校本科专业设置和调整工作中，全国共新增备案专业1 773个、审批专业188个（含145个国家控制布点专业和43个目录外新专业），调整学位授予门类或修业年限专业点48个，撤销专业点804个，碳储科学与工程、空天智能电推进技术、生物育种科学、资源环境大数据工程、湿地保护与恢复、智慧林业、劳动教育、科学史等31种新专业正式纳入本科专业目录。此次专业增、撤工作共涉及2 765个专业布点，占目前本科专业布点总数的4.6%。数据显示，2012年以来，教育部聚焦全面提高人才培养能力这个核心点，主动适应经济社会发展需求变化，支持全国高校增设1.7万个本科专业点，占专业布点总数的28%，撤销和停招了近1万个专业点①。

在新增本科专业方面，大数据和智能相关专业是近年来的热门专业，2020年度共有130个高校布局人工智能专业。近5年来，数据科学与大数据技术专业数量累积达545个，是新增本科备案专业最多的专业，其次为机器人工程、网络与新媒体、人工智能、智能制造工程、智能科学与技术等。根据《百度2021高考搜索大数据》统计，2021年十大热搜专业的增幅中（图3–2），人工智能远高于其他专业，增幅达52%，大数据技术、机器人工程、

① 做好本科专业设置工作 提升高校人才培养质量——教育部高等教育司负责人就《关于公布2021年度普通高等学校本科专业备案和审批结果的通知》答记者问［OL］.http://www.moe.gov.cn/jyb_xwfb/s271/202202/t20220224_602162.html.

物联网工程等增幅都在 40% 以上。可见，未来随着新技术和新一轮产业变革的推进，新兴专业发展迅猛。

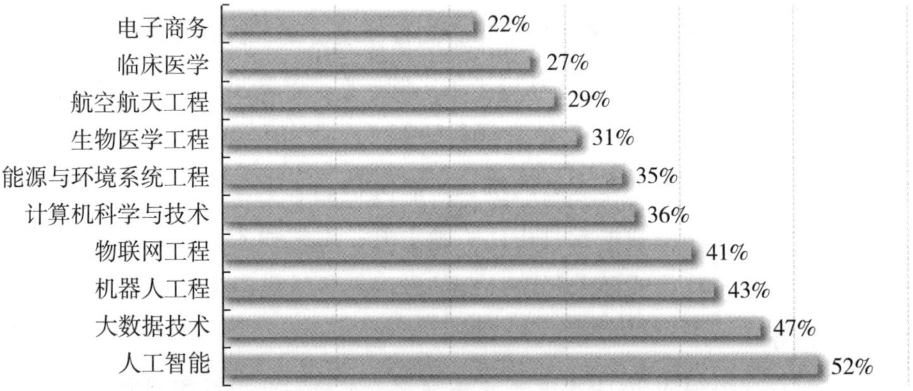

图 3-2　2021 年十大热搜专业同比增幅排名情况

数据来源：《百度 2021 年高考搜索大数据》。

（4）本科专业规模情况

随着高等教育规模不断扩张、专业种类逐渐丰富，本科学生数总量在不断扩大。2019 年本科在校生数为 1750.8204 万人，较 2003 年增长了 2.78 倍，17 年间平均增速为 5.52%；2019 年招生数为 431.2880 万人，较 2003 年增长了 2.38 倍，年均增速达到 6.61%；毕业生总人数增幅最大，到 2019 年为 394.7157 万人，相比 2003 年翻了两番，年均增速为 9.46%。这一趋势表明，高等院校培养的本科人才供给量在大幅度增长，能够为地区经济产业结构变迁提供丰富的劳动力和强大的智力支撑。

为进一步系统把握本科专业规模增长情况，图 3-3 报告了 2004 年和 2019 年全国本科院校分学科门类的招生规模情况①。从中可以发现，各学科门类的招生规模总量均呈现上升趋势，其中，工学类、医学类、教育类和管理类的招生规模 16 年间增长了近 2 倍，年均增长约为 5%；理学类和文学类的年均增速分别为 2.09%、2.25%，是 12 大学科门类中招生规模增长最慢的专业；艺术学类招生规模不管是增幅还是增速都位居专业门类前列，

① 艺术学类的招生人数在 2013 才从文学门类中分离出来，因此这里仅对学科的人数规模进行分析。

这与当前我国大学生就业报告中艺术学包含的绘画、音乐表演等已连续3年是红牌专业的现实有一定的出入，这在一定程度上表明，当前我国的学科专业规模扩张还存在门类差异，随着经济社会发展需求的变化，本科专业设置存在时滞性，在设置上过多偏重经济效益更佳的应用学科，而文学、历史、理学等基础学科扩张缓慢。

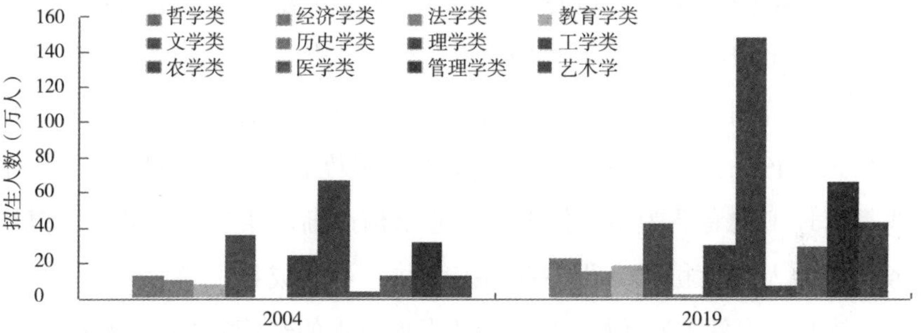

图3-3 2004—2019年本科院校分学科招生总人数情况

数据来源：《中国教育统计年鉴（2004—2019）》

3.1.2 本科专业结构

高等教育结构包含层次结构、学科结构、形式结构和布局结构等。学科结构是按学科或专业划分的大学科领域及其构成的比例关系，反映了社会分工的横截面，并且与普通本科院校发展方向、人才培养类型和科学研究具有直接的关系，本部分重点从学科结构进行多元分类以体现高等教育系统内部架构的科学性。由于1998、2011年普通高等学校本科专业目录的调整，学科专业统计口径存在一定的差异，因此本部分首先将本科专业分为人文社科类（哲学、法学）、经管类（经济学、管理学）、理工类（理学、工学）、教育类、农学类和医学类6大学科门类来分析学科结构问题。考虑国家建设科技强国过程中高度重视基础研究，研究型大学建设将成为“十四五”时期高等教育重点关注的方面，借助徐东波（2020）等的分类标准，将12个学科门类划分为3种学科类型：基础型学科（理学、哲学、文学、历史）、生产型学科（工学、农学）、服务型学科（经济学、管理学、法学、医学、教育学、艺术）。此外，推进“四新”建设是应对当前世界格局变化和国家发展新趋势的重要战略选择，本部分还将讨论到“四新”学科建设情况。

（1）分六大学科的科类结构特征

按照六大学科的分类进行专业布种统计发现（表3–2），1998—2021年，人文社科类的专业布种数由86上升到232，专业占比却从34.54%下降到31.44%，但长期占据专业种数的三分之一；经管类和医学类专业布种数和占比均在波动中呈现上升趋势，理工类和农学类学科专业不论是专业布种总量还是占比均经历先上升后下降再上升的过程；教育类专业则在1998—2012年期间布种数明显增多，且占比从3.61%上升到6.93%，但随后长期保持在3%~4%的比例中波动，这说明了当前乃至相当长时间内，我国本科专业都以理工类专业为主，但随着产业结构逐渐向第三产业转移，以提供服务支撑的人文社科类专业将得到扩张并有可能成为主导。同时，第三产业将发挥其强大的关联效应，带动产业发展所需的经管类、医学类专业扩增。这一特性也可从学科专业布点情况得到例证，2016年，人文社科类、经管类、理工类、教育类、医学类和农学类的专业布点占比分别为26.22%、13.11%、42.19%、3.19%、9.41%、5.88%，而2020年其新增专业的布点比例分别为21.95%、18.67%、51.42%、3.82%、1.89%、2.25%，理工类专业布点数占据绝对地位，人文类和经管类专业布点次之，一定程度上表明我国理工类专业人才总量最多，人文社科类和经管类的人才供给量也较多，有助于发挥教育先导作用，推动经济社会大发展。

表3–2　1998—2021年六大学科专业布种情况（单位：种、%）

年份	人文社科专业布种数、占比		经管类专业布种数、占比		理工类专业布种数、占比		教育类专业布种数、占比		医学类专业布种数、占比		农学类专业布种数、占比	
1998	86	34.54	22	8.84	100	40.16	9	3.61	16	6.43	16	6.43
2003	163	20.87	35	4.48	452	57.87	19	2.43	58	7.43	54	6.91
2007	148	23.09	75	11.70	288	44.93	45	7.02	50	7.80	35	5.46
2012	162	22.91	83	11.74	326	46.11	49	6.93	51	7.21	36	5.09
2016	156	26.22	78	13.11	251	42.19	19	3.19	56	9.41	35	5.88
2018	208	32.60	76	11.91	249	39.03	20	3.13	56	8.78	29	4.55
2020	225	32.01	82	11.66	274	38.98	25	3.56	59	8.39	38	5.41

续表

年份	人文社科专业布种数、占比		经管类专业布种数、占比		理工类专业布种数、占比		教育类专业布种数、占比		医学类专业布种数、占比		农学类专业布种数、占比	
2021	232	31.44	86	11.65	289	39.16	26	3.52	62	8.40	43	5.83

数据来源：《中国教育统计年鉴（1998—2019）》，2020 年数据来源于《普通高等学校本科专业目录（2020 年版）》，2021 年数据来源于《列入普通高等学校本科专业目录的新专业名单（2021 年）》。

进一步观察六大学科的学生规模总量情况发现，在全国在校生与招生数增长的基础上，各学科人数都有不同程度的增长。其中，理工类在校生人数最多，由 1998 年的 118.7841 万人增长到 2019 年的 706.0762 万人，年均增速为 8.86%；其次是经管类、人文社科类，两者的总人数在 2019 年差距缩小，并且自 1998 以来人文社科类在校生总数增长了近 11.59 倍，是六大学科学生总数增幅最大的；农学在校生规模相较医学、教育学人数更多，但其年均增速仅为 9.25%，低于教育类（11.30%），位于六大学科分类的中间位置；医学类在校学生数由总量高于教育类学生数逐渐变为低于后者，且其年均增速为 5.95%，约是教育类增速的 1/2，这可能是导我国农学、医学建设不足的原因。以六大学科的招生数占比情况为例（图 3-4），2003—2019 年，经管类和人文类专业在校生数量占总学生数的比重在 20%~23% 变动，医学类占比由 7.89% 变动为 7.71%，总体变化不大，而农学则由 2.41% 下降到 1.68%，呈现整体下降的趋势，这与我国产业结构向“三二一”演进密切相关，但随着新农科高位推进，农学招生规模必须改变长期落后境地，方能实现农学学科结构与农业产业协同发展。

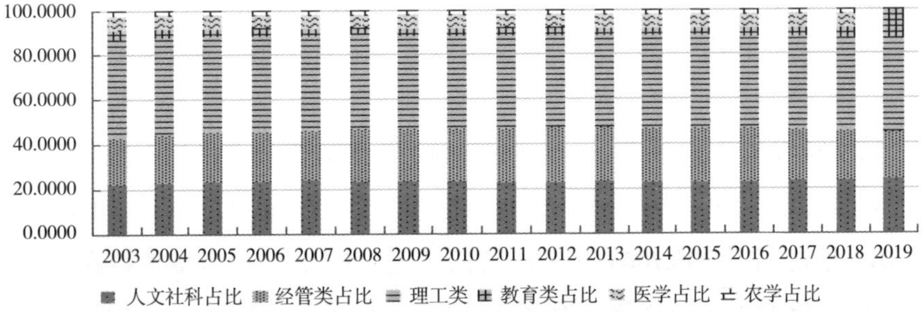

图 3-4 2003—2019 年本科专业六大类招生数比值变化（单位：%）

数据来源：《中国教育统计年鉴（2003—2019）》。

（2）基于基础研究与应用研究的学科结构比较分析

按照以“文＋史＋哲＋理”为基础型学科，“工＋农”为生产型学科，“经＋管＋法＋医＋教育＋艺术”为服务型学科，后两者统一为应用研究学科的分类标准可知（图 3–5），我国生产型学科布种占比在 37%~40% 范围内变动，而服务型学科比重略低于生产型学科占比，基础型学科占比最少，这一学科类型构成比例符合我国就业结构与经济社会发展规律。在工业化发展初期，非技术劳动力比例较高，但随着经济社会发展需要更多应用型、技术型劳动力，这些人力资本大多由生产型和服务型学科提供。此外，基础研究型学科在“十三五”期间总体上专业布种占比呈现上升趋势，始终处于 20%~30% 范围内变动，且新增专业布点数占比在 2020 年为 16.24%，可认为基础研究学科专业在本科教育发展中具有相当位置，在推动高等教育高质量发展过程中不可忽略基础研究学科的建设。

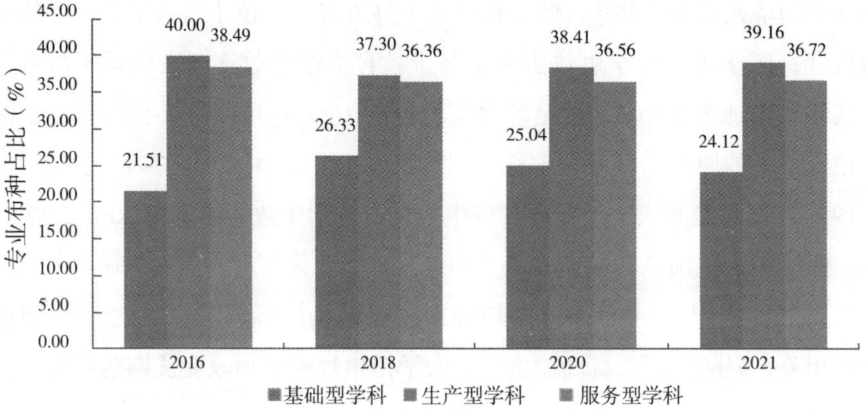

图 3–5 基型础学科、生产型学科、服务型学科专业布种占比情况

数据来源：《中国教育统计年鉴（2016—2018）》、2020 年数据来源于《普通高等学校本科专业目录（2020 年版）》，2021 年数据来源于《列入普通高等学校本科专业目录的新专业名单（2021 年）》。

从学科在校生人数来看，2013—2019 年我国所有学科均有成长，表现为各学科在学人数总规模呈直线上升趋势。其中，基础型学科在校生总人数 2019 年达到了 296.7044 万人，增长了近 1.13 倍；生产型学科在校总人数由 2013 年的 521.1371 万人增长到 2019 年的 617.3642 万人，增长幅度最大且年均增速（2.86%）也最大；服务型学科在校总人数规模最大，到 2019

年共有 834.1702 万人，年均增速达 2.73%，这表明为了适应经济社会发展，对于服务型学科人才的需求量较大，但同时作为后工业化时代的国家，生产型学科在学人数的需求量将持续增长，这从图 3–6 中的在校生占比情况也可以得到验证。在图 3–6 中，基础型学科在校学生占比最小并呈下滑趋势，与服务型学科占比最大且波动上升趋势不同，生产型学科占比逐年上升。值得注意的是，与在校学生规模不同，基础型学科的招生比重在上升，而服务型招生比重在下降。这一特征事实体现了当前我国正在强化基础学科比重从而推进基础研究，也反映了学科专业的调整存在一定的自发性、滞后性和盲目性。

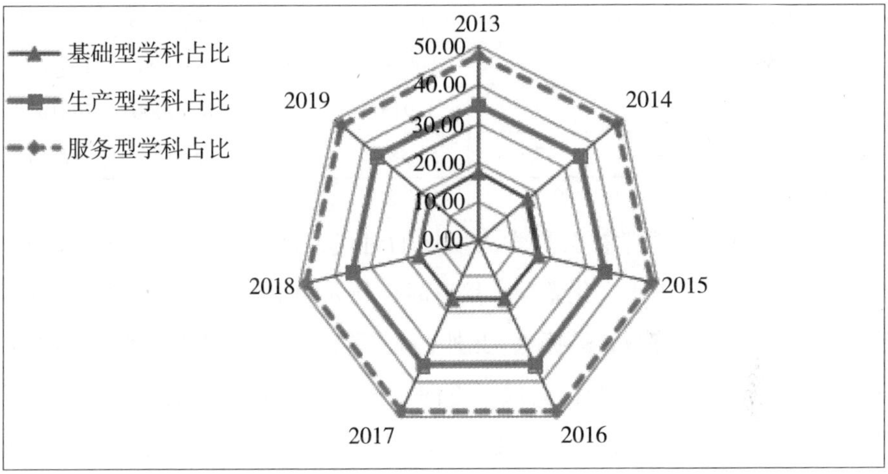

图 3–6　基础型学科、生产型学科、服务型学科在校学生占比情况

（3）“新文科”建设现状分析

2020 年 11 月，教育部发布《新文科建设宣言》，这是对新文科建设的全新指引。按照高等教育司界定的新文科包含哲、法等八大学科门类，占人文社科类的 2/3，具有面广量大的特性（表 3–3）。截至 2020 年 1 月，文科高等学校数占总数的比重达到 98%，在文科专业数、专业布点数和学生数等方面都约占二分之一。其中，中国语言文学类的专业种类数和布点数较 2012 年分别增长了 28.57%、25.345%；经济学类的专业种类增幅最大达到 50%，其专业布点数增幅也达到了 15.79%。哲学类尽管专业种类并未发生改变，但在专业布点数保持了 8.89% 的增幅；历史类的专业种类在 2012—

2020年仅增加了1个种类，但专业布点数却达到了23.64%的增长，这表明新文科的学科专业增量在不断扩大，历史学等基础学科不断发展。与此同时，2015—2019年新设专业布点数累计排名中（表3-4），健康服务与管理专业于2015年批复设立，共有109个布点，排名第一，并连续3年专业布点数超过20且排名前列；大数据管理与应用在2019年布点数最多达到52个，累计总数排名第二；互联网金融、航空服务艺术与管理、艺术管理、供应链管理、马克思理论、金融科技均为适应国家战略性新兴产业发展而设立的新兴专业，累积布点数位居新文科新设专业布点数的前8位。

表3-3 新文科建设概况

	学科门类	专业类	专业	专业点数	高校数	在校生数	毕业生数
总数	13	92	703	60064	1265	17505000	4341000
文科	8	31	331	30913	1240	8779000	2061000
占比	61.5%	33.7%	47.1%	51.4%	98%	50.2%	47.5%

数据来源：基于教育部2020年1月的统计数据。

由此可见，在哲学社会科学大发展的时代，社会大变革呼唤新文科，更是国家提升软实力、文化繁荣、培育时代新人的主阵地、主渠道，文科教育的振兴关乎着高等教育的振兴。此外，新文科作为“四新”建设的重要内容，为新工科、新医科和新农科提供了方向和标准，有利于提供高素质的人才供给，而新工科等的发展也为新文科建设提供了新的技术、方法和手段，“四新”建设交织融合将引领本科教育全面振兴。因此，必须坚持分类推进的基本方略，不断夯实哲学、历史学等基础性学科，鼓励支持发展健康服务与管理、大数据管理与应用等新兴学科专业，加快推进“工＋文、医＋文、农＋文、理＋文、文＋文”等学科交叉融合发展，增设交叉融合的新专业，打造文科“金专”，培养适应新时代要求的创新型、应用型、复合型人才。

表3-4 新设专业中布点数前八的文科专业

专业	批复年份	2015年	2016年	2017年	2018年	2019年	合计
健康服务与管理	2015	5	21	35	25	23	109
大数据管理与应用	2017	-	-	5	25	52	82
互联网金融	2016	-	6	19	21	9	55

续表

专业	批复年份	2015 年	2016 年	2017 年	2018 年	2019 年	合计
航空服务艺术与管理	2018	-	-	-	12	30	42
艺术管理	2016	-	2	7	12	8	29
供应链管理	2017	–	–	1	7	17	25
马克思主义理论	2017	-	-	8	5	8	21
金融科技	2017	-	-	1	4	15	20

数据来源：基于教育部高等教育司 2020 年 1 月的统计数据。

3.1.3 专业调整特点

（1）顺应国家战略、科技创新和社会发展需求调整

当前，全球正处于信息时代向智能时代加速转变的新阶段，大数据、云计算及人工智能等科技不断催生和迭代出越来越广阔的需求空间，并为与之相关的新专业提供了更宽广的发展机会。以教育部颁发的《2020 年度普通高等学校本科专业备案和审批结果》来说，人工智能（130）、智能制造工程（84）、数据科学与大数据技术（62）、大数据管理与应用（59）、机器人工程（53）等是新增热门专业，新增数量位列前五，这是高校主动顺应国家知识创新、科技进步以及学科动态调整的重要体现，其中跨学科专业愈来愈多，新工科、新农科、新文科、新医科专业建设引发更多关注。比如，2020 年工学类专业新增数量占 12 个门类的 42%，连续 5 年来保持一致的学科门类结构。天津大学新增的储能科学与工程、精细化工专业就是按照新工科建设的要求和趋势，培养多学科交叉融合人才的专业；哈尔滨工业大学新增的智能医学工程专业，意在培养在医学与人工智能前沿交叉的拔尖创新人才；山西财经大学新增的应急管理专业，旨在培养擅长应急管理、舆情分析、风险评估的高素质专门人才。梳理起来看，近年来储能科学与工程、集成电路设计与集成系统、密码科学与技术、种子科学与工程、非物质文化遗产保护、养老服务管理、预防医学、护理学、健康服务与管理、应急技术与管理等一批新增专业布点，有效支持了高校服务国家战略和民生急需。

（2）逐渐由外延式扩张转变为向质量提升的内涵式发展

专业的质量和结构，直接关系高等教育支撑和服务经济社会发展的能力，直接影响高校立德树人的成效。在 2021 年普通高等学校本科专业备案

和审批中，804 个专业布点被撤销，为什么出现这种情况？其中的原因不乏与不能完全适应社会需求变化、招生困难、就业率过低、社会满意度不高等紧密相关。其中，信息管理与信息系统 33 个，公共事业管理 31 个，服装与服饰设计 19 个，信息与计算科学 19 个，行政管理 16 个，产品设计 15 个，工业设计 14 个，广告学 13 个，市场营销 11 个，工业工程 10 个，社会工作 9 个，应用心理学 9 个，自然地理与资源环境 7 个[①]……，同时，为防止部分专业设置“过热”，对艺术类等专业加大调控力度，明确要求高校申请增设艺术类专业，应符合办学定位，并已列入正式发布的学校事业发展规划，另将新增列入目录的部分艺术类专业纳入国家控制布点专业进行管理。不可否认地是，随着经济社会的加快发展，新增专业数量远高于撤销数量，这一方面体现出高校高度重视专业设置的社会需要、服务经济社会发展的导向，更加围绕办学定位、资源、优势进行主动性的调整，推动学科专业结构的日益优化，同时，也体现了我国本科教育正在由规模扩张的外延式发展向质量提升的内涵式发展转变，高校的办学自主权正在不断扩大和落实。

（3）加快构建相对合理的本科专业结构动态调整体系

专业设置的动态增减情况，不仅反映了部分高校专业设置中存在的不够慎重和科学等问题，也体现了部分高校不同的设置逻辑和出发点。部分高校新增专业存在一定的盲目扩张、跟风趋同、利益本位、规划滞后、粗放发展等问题，在一定程度上反映了前期的论证不足，盲目贪大求全，不仅不会促进学校的高质量发展，相反可能抑制或拖累学校的发展水平。某些学校的某些专业“设置快、停招也快”，有些专业尚未有学生毕业就已停招，部分高校求新求全，甚至调研中发现部分高校存在头一年申请智能科学与技术专业，第二年马上申请人工智能专业，前一届学生才招生，尚未掌握人才培养的规律性认识，后一届就马上停招。此外，部分高校的专业设置存在“撒胡椒面”现象，粗放式发展，贪大求全，重量轻质，一哄而上，新增专业与高校的办学定位、发展特色以及长远战略不相匹配，而且缺乏相应的学科布局和培养条件作为基本支撑。上述现象的存在实际上

① 根据《教育部关于公布 2021 年度普通高等学校本科专业备案和审批结果的通知》（教高函〔2021〕14 号）统计。

不利于高校建立长远的竞争优势，更会影响高校建设高水平的特色学科专业优势群。因此，高校本科专业调整应当遵循分类考虑、长线思维、动态调整和程序正义四个基本原则。立足长远考虑问题，摒弃“短线思维”，充分考虑学校的办学定位、发展特色、学科基础、软硬件支撑、社会需求等各种因素，在动态调整中及时淘汰一些培养质量低下、办学条件严重不足、教学内容陈旧、缺乏特色和内涵的专业，从某种意义上说，高校本科专业的调整，既是根据国家战略、科技进步和社会发展需求的调整，也是对构建科学合理的本科专业结构的优化与调整。

（4）逐渐形成政府宏观引导、高校自主设置、社会参与治理的调整机制

专业结构调整涉及“政府、社会、学校”等多个主体因素，从1998、2012年再到2020年《普通高等学校本科专业设置管理规定》来看，专业结构调整思路更加清晰，在加大政府宏观调整力度的同时，给予高校更多的适应市场需求优化学科专业结构的自主权，具体而言，政府从过去对高校专业设置的直接管理转为间接管理，力促专业设置权力下放；学校层面，调整《普通高等学校本科专业目录》内已有专业向教育部备案即可，调整为国家控制布点专业或新专业，则需要向教育部审批，逐步扩大了高校专业设置自主权；社会层面，专业设置与调整主动适应了国家和区域经济社会发展需要，提升了人才培养质量，适应了知识创新、科技进步以及学科发展需要。此外，《普通高等学校本科专业目录（2020年版）》旨在确立既统一稳定又相对开放的专业目录体系，建立健全专业动态调整机制，不断提高人才培养和社会需求的契合度，让高校有更大空间和发展自主权，培养更多创新型、创业型人才，有效满足以新技术、新产业、新业态和新模式为特征的新经济发展的迫切需求。

3.2 产业结构演进轨迹

要深入了解产业结构演进对本科人才培养提出的基本要求，首先需要对当前产业结构演进特征及趋势进行系统分析和把握。本部分从演进历程与趋势、就业适应性分析及演进矛盾与差距等3个方面阐述产业结构演进的基本情况与特点。

3.2.1 演进历程与趋势

（1）阶段性历程

随着经济社会不断发展，三次产业产值总量不断扩大。其中，第三产业产值由 1998 年的 31558.3 亿元增长至 2019 年的 534233.1 亿元，实现了经济总量翻四番，其次是第二产业，22 年来增长了近 9.9 倍，而第一产业增幅较低，且年均增速也最低，仅为 7.78%。为进一步明晰在本科专业进行大跨步调整时产业结构的演变过程，利用三次产业结构比、增加值等将产业结构调整过程进行划分。

第三产业快速发展的“二三一”阶段（1998—2011）。这一时期受益于改革开放政策，城市化进程明显加快，2011 年国内生产总值是 1998 的 11.23 倍，其占 GDP 比重于 1985 年超过第一产业，人们的消费水平和生活质量得到明显提高，这为汽车制造、电子等高技术产业注入了新的增长活力，使得第三产业获得长足发展空间，进入快速发展阶段。从表 3–5 中可知，第二产业占国民经济主导地位在这一时期并未发生改变，且基本保持在 8% 左右的稳定增长，且第三产业在 2000 年以后基本与第二产业的占比持平，共同推动经济向高速发展时期迈进。

后工业化的“三二一”阶段（2012 年至今）。这一时期，我国经济进入新常态，传统增长动力不断减弱，经济发展转为以创新驱动为主。由此，产业结构升级迎来新的转折点。其显著特征是：第三产业急速发展，尤其在互联网、物联网等高技术产业推动下，第三产业对国民经济的贡献度逐步扩大，并凭借强大的综合实力超越第二产业成为国民经济增长的主导产业。从表 3–5 可知，2012 年，第二、第三产业占 GDP 比重基本持平。到 2015 年，第三产业比重持续上升，并超过了第一产业和第二产业之和达到 50.5%。截至 2019 年底，一二产业比重均略有所下降，占比仅为 7.1% 和 39.0%。由此可认为，我国产业结构进入后工业化特征的“三二一”阶段。

表 3–5 三次产业经济基本数据（单位：亿元、%）

年份	国内 GDP	第一产业增加值	第二产业增加值	第三产业增加值	第一产业比重	第二产业比重	第三产业比重
1998	43566.6000	14618.7000	39018.5000	31558.3000	17.2	45.7	37.1

续表

年份	国内 GDP	第一产业增加值	第二产业增加值	第三产业增加值	第一产业比重	第二产业比重	第三产业比重
2000	100280.1000	14717.4000	45664.8000	39897.9000	14.7	45.4	39.8
2005	187318.9000	21728.9924	88039.8830	77362.7057	11.6	47.0	41.3
2010	413030.3000	38411.8179	192059.0895	182559.3926	9.3	46.5	44.2
2011	489300.6000	45015.6552	227524.7790	216760.1658	9.2	46.5	44.3
2012	540367.4000	49173.4334	245326.7996	245867.1670	9.1	45.4	45.5
2015	689052.1000	57880.3764	283200.4131	347971.3105	8.4	41.1	50.5
2018	900309.5000	64822.2840	366425.9665	469961.5590	7.2	40.7	52.2
2019	990865.1000	70466.7000	386165.3000	534233.1000	7.1	39.0	53.9

数据来源：《中国统计年鉴（2005—2020）》。

（2）演变趋势

新中国成立以来，经过一系列经济产业政策措施的实行，我国产业结构不断优化升级，逐渐向产业结构合理化、高级化发展。其中，产业结构合理化是指通过产业结构的优化推动各产业附加值的变化，产业附加值的变化将导致劳动力向收益率较高的产业转移。因此，结合任元明等（2014）的做法，采用被重新定义的泰尔指数度量合理化指数，结果如图 3-7 所示。整体而言，产业结构合理化呈“U”型发展。具体而言，在经济提质转型影响下，2005—2012 年产业结构合理化指数呈下降趋势，逐渐由 2005 年的 0.39 下降至 2012 年的 0.243；随着“十二五”“十三五”等规划政策的出台，2013 年起产业结构合理化指数逐渐提升，由 0.2575 上升至 2019 年 0.4093，上升幅度为 54.56%。

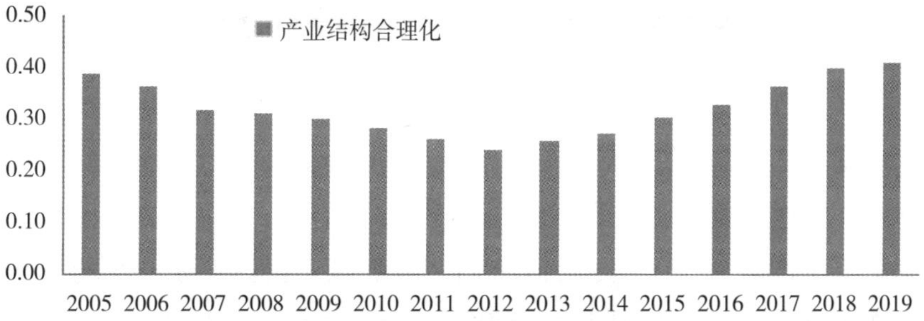

图 3-7 2005—2019 年产业结构合理化趋势

数据来源：根据《中国统计年鉴（2006—2020）》数据计算整理所得。

另一方面，产业结构高级化通常意味着产业之间比重的改变和调整，通常是基于非农业产值比重来测量。当主导产业向第二、三产业转移时，第一产业产值下降，第二、三产业产值相对提高，使整个产业产值结构发生变化。因此，采用第二、三产业产值之和与第一产业增加值的比重表示产业结构高级化（图 3–8）。由图可知，产业结构高级化程度不断提升，由 2005 年的 7.59 上升到 2019 年的 12.07，涨幅为 70%。且受“十三五”规划（2016—2020）提出的“推动农业现代化建设和农业结构调整，全面提升工业基础能力，促进制造业朝高端、智能、绿色、服务方向发展，培育壮大新兴产业，改造提升传统产业，支持战略性新兴产业发展”等的影响，2018 年产业结构高级化增幅高达 5.7%。综上所述，我国产业结构在合理化方面呈“U”型发展，高级化程度不断提升，一定程度上表明当前产业结构逐渐由第一产业向二、三产业转移，并且三次产业间的耦合关系趋向良好发展态势。

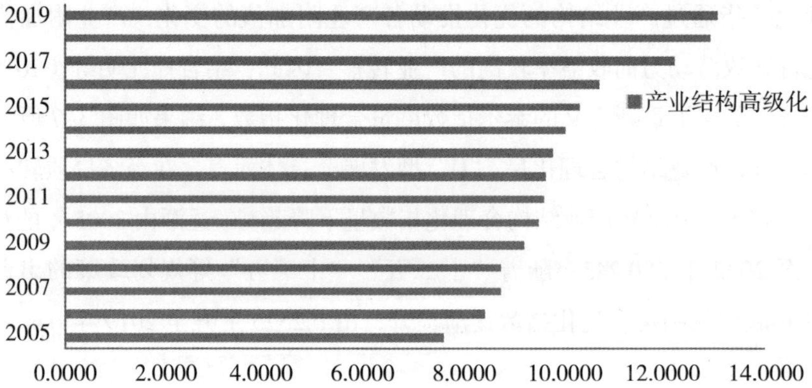

图 3–8　2005—2019 年产业结构高级化趋势

数据来源：根据《中国统计年鉴（2006—2020）》数据计算整理所得。

3.2.2　就业适应性分析

（1）三次产业就业比重情况

从三次产业就业人员比值来看，受产业结构格局转变的影响，三次产业就业人员比重由 2004 年的 46.9 ∶ 22.5 ∶ 30.6 变为 2019 年的 25.1 ∶ 27.5 ∶ 47.4。其中，第一产业就业人员比重降幅为 46.48%，第二产业就业人员比重受产业转型优化影响，2004—2019 年整体呈波动上升趋势，第三产业就业人员比重在经济转型提质的背景下，由 2004 年的 30.6% 上升至 2019 年的 47.4%，增幅为 35.44%，这表明当前三次产业就业投入排序依次为第三产业、第二产业、第一产业，这种现象的出现在一定程度反映了与产业结构布局相对应的当前三次产业就业需求的基本格局，当然，这可能与高等教育人才培养结构等因素紧密相关。

表 3-6　2004—2019 年三次产业就业人员比值

年份	第一产业就业人员比重	第二产业就业人员比重	第三产业就业人员比重	年份	第一产业就业人员比重	第二产业就业人员比重	第三产业就业人员比重
2004	46.9	22.5	30.6	2012	33.6	30.3	36.1
2005	44.8	23.8	31.4	2013	31.4	30.1	38.5
2006	42.6	25.2	32.2	2014	29.5	29.9	40.6
2007	40.8	26.8	32.4	2015	28.3	29.3	42.4
2008	39.6	27.2	33.2	2016	27.7	28.8	43.5
2009	38.1	27.8	34.1	2017	27.0	28.1	44.9
2010	36.7	28.7	34.6	2018	26.1	27.6	46.3
2011	34.8	29.5	35.7	2019	25.1	27.5	47.4

数据来源：《中国统计年鉴（2005—2020）》

（2）各专业就业情况

从图 3-9 可知，各学科专业的占比“涨落不一”，并大致可分为占比增长型和占比回落型两种。一是增长型，以管理学、医学、艺术学、教育学为代表，其中，管理学毕业生人数占比增幅最大，由 2013 年的 17.98% 上升到 19.37%，是仅次于工学占比的学科。二是回落型，主要有哲学、经济学、法学、文学、历史学、农学、理学、工学等，且文学和理学是学科占比重下降最多的两个学科。此外，工学的毕业生人数最多，在 2013—2019 年间基本保持在 30% 左右的占比。因此可认为，随着我国经济社会的快速发展，对于提供服务支撑的管理类、医学类等专业型人才需求增大，但与农学相关的第一产业人才供给仅在 1%~2% 范围内，一定程度也反映了本科院校存在盲目跟风设置热门专业，缺少对专业与产业需求匹配度的考察。

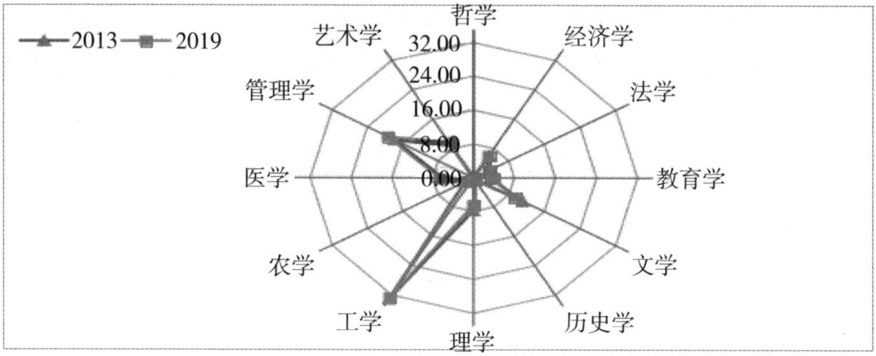

图 3-9 各学科专业毕业人数比值变化（单位：%）

数据来源：《中国教育统计年鉴（2006—2020）》。

根据《2020 年中国大学生就业报告》显示①，2019 届本科毕业生就业率为 94.5%，教育业（15.9%）是本科生就业比例最大的行业，主要源于“教辅及培训机构”和“幼儿与学前教育机构”的需求增长较快；建筑类（8.9%）、信息传输、软件和信息技术服务业（8.9%）、各类专业设计与咨询服务业（5.8%）、文化和体育娱乐业（4.6%）的人才需求较 2017 年分别增长了 6%、4.7%、7.4%、18%。此外，毕业生与其专业相关工作比例趋稳，最高的是医学专业达到 92%，连续 3 年来最高，而教育学专业次之，为 86%。报告还表明，信息安全、软件工程、信息工程、网络工程、计算机科学与技术、数字媒体艺术和电器工程及其自动化发展已成为 2020 年本科就业的绿牌专业，是需求增长型专业，具有相对持续的专业就业优势，而绘画、音乐表演、法学、化学、应用心理学则是失业量大、就业率低、薪资和就业满意度均低、与相关专业毕业生供需矛盾较大的红牌专业，并且前四者连续 3 年都为红牌专业。这一发展趋势表明，受中小学扩招及对优质教育需求的影响，教育行业对于高质量人才的需求也将相应增长，特别是新冠肺炎疫情期间，线上教辅等形式的新型教育将迎来新的发展机遇。同时，随着新医科、新工科等的创新推进，对于医学类、工科类的专业型人才需求将稳步增加，在较大程度上将倒逼高校培育更多创新型、应用型、复合型高素质人才。

① 资源来源于麦可思研究院发布的《中国大学生就业报告》，下同。

3.2.3 演进矛盾与差距

（1）内部结构性矛盾突出

尽管当前我国产业结构已经逐步由“一二三”“二三一”向“三二一”演变，但在产业结构内部尚存在农业基础薄弱、工业大而不强、服务业质量不高等问题。具体来看：一是农业机械化程度较低，农业产业长期以来以粗放型生产为主，在广大农村地区农业科技水平还较低，尤其在中西部地区农业机械化应用非常低，严重制约了农业生产效率，且农业劳动力多为中老年人口，其受教育程度较低，不利于精准农业、科技生产的推进，农业创新力不足；二是工业大而不强，我国是制造大国，在全球市场中具有一定的竞争优势，但大多数行业尚处于全球价值链低端，对科研成果转化和创新投入较低，工业科技竞争力不足，且随着人口老龄化加剧，人口红利逐渐消退，导致整体发展速度趋缓，产能过剩，区域不均日渐严重；三是服务质量不高，服务业在我国产业结构中占据重要位置，但其整体质量水平还较低，发展层次也较低，使得服务业难以满足多元化消费需求，并且服务业在整体贸易总额中占比较低，难以在国际竞争中发挥竞争优势，服务业转型升级后劲不足。

（2）区域发展不均衡

由于地缘环境的差异和政府区域发展政策的影响，东部地区借助临海和政策导向，使得第二、三产业发展迅速，形成了以高技术产业和服务为主的出口导向型发展模式，并在国家竞争中占据有利位置。中西部地区丰富的自然资源有利于第一产业发展，并在承接东部地区产业转移过程中加速第二产业发展，形成以农业和制造业为主的内向型产业成长模式，但第三产业与东部地区有较大差距。与此同时，东部地区在高校数量、科研人才、科研基础等方面都优于中西部地区，科研成果转化应用也更早，且中西部地区在整个产业链发展过程中更多扮演着生产要素供给者的角色，一定程度上阻碍了中西部地区产业转型升级，进而加剧了区域发展不均衡的状态。随着产业转型升级不断深入，对于数字化人才的需求不断增多，并主要集中在经济发达地区。根据《2020年中国大学生就业报告》显示，从事信息传输、软件和信息技术服务的本科毕业生就业比例仅次于教育业，并主要在互联网开发及应用、计算机与数据处理类职业比例较高。泛珠江三角洲、泛长三角、泛渤海三大区域是数字化人才主要就业地，2019 届本科毕业生在这三大区域的比例分别为 29.7%、27.5%、19.0%，并且在城市选择上，数字化人才更偏向于北京、上海、广州等一线和杭州、长沙等新一线城市发展，数字信息化人才集聚不均将进一步加剧产业结构发展的区域不均衡态势。

（3）产业需求与人才结构尚不适应

进一步利用某一产业的就业比重与产业比重同 1 的差代表的产业偏离度系数，来观察产业结构与人才需求的关系，若偏离度越高则表明两者越不均衡（表 3-7）。就总体产业结构偏离度来看，偏离系数由 1998 年的 1.9888 下降到 1.2724，表明“八五”以来我国产业结构效益明显得到提升，但 2016 年以后产业结构总偏离度呈现波动上升，表明产业结构调整面临效益降低、产业结构与人才结构不匹配的风险，必须高度重视产业结构调整的质量。分产业来看，第一产业产值比重和就业比重均呈下降趋势，但其结构偏离度系数呈上升趋势，由 – 0.6546 变动到 2019 年的 – 0.7171，对总偏度的贡献率由 32.9143% 上升到 56.3581%，表明第一产业吸纳劳动力潜力较大；第二产业的产值比重和就业比重均逐年下降，结构偏离度由 1998 年的 0.9447 下降到 0.4182，表明相比其他产业，第二产业转型升级速度较快，能够吸纳较高素质的劳动力，但其对总偏离度的贡献率由 47.5010% 变动到 32.8670%，人才结构与第二产业需求之间仍存在较大的不协调性；第三产业产值比重和就业比重逐渐成为主导，但其结构偏离度系数逐年下滑，对总偏离度的贡献率由 19.5847% 下降到 10.7749%，表明当前我国第三产业的人才结构与产业需求逐渐趋于平衡，吸纳劳动力的能力逐渐增强。因此，我国亟须进一步提升第一、二产业的人才结构适应性，继续优化第三产业，从而促进区域整体产业需求与人才结构的动态均衡。

表 3-7　1998—2019 年我国产业结构效益情况

年份	产业结构（%）			就业结构（%）			产业结构偏离度			
	第一产业	第二产业	第三产业	第一产业	第二产业	第三产业	第一产业	第二产业	第三产业	总偏离度
1998	17.20	45.70	37.10	49.80	23.50	26.70	–0.6546	0.9447	0.3895	1.9888
2003	12.30	45.60	42.00	49.10	21.60	29.30	–0.7495	1.1111	0.4334	2.2940

续表

年份	产业结构（%）			就业结构（%）			产业结构偏离度			
	第一产业	第二产业	第三产业	第一产业	第二产业	第三产业	第一产业	第二产业	第三产业	总偏离度
2011	9.20	46.50	44.30	34.80	29.50	35.70	−0.7356	0.5763	0.2409	1.5528
2012	9.10	45.40	45.50	33.60	30.30	36.10	−0.7292	0.4983	0.2604	1.4879
2013	8.90	44.20	46.90	31.40	30.10	38.50	−0.7166	0.4684	0.2182	1.4032
2014	8.70	43.30	48.00	29.50	29.90	40.60	−0.7051	0.4482	0.1823	1.3355
2015	8.40	41.10	50.50	28.30	29.30	42.40	−0.7032	0.4027	0.1910	1.2969
2016	8.10	40.10	51.80	27.70	28.80	43.50	−0.7076	0.3924	0.1908	1.2907
2017	7.60	40.50	51.90	26.98	28.11	44.92	−0.7183	0.4408	0.1555	1.3146
2018	7.20	40.70	52.20	26.10	27.60	46.30	−0.7241	0.4746	0.1274	1.3262
2019	7.10	39.00	53.90	25.10	27.50	47.40	−0.7171	0.4182	0.1371	1.2724

数据来源：根据《中国统计年鉴（2000—2020）》数据整理计算得到。

3.3　耦合发展主要机遇与挑战

改革开放40多年来，我国高等教育取得了巨大的成绩，不仅培养体系日益健全，学科专业设置日益科学，培养了大批高素质的人才满足产业发展需要，对经济社会发展的作用日益彰显，高等教育进入了由“大”到“强”的转变发展时期。当前，世界正经历百年未有之大变局，我国经济社会发展正进入新阶段，促进本科专业调整与产业结构演进的协同发展面临新的机遇和挑战。

3.3.1　主要机遇

（1）产教融合步伐加快

2017年12月5日，国务院办公厅发布《国务院办公厅关于深化产教融合的若干意见》（以下简称为《意见》）。自《意见》发布以来，各地方政府积极行动，聚焦打通产教融合政策落地“最后一公里”，深化产教融合迎来空前的重要机遇期和政策发力期。根据各省（市、区）“产教融合”政策颁布情况整理绘制表3–8，从中可知，除表格中体现的政策外，从上到下，为深化产教融合，中央到地方政府提出了一系列相关政策，如《国家教育事业发展“十三五”规划》明确提出要推进产教融合的职业教育发展模式，推进校企一体化育人。

与此同时，为全面提高高等教育质量，为经济转型升级提供更加坚实的人才支撑，国家发改委、教育部、人力资源和社会保障部联合发文，启动实施产教融合工程规划项目。项目面向深入实施创新驱动发展战略，支持引导各类高等院校和职业学校结合区域经济社会发展需求、自身办学定位和优势，在不同方向和领域分类发展、办出特色、争创一流，旨在促进人才培养、科研创新、学科专业建设与产业发展紧密融合，全面增强教育服务经济社会发展的能力。本科产教融合层面由国家“十三五”应用型本科产教融合发展工程领头，即国家支持引导应用型本科院校发展、办出特色、争创一流，入选“十三五”应用型本科产教融合发展工程的高校要求在应用型转型过程中勇于探索，走在前列，能够发挥示范引领作用，在全国范围内共遴选出100所左右的高校。

表3-8　各省（市区）“产教融合”政策一览表

序号	省（市区）	时间	文件
1	安徽	2018.2.22	《安徽省人民政府办公厅关于深化产教融合的实施意见》
2	河北	2018.4.14	《河北省人民政府办公厅关于深化产教融合的实施意见》
3	山西	2018.4.20	《山西省促进产教融合实施方案》
4	青岛	2018.6.24	《青岛市人民政府办公厅关于深化产教融合助力新旧动能转化的实施意见》
5	江苏	2018.6.25	《江苏省人民政府办公厅关于深化产教融合的实施意见》
6	辽宁	2018.7.27	《辽宁省人民政府办公厅关于深化产教融合的实施意见》
7	甘肃	2018.7.31	《甘肃省人民政府办公厅关于深化产教融合的实施意见》
8	云南	2018.8.4	《云南省人民政府办公厅关于深化产教融合的实施意见》
9	西藏	2018.8.28	《西藏自治区人民政府办公厅关于深化产教融合的实施意见》
10	河南	2018.8.30	《河南省人民政府办公厅关于深化产教融合的实施意见》
11	广东	2018.9.13	《广东省人民政府办公厅关于深化产教融合的实施意见》
12	天津	2018.9.30	《天津市人民政府办公厅关于深化产教融合实施方案的通知》
13	新疆	2018.10.25	《关于深化产教融合的实施意见》
14	四川	2018.10.25	《四川省人民政府办公厅关于深化产教融合的实施意见》

续表

序号	省(市区)	时间	文件
15	青海	2018.11.12	《青海省人民政府办公厅关于深化产教融合的实施意见》
16	重庆	2018.11.13	《重庆市人民政府关于深化产教融合的实施意见》
17	浙江	2018.11.19	《浙江省人民政府办公厅关于深化产教融合的实施意见》
18	内蒙古	2018.11.30	《内蒙古自治区人民政府办公厅关于深化产教融合的实施意见》
19	吉林	2018.12.12	《吉林省人民政府办公厅关于深化产教融合的实施意见》
20	广西	2018.12.29	《广西壮族自治区人民政府办公厅关于深化产教融合的实施意见》
21	山东	2019.1.14	《江苏省人民政府办公厅关于深化产教融合推动新旧动能转换的实施意见》

资料来源：根据公开资料整理（网址来源：http://www.sohu.com/a/291058246_214420）。

除产教融合外，人才战略、职业教育也均为近年国家重点关注的问题之一。在国务院印发的《中国制造 2025》中有 41 处提到人才，并单独强调：鼓励高校与企业加强合作，培养制造业急需的科研人员、技术技能人才与复合型人才，深化相关领域工程博士、硕士专业学位研究生招生和培养模式改革，积极推进产学研结合。十九大报告中关于“人才”“队伍”“人力资源”“人力资本”的关键词共出现 24 次，且并非单独出现在关于人才工作的叙述中，而是嵌入“五位一体”总体布局和“四个全面”战略布局的各项工作部署中。

综上所述，面对较长时间以来产教融合不深、不实、不出大成果等问题，如何让更高水平的校企合作、更高层次和更具体的交叉培养成为高等教育改革的重点方向，从教育部到地方多项产教融合相关政策的出台，产教融合取得了新的进步和成效。可以预计的是，随着产教融合的深入推进，本科教育将在培养一定数量的基础型、学术型人才的同时，结合新形势下经济转型升级、培育经济发展新动能的要求以及高校的实际情况，积极推动部分普通本科高校向应用型转变，把办学思路转到服务地方经济社会发展、产教融合校企合作、多层次多样化的应用型、技术型人才上，不断深化教育链、人才链与产业链、创新链的有机衔接，以更大力度和勇气推进人力资源供给侧的结构性改革，全面提升高等教育质量、扩大就业与创业。

（2）“双一流”建设快速推进

为不断优化学科布局，构建协调可持续发展的学科体系，教育部提出各高校要立足学校办学定位和学科发展规律，打破传统学科之间的壁垒，以“双一流”建设学科为核心，以优势特色学科为主体，以相关学科为支撑，整合相关传统学科资源，促进基础学科、应用学科交叉融合，在前沿和交叉学科领域不断培植新的学科生长点。自 2013 年，教育部工作会议中首次提到“加快建设一流大学和重点学科”以来，从教育部到地方教育部门都积极制定实施“双一流建设”方案。2015 年 10 月，国务院印发《统筹推进世界一流大学和一流学科建设总体方案》，强调布局一批国家急需、支撑产业转型升级和区域发展的学科。截至 2017 年 5 月底，全国共有 26 个省份出台了针对“双一流建设”的实施方案。2018 年 5 月，习近平总书记在北京大学师生座谈会上发表重要讲话，就加快“双一流”建设进行了具体和系统的阐述。

2018 年 8 月，《关于高等学校加快“双一流”建设的指导意见》出台，文件明确提出了系列要求：深化教育教学改革，提高人才培养质量，率先确立建成一流本科教育目标，强化本科教育基础地位，把一流本科教育建设作为“双一流”建设的基础任务，加快实施“六卓越一拔尖”人才培养计划 2.0，建成一批一流本科专业；深化教育综合改革，进一步明确不同学位层次的培养要求，改革培养方式，加快建立科教融合、产学结合的培养机制，培养高层次应用型人才，大力培养高精尖急缺人才，多方集成教育资源，制定跨学科人才培养方案，探索建立政治过硬、行业急需、能力突出的高层次复合型人才培养新机制。其中，137 个一流学科中，一级学科“材料科学与工程专业”占据 30 位，居榜首，随后是化学（25 个）、生物学（16 个）、计算机科学与技术（14 个）、数学（14 个）、生态学（11 个）、机械工程（10 个）、环境科学与工程（9 个）、控制科学与工程（9 个）、化学工程与技术（9 个），排名前十全是理工科专业。

2019 年 2 月，中共中央办公厅、国务院办公厅印发了《加快推进教育现代化实施方案（2018—2022 年）》，提出了推进教育现代化的十项重点任务，其中包含高等教育内涵式发展，强调加快“双一流”建设，研究建立中国特色“双一流”建设的综合评价体系，建设一流本科教育，深入实施“六卓越一拔尖”计划 2.0，实施一流专业建设“双万计划”，实施创新创业教育改革燎原计划、高等学校毕业生就业创业促进计划等系列相关内容。

总体来看，本科专业调整应与国家和区域发展战略需求紧密衔接已经成为着“双一流”建设的重要内容，随着建设工程的深入开展，一批定位准确、管理规范、成效突出、师资力量雄厚、培养质量一流的本科专业建设点被遴选出来发挥示范引领作用，这必将有助于进一步推动构建符合新时代要求的学科专业体系，促进交叉专业快速发展，完善专业新增与退出机制。

（3）区域产业结构不断升级

我国地域辽阔，经济发展差异较大，为科学合理对区域产业结构进行比较分析，选取天津等 18 个省市 2003 年、2019 年产业结构合理化系数进行比较（图 3–10）。从图 3–10 可知，各省市产业结构合理化程度均不断提升。从增长幅度来看，黑龙江排名第一，由 2003 年的 0.3602 增长到 2019 年的 1.2185，增幅为 238.27%。从产业结构合理化程度来看，东部沿海一带的产业结构高级化程度较高，其中上海、江苏一带的高级化指数都接近 1，最低的为甘肃省，2019 年产业结构合理化程度仅为 0.3741，年均增速仅 1.52%。总体而言，我国区域产业结构不断合理优化，呈现出与经济发展格局“东部发达、中西部崛起”相一致态势。2003—2019 年，以广西、重庆、四川以及甘肃四省市为代表的西部地区产业结构合理化程度虽略低于东中部省市，但涨幅较大，上升幅度分别为 61%、62%、64%、27%，平均增幅为 53.5%。

因此，在区域产业结构不断合理化、高级化的趋势下，新技术、新模式、新场景等的应用与出现，必然对人才培养提出新的要求和期待，也为人才培养提供了新的土壤和条件，通过积极集聚优质教育资源，主动适应新一轮科技革命和产业变革，着力深化专业综合改革，优化专业结构，积极发展新兴专业，改造提升传统专业，打造特色优势专业，着力推进与政府部门、企事业单位的合作办学、合作育人、合作就业、合作发展，不断优化人才培养机制。

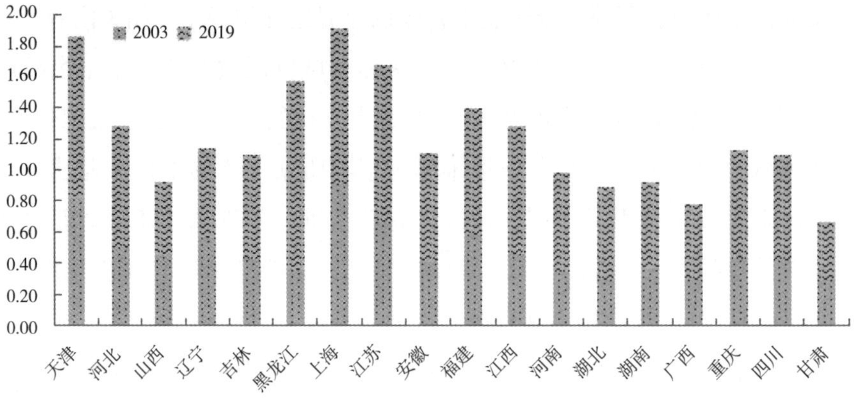

图 3-10 2003、2019 年部分省份产业结构合理化指数比较

综上所述，在产教融合、“双一流”建设以及区域产业结构不断优化等时代背景下，本科专业调整应与国家和区域发展战略需求紧密衔接，结合传统优势产业、战略性新兴产业等产业发展的要求，深化产教融合，着力培养多规格、多样化的应用型人才，以此推动经济发展与社会进步。

3.3.2 主要挑战

（1）本科专业结构调整与产业结构存在偏差，与地方经济的契合度不够

产业结构决定本科学科专业结构。若按照农学人才主要服务于第一产业、理工科人才服务于第二产业、人文社科及医学人才服务于第三产业的简单分类[25]，结合我国当前“三二一”的产业结构比重，偏向于第二产业的专业净增量占比偏高，而第三产业的专业净增量占比相对较低。从我国《列入普通高等学校本科专业目录的新专业名单（2021）》可以发现，新增的37个本科专业涵盖法学、教育学、历史学、理学、工学、农学、医学、管理学、医学等九大门类，其中工学类新增专业数量最多，占总数的37.8%，且在2013—2018年工学类净增量占比超过管理学、艺术学和文学三类专业的总和，工学类新增专业数量“一骑绝尘”。但近几年来，工业增加值占GDP比重在30%左右徘徊，并未有明显的增长趋势，且战略性新兴产业产值增长率在10%以下并呈现下滑趋势，工业产业的人力资本潜力需进一步挖掘，同时，新文科、新医科、新农科等专业需要结合地方经济发展和产业转型的需要，进行有针对性地加强和培养，提升服务地方经济能力。

（2）本科专业动态调整缺乏充分论证，产教协同发展机制尚不健全

高校本科专业调整是“牵一发而动全身”的系统性工程，专业撤销与停招主要受学校控制，但是本身受社会需求、就业状况、学习跟从等多重因素影响。若为提升学校影响力，未充分调研社会需求，未从自身办学目标和地方经济发展预期出发盲目跟风设置新兴专业，并且为抢夺教育资源而重复建设某些交叉专业，或者简单采取第一志愿报考率、转专业率、就业率等少量指标来评判专业的建设成效，简单决定招生与撤销，从长远看，这种缺乏整体思考和系统思维的办法将不利于专业质量提升和评估。同时，教师、实验室等教学条件是专业发展赖以生存的基础，除自身具有的资源和条件外，还需要良好的外部产教融合资源进入，然而较长时期以来，相关部门未能很好地将本科专业设置调整列入产业发展规划考虑范畴，尤其是缺乏将本科学科专业建设纳入行业发展规划进行统筹思考，全面准确的人才需求信息反映不充分、不及时，供需信息存在不对称或“错位”，导致本科专业的设置与调整方向不明、产学研结合不深。

（3）专业结构区域特色不够明显，专业质量水平有待提升

本科专业动态调整是适应经济社会对高素质、高技能、复合型人才需求的时代选择。客观上说，产业结构的转型升级要求高校的人才培养与之相匹配，这有助于激发和引领高校优化学科专业设置，推动人才培养模式创新。然而必须看到的是，人才培养有自身的发展规律和要求，而且需要一定的“土壤”，不同区域产业发展实际有差异，客观上专业结构也要结合总体情况进行优化配置，需要结合区域实际进行创新和发展，形成自身的优势和特色，这样方能实现人才培养知识溢出和形成支撑区域经济发展的人力资本优势。以湖南省为例，面向“十四五”期间“三高四新”战略（着力打造国家重要先进制造业高地、具有核心竞争力的科技创新高地、内陆地区改革开放高地，在推动高质量发展上闯出新路子，在构建新发展格局中展现新作为，在推动中部地区崛起和长江经济带发展中彰显新担当，奋力谱写新时代坚持和发展中国特色社会主义的湖南新篇章），如何结合区域发展需求和高校实际，统筹协调传统专业与新兴专业的培养结构，构建与之相配的高等教育学科专业结构，建设一批高质量服务和支撑地方经济发展的一流专业，

值得进一步探索。

（4）国际大环境复杂多变，与世界一流水平有较大差距

依据马丁·特罗关于高等教育三个阶段发展模式的学说，我国高等教育已进入普及化阶段。在世界百年未有之大变局、中国经济发展进入由高速增长阶段转向高质量发展阶段的新形势下，本科教育将面临教育质量、结构和职能转变、与政府及社会关系变化等多重挑战。经过多年的快速发展，我国建立了成绩瞩目的高等教育体系，不可否认的是，我国高等教育在一流人才培养等方面与国外知名高校仍有一定的差距，需要进一步完善和努力的地方不少。近年来我国越来越多的大学在三大全球性大学排名中逐渐上升，正如 2022 年 QS 世界大学排名中，清华大学排名第 17 名，在亚洲大学中排名第 3 名，但与我国创新型国家建设的需要相比，国内高校拥有的重大原创性成果仍然较少。此外，在未来较长的一段时期，由于国际形势的风云变幻，国家之间的博弈或冲突在所难免，在某些特定时期，甚至存在较大的不确定性，这必然对高校之间的人才培养、学术交流带来一定的影响。尤其新冠肺炎疫情的反复，在较大程度上更是为国际学术交流增添了难度。客观上说，到 21 世纪中叶要建设一流大学、一流学科，不论是质量还是数量上要进入世界前列，我们需要做的工作还有很多。

3.4 小结

本章从三个部分深入分析本科专业结构调整现状、产业结构演进轨迹以及当前本科专业调整与产业结构演进耦合协同发展面临的机遇与挑战。

第一部分主要从本科专业布局、学科专业结构以及专业调整特点等三个方面对本科专业调整现状进行分析：当前我国本科专业规模总量不断增加，种类不断丰富，新兴专业建设加快，但专业布局空间分布不均；学科结构不断优化，对于医学等应用型人才需求快速增长，改变农学招生规模落后局面，从而推进基础学科与应用学科协同建设，尤其新文科建设加快专业布局、强化学科交叉，将为经济社会发展提供更多应用型人才。由此可见，适应国家战略和社会发展求、由外延式扩张转向内涵式发展、构建专业结构动态调整体系是本科专业调整目前的典型特征。

第二部分主要从演进历程与趋势、就业适应性分析及演进矛盾与差距等三个方面阐述产业结构发展的状况与问题。研究发现：产业结构逐渐由“二三一”的第二产业快速发展（1998—2011）转变为后工业化阶段的“三二一”格局（2012年至今），并不断向合理化、高级化趋势演进；三次产业就业结构与产业结构大体一致，但在就业供给量上各学科占比“涨落不一”，且教育学类专业成为热门就业专业，医学是专业就业相关度最高的专业，体现了“四新”建设活力；但在演进过程中，尚存在区域发展不均、内部结构性矛盾突出与人才结构尚不匹配等突出问题。

第三部分主要阐述当前本科专业调整与产业结构演进耦合发展面临的机遇与挑战。机遇主要表现在产教融合步伐加快、“双一流”建设快速推进以及区域产业结构不断升级等，本科专业调整应与国家和区域发展战略需求紧密衔接，结合传统优势产业、战略性新兴产业等产业发展需求，着力培养多规格、多样化的应用型人才，更好地支撑和引领经济社会的发展；另一方面，人才培养还面临着供给侧和产业需求侧在结构、质量、水平上还不能完全适应，本科专业结构调整与产业结构存在偏差，本科专业动态调整缺乏充分论证，专业结构区域特色不够明显，与世界一流水平有较大差距等挑战。基于上述分析，有助于进一步厘清和总结本科专业调整与产业结构演进的基本特征与发展规律，有利于为政府部门制定相关政策提供经验借鉴，为后续探讨两者耦合协同发展的理论与实证分析奠定坚实的基础。

第四章

本科专业调整与产业结构演进动态耦合机制分析

基于高等教育的功能和地位，高校要主动服务国家战略、区域经济社会和产业发展需要，设置符合办学定位和特色的学科专业。本科教育发展与区域产业有机衔接是区域一流大学建设与特色发展的重要方向，其中本科专业结构与区域产业结构之间的匹配与调适是其重要工作。本科教育直接为各行业输送人才，而产业结构的变化要求专业人才结构与之相适应，这是静态耦合作用过程。从长远看，本科专业的调整不仅要满足当期经济增长所需的人力资本要素需求，还要为产业结构转型升级提供前瞻性的人力资本支撑，应该是在多方主体作用下的动态耦合过程。因此，在本科专业调整与区域产业结构演进协同发展已注入新时代内涵的背景下，如何提升本科专业调整与产业结构演进的动态耦合协同水平，更好地服务地方经济发展，这是当前地方高校推动“双一流”建设和实现内涵式发展亟待思考的重大现实问题。本章在梳理国内外经典理论和研究成果的基础上，从静态和动态角度剖析本科专业调整与产业结构演进动态耦合的内在机制，并基于服务地方经济发展的内在规律和客观要求，揭示两者动态耦合带来的协同经济效应，为后续合理测度两者动态耦合协同水平及其经济效应奠定相应的理论基础。

4.1 主要基础理论

4.1.1 教育内外部关系理论

教育外部关系理论最早由潘懋元教授（1988）提出，是研究高等教育的核心理论之一，主要包含两大基本理论：一是研究教育与人之间发展关系的教育内部关系规律，二是研究教育与社会关系的教育外部性规律。这两个方面的内容使得教育一方面受到经济、政治、文化因素的制约，并且必须根据这些因素对高等教育目标、学科专业及课程建设进行调整；另一方面，教育作为人才培养的主要阵地，必须为一定的经济、政治和文化提供服务。生产力和科学技术是影响教育发展不可忽视的关键因素。探究教育与社会经济关系必须要统筹考虑与生产力发展、科学技术水平之间的关系。

依据教育内外部理论，普通高等学校具有资源配置与经济实体融合的特性，其与所处的社会环境存在高度的经济互动关系。第一，高校的生存与发展依存于所处的经济社会环境，只有稳定增长的经济才能有效保障足够的教育投入。第二，高等教育要充分发挥自身的优势和功能，通过人才培养、科学研究、社会服务、文化传承的方式服务经济社会可持续和健康发展。随着市场经济体制的发展，高等学校需充分发挥社会服务的功能，立足自身所处的经济社会环境，瞄准需求优化调整学科专业结构、提升人才培养的社会适应性，使高校学生走出“象牙塔”，更好地融入区域经济社会发展系统，肩负起发展的重任。作为教育系统乃至社会大系统的重要组成部分，正确认识教育内外部关系理论，统筹推进本科专业调整与产业结构演进耦合协同发展，积极释放其经济社会效应，对于深化本科教育改革与发展、提升产教融合质量等具有重要的指导作用。

4.1.2 人力资本理论

人力资本理论主要研究人力资源的商品属性及其在教育、经济发展中所起到的重要作用，其代表性人物主要有舒尔茨、贝克尔、丹尼森等。舒尔茨认为人力资本是国家与区域经济增长不可或缺的重要资源，其主要原因在于高素质劳动者的知识、技能是推动技术进步和社会发展的基石。贝克尔则在舒尔茨的观点上提出人力资本投资会影响个人收入，侧重教育发展中教育成本及其收益的问题。丹尼森则构建了经济增长核算体系，计量了人力资本要素在生产过程中的重要作用，将抽象的、不能通过资本和劳动力投入来计量的要素利用定量分析进行展示，并得到了教育学界的认同。由此可见，人力资本理论的核心是探讨专业化的人力资本对于经济社会发展所起到的关键作用。

区域经济是一个由紧密联系的多要素构成的相对完整的有机系统。人是生产力系统中最为能动的因素。实现区域经济的健康发展，客观上需要系统内经济、教育、科技、文化等多种力量相互配合、相互协同，当然也需要高校为之培养与储备大批高素质的技能型人才。经济社会的健康发展离不开高素质的劳动者，高质量发展更是需要大批具有从事复杂劳动的高素质人才，这是实现区域经济发展的核心竞争力，在区域经济发展中有着不可替代的作用。高等教育尤其是本科教育是社会大生产主要的劳动力和人力资本供给地，本科专业调整将影响着投入市场的大部分劳动力的数量和质量乃至人力资本积累，进而对促进产业结构演进及经济增长所需的人才供给产生影响。加之产业结构演进是基于不同的人力资源配置，在人的主观能动性影响下，调配资本、土地、技术等各种生产要素促进产业优化升级，实现可持续发展。因此，从人力资本的培养与储备角度看，不论是探究经济增长还是产业结构演进，本科专业调整尤其是学科专业结构的调整都是至关重要的因素。

4.1.3 产业结构演进理论

产业结构演进理论主要包括以下理论：一是“配第—克拉克”定律，通过对三次产业间劳动力分布的变化及其趋势的研究，发现随着经济的发展，劳动力总是先从第一产业向第二产业移动，当人均国民收入水平达到一定水平时，劳动力才会向第三产业移动。吴仁洪（1990）认为产业结构包含国民经济各部门产业间和产业内总量比重关系和产业组织分类、产业技术的发展水平及产业各区域分布，产业结构演进总是从较低层次向较高层次产业转变，产业结构演进是经济发展环境下的劳动力市场与大学生供需之间互动的结果。二是库兹涅茨法则，库兹涅茨（1966）揭示了20世纪60年代以前世界主要工业化国家现代经济发展过程中三次产业结构变动的趋势，他将第一、第二、第三产业分类为农业、工业和服务业，认为农业部门国民收入占总数的比重和农业劳动力占劳动力总数的比重不断下降，工业部门国民收入占比大体上升而工业劳动力占比大体不变或小幅上升，服务业部门国民收入比重及劳动力比重都呈上升趋势。

产业结构演进理论表明，作为人才需求方，产业结构决定本科专业调整的基本方向，为本科专业调整提供导向。具体而言，不同的产业对人才要求的数量、质量不同，这就要求本科院校根据产业结构演进需求对学科专业进行调整。此外，生产力的发展决定产业结构处于动态演进中，在产业技术变革与进步，尤其是新兴产业的兴起与发展，促使社会的就业结构以及人才需求都处于动态变化中，进而驱使本科专业结构需要根据产业结构演进方向与需求进行动态调整。

4.1.4 结构—功能理论

结构—功能理论是西方社会学理论之一，侧重利用功能分析方法探究整个社会体系及其与社会制度的关系，认为社会是具有一定的结构或组织化系统，并在各组成部分间相互整合形成有序的联结体系，对社会整体发挥着重要作用，可能整合得不够完善，但从根本上说系统是处于一个动态平衡之中，且任一部分的变化都会趋向新的平衡。系统的概念则来源于数学中，利用数学方法定量阐述系统功能、研究系统特质并逐渐形成系统理论。社会中任一事物都可看作是一个系统，相互关联的要素构成的整体就是系统，但不是要素简单叠加组成，而是通过要素间相互作用产生一定规律形成一种稳定的系统结构。唯有调整系统结构才是改变系统的基础，单单改变系统要素并不会使系统发生改变（张慧青，2017）。因此，要真正实现社会大系统的转变，必须从其子系统及其系统结构入手。

高等教育系统和经济产业系统均是社会系统的亚系统之一，本科专业调整（结构）与产业结构则分别是这两个系统中的重要因素。其中，高等教育系统是由教育活动中各要素及其相互关系根据一定的比例和秩序所形成，始终与周围各类事物和现象保持一定的联系。本科教育作为高等教育大系统的子系统之一，其专业调整可以认为是学科专业结构的调整，也可以认为是各专业组成的一个相对独立的系统，通过探寻各专业间的相对最优组合方式，使得本科专业设置及其专业结构布局更加契合区域经济发展、行业岗位调整带来的就业结构变化，促进本科教育功能最大化。因此，本研究利用结构—功能主义和系统论的理论，不仅旨在分析经济产业系统中产业结构因素与高等教育中本科专业（结构）调整因素的相互关系，还重视其教育经济功能的最大发挥，以推动本科专业与产业结构不断地调整与适应。

4.2 系统耦合互动机制分析

4.2.1 协同互动机制

高等教育通过提高人才的知识技能，为产业结构升级提供满足其需求的人力资本，从而促进经济发展。高校专业结构调整滞后于经济发展，高校专业结构调整要满足当下经济发展对人力资本的需求，还要为产业优化升级以及未来技术与经济发展可能的方向提供前瞻性的人力储备，而且专业结构调整是政府、高校、市场、家庭多方主体博弈的结果，很容易与现实产业结构脱节。因此，高等院校专业结构调整与产业结构演进未来满足经济发展，必然会长期处于不断的调整中。这种高校专业结构的动态调整特征，从宏观上看，需要政府加强对学科专业宏观调控与社会人才需求的预测；从中观上看，专业结构调整要引进专业评估中介力量，有效地将政府、企业、学校和社会等多重利益相关者纳入到专业调整调节机制之中；从微观上看，高校应主动对接国家战略和重要合作领域，从学科交叉、产教融合、中外合作等方面优化专业设置，力求在专业上形成自身的特色。

本科教育是高校人才培养的载体，能够为区域经济社会发展提供高素质人才供给，而产业结构的演进促使社会对专业性人才的需求发生转变，以此维持人才供给与人才需求在社会大生产中的平衡。与此同时，本科专业调整与产业结构演进的系统耦合发展不仅仅是简单地满足人力资本供需的平衡过程，更重要的是要促进两个子系统的各个要素间、多方主体共同合作的螺旋上升发展过程。依据高等教育发展过程来看，本科专业调整不仅会影响专业人才的规模结构，还会引起本科教育资源重新配置以及由于本科教育创新能力的提升带来的成果产出增长。产业结构演进不仅仅是就业比重逐渐向第三产业演进及各产业间资源的合理配置，还关注产业结构效率在经济结构优化质量上的体现，即产业结构向高效化、清洁化演进，两者在不断调整与转变中实现高质量的耦合协同发展，有利于人才链与产业链、创新链有机衔接，并对推进“双一流”本科教育、深化产教融合、培育经济发展新动能具有重要的意义。

当本科专业发生调整时，普通高等院校所需的教育资源将会得到新一轮的配置和利用，新的人才培养结构必然引起供给结构的改变，对知识的传承、技术的创新与进而培养的专业人才数量和质量都将受到影响，一定程度上影响本科院校和专业的创新能力，必然会引起产业发展所需资源和就业市场本科人才供给结构的改变，为产业结构的优化调整提供所需的人力资本，推进新技术的应用与研发，从而促进高技术产业比重上升。产业结构的变动势必引起就业结构发生改变，促使高校必须做出一定的学科专业增减反应，才能促使本科教育资源配置利用率达到最大，进而在产业发展过程中产生更大的知识溢出，在帮助提升整体劳动力技能的同时也提升新技术应用能力，倒逼普通高校以创新驱动产出一流本科教育成果，提高成果转化质量，进而加快本科专业调整以促进高等教育高质量发展，最终两者实现动态耦合协同发展。因此，在探讨两者的耦合互动关系时，首先从本科专业调整对产业结构演进的方向进行讨论，再从反方向进行分析，具体的静态耦合互动机制如图 4-1 所示。

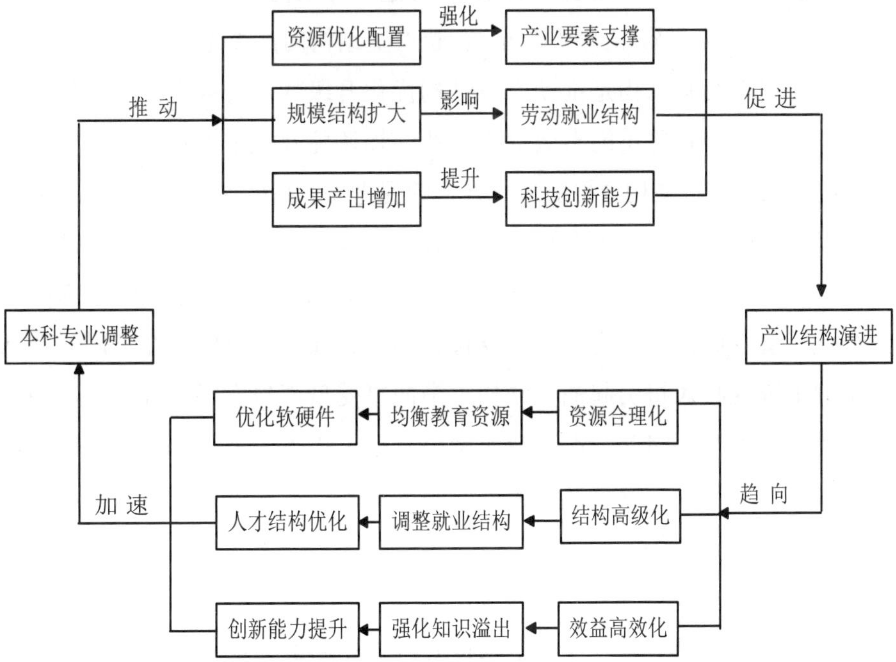

图 4-1 本科专业调整与产业结构演进系统耦合互动机制

4.2.2 内在影响机制

总的来说，本科专业调整对产业结构演进产生的影响是多维的，但梳理起来看，主要可以通过资源配置效应、要素累积效应和知识溢出效应推动产业结构的高级化、合理化和高效化。主要体现在：

（1）优化资源配置效率，推动产业结构合理化发展

提升资源配置效率是推进产业结构合理化的客观要求。本科专业在调整的过程中，必将带来高校软硬件设施、教师队伍结构、校园环境等的改善，教育资源的不断整合，促使各类资本流向地方高校并在校园建设与人才培养中得到充分利用，产业资源配置效率不断提升，这也是当前促进本科教育高质量发展并发挥服务地方经济功能的现实要求。同时，教育资源的集聚与扩散将有助于区域重新配置产业资源，尤其校企合作和中外合作办学等形式有利于培养应用型和技能型人才，有助于提升工作质量和创新的能力，加速将人才优势转化为经济优势，促进产业结构优化升级。

（2）扩大人力资本规模结构，促进产业结构向高级化演进

人力资本及其结构是推动产业结构优化升级的重要因素，单纯依靠人力资本总量的增长并不能有效促进产业结构调整及经济增长，与产业结构相适应的人力资本结构才更能形成强大的促进力。高校加速本科专业调整，将直接影响本科毕业生总量和人才供给结构，对就业市场产生一定的冲击。一方面，人力资本在产业间的存量转移将加速形成“人力”的要素累积作用，为产业转型发展供给劳力和智力支撑；另一方面，人力资本在不同产业间获得的工资性收入将引起消费结构逐渐向享受型消费发展，进而引起现代服务业比重上升。因此，本科专业调整有助于扩大人力资本规模，优化消费结构，提升产业发展与换挡速度，满足新兴产业发展升级的需要，实现产业结构向高级化演进。

（3）加速知识技术溢出，推动产业结构走向高效化

本科院校加速学科专业调整是提升高校创新能力的重要途径，良好的校园环境和高素质的教师队伍结构有利于浓厚科研氛围，产生更多的科研成果，并通过各类合作平台将科研成果直接推广应用，促进核心技术产业化。同时，本科院校培养的专业人才直接面向市场有利于新技术的吸收与转化，

帮助产生更多的知识溢出，提升整个产业的技术应用水平，并促进新技术、新工艺的研发，提高产业的科技含量，逐步降低区域高耗能产业比重，改变产业发展方向，推动产业结构向高效化、清洁化发展。

4.2.3 主要影响路径

产业结构演进对本科专业调整的影响，不仅影响本科专业加速调整所需的教育资源供给，还通过就业结构影响专业人才需求和科学技术水平，增加成果产出，基本的影响路径如下：

（1）促进产业资源重新配置，为本科专业建设提供软硬件设施支撑

产业结构转型升级的过程是产业发展所需的资本、土地、人力等要素进一步得到优化配置的过程，也是保障持续教育资金供给的过程，能够为本科院校校舍建设、实验室等硬件设施以及计算机网络、数据库资源与平台等软件设施提供资金支持。此外，新一轮的产业资源配置也体现了空间资源配置最大化，一定程度上帮助解决教育资源区域分配不均的问题，从而为本科专业建设提供厚实的资源要素保障与支撑。

（2）促进就业结构不断优化，为本科专业人才结构调整提供动力

产业结构调整很大程度上表现为三次产业产值比重的变化，产业结构逐渐由“二三一”向“三二一”演进，就业结构也将发生相应的变动，对于本科专业人才需求产生影响，这迫使本科院校必须根植于地区经济和产业发展需求，依据“支持急需紧缺、新兴专业”的调整策略，鼓励推进“新工科、新农科、新医科和新商科”的“四新”建设，逐渐形成自身本科专业特色，进而促进本科专业人才规模结构有序扩大。

（3）提升区域科学技术水平，为一流成果产出增加提供技术支持

当前，产业结构高效化和清洁化是新一轮产业革命关注的重点，即表现为高技术产业比重逐渐上升而高耗能的产业比重逐步下降的趋势。为应对经济增速由高速向中高速增长转变，涌现了一大批大数据、物联网等技术，这些新技术和新工艺的发展使得区域整体科技创新水平稳步提高。一方面，引导本科院校加强培养创新型、复合型和应用型的专业人才，进而增加科研成果；另一方面，产业技术要求逐渐提高，倒逼企业不断创新，利用产业投资来强化“校企合作”，支持高校进一步创新发展。

4.3 动态耦合机制分析

4.3.1 微观动态特征

（1）本科专业调整时滞性

本科教育改革与当期地区经济发展息息相关，随着经济结构的转变而处于长期变化中。本科院校专业人才的培养需要一定周期，且必须经历岗前培训、技能训练、实习提高、总结经验等相关过程，客观上说，人力资本的形成需要一定的时间；产业结构一旦发生变动，其就业吸纳力就会明显受到影响，对于本科专业人才的需求是即时性的。因此，本科专业调整的滞后性实质存在，且专业调整引起的人力资本供给与产业结构需求很难做到精确匹配。

（2）经济不确定性因素影响较大

产业结构作为经济增长的重要指标，在探究产业结构演变规律时不能忽略经济因素的影响。一是受国内外经济下行的影响，用于产业发展和教育改革的资本投资量具有一定的不确定性，部分新产品研发技术受制于国外科学技术，且高等职业教育的大力推进也导致学科结构不断变化；二是国际环境的不确定性加剧，对外贸易发展受到的干扰较多，海外市场的表现将倒逼国内市场，影响产业发展的速度和结构调整的质量。

（3）本科专业调整过度与不够

本科专业调整并不意味着一定适应经济增长的需求。从专业规模来看，可能调整后的学科规模过小难以发挥规模经济的影响，而规模过大则导致毕业生迅速增加，引起“就业难”问题。从学科结构来看，可能由于制度或未来需求预测不准导致专业重复建设、专业结构比例失衡，使得人才结构在当前或未来一段时间内不能与产业结构优化相适应。具体表现为：当部分地区能够提供的教育机会非常少，与经济发展速度不相匹配之时，产业结构的调整的速度就慢，粗放型发展方式更为突出；当区域高等教育发展速度快、质量高时，高素质和高技能型的劳动力供给增加，引致新进入就业者必须接受更高层次的训练和技能开发，在劳动力市场出现从业者受教育水平与实际岗位教育程度之间的不匹配，形成“过度教育”现象。“过度教育”不仅浪费教育资源，也容易引起劳动者的逆反和倦怠情绪，甚至引起生产效率下降。

（4）本科专业调整与产业结构受多方力量影响

教育与产业是社会系统的两个重要组成部分。本科专业调整与产业结构演进同样受到来自社会、政府、市场等多方因素的影响，探讨本科教育现代化治理和产业结构调整必须放在特定的经济、政治宏观环境下，从政府、高校、市场和家庭层面上进行具体研究，如何为社会提供与培养足够并且优秀的人才，同时社会又能提供足够的工作岗位，客观上都面临着多方力量的博弈与影响，这种结果会影响资源配置的效率，也会影响协同发展的方向、强度与力度，从而在不同时期呈现不同的特征与行为，这个过程实际上也是本科专业调整与产业结构演进的动态耦合变化过程。

4.3.2 多方主体博弈

在促进本科专业调整与产业结构演进系统耦合的多种力量中，各主体可有序自主调节，但无法实现人才结构与产业结构完全匹配。在实际调整过程中，仅能通过有独立决策权的主体如政府、市场、高校及家庭等多方主体相互博弈完成，并会受到经济、政治等诸多宏观因素的影响。其中，形成博弈关系的主体必须拥有独立自主决策权，并且各方为实现各自利益而采取的行为会直接影响其他方的行为和发展目标（杨宇轩，2012）。

在较长时间内，本科专业调整的方向和结构比例在很大程度上由政府按人才计划和产业发展规划进行调控，随着教育改革的不断推进，高等学校办学自主权不断扩大，培养的学生为社会所用，能促进社会的发展，成为行业的中坚力量是高校的重要追求目标。在制定本科专业人才培养方案时，客观上要求充分考虑中长期经济发展、产业结构优化升级对本科人才的需求，从某种意义上说，人才培养模式要考虑需求导向型的定位，因此，也就具有很强的市场因素，且政府机关、企事业单位、社会组织等都构成了人力资本需求方的用人单位集合。在本研究中，主要考察本科专业调整适应产业结构转型的需要过程中所展现出来的各用人单位对人力资本结构的市场需求，称之为市场主体，符合博弈主体的前提条件。此外，学生虽是本科教育的接受者，但做出参与教育和就业择业决策是整个家庭共同参与的决策，且支付全部教育费用，拥有独立决策自主权并对其他方的行为产生影响，满足博弈主体条件。综上所述，本研究将高校、政府、市场和家庭作为本科专业调整与产业结构演进系统耦合的多方博弈主体，其博弈关系及动态耦合过程如图 4–2 所示。

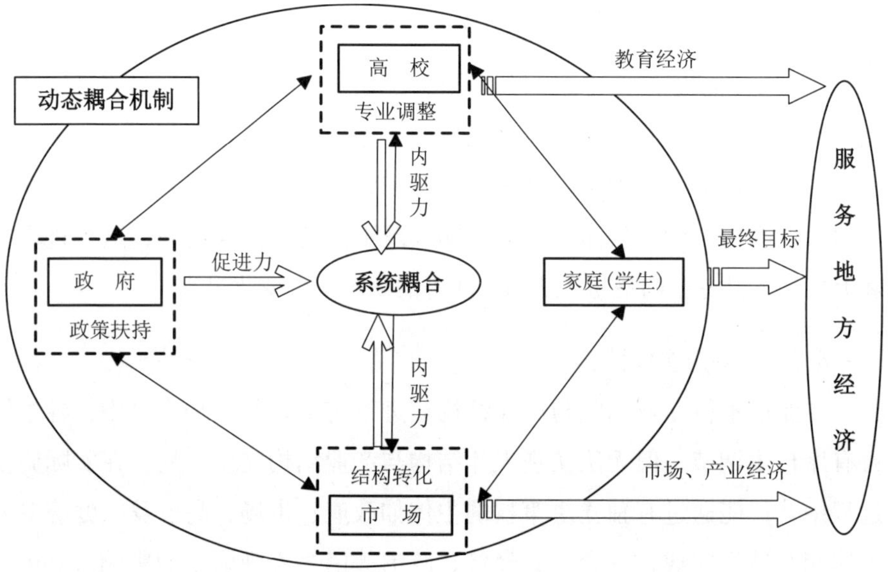

图 4–2　本科专业调整与产业结构演进动态耦合机制

（1）政府与各方主体博弈

政府的主要目标是确保本科专业调整的规模与结构能够适应当前乃至未来产业结构优化对人才结构的需要，强调本科教育对地方经济的最大效用，促进“产教融合”并使各类资源达到最优配置。短期内，政府可根据以往招生录取情况并结合高校的反馈信息和产业人才需求进行调整。长期内，政府必须依据长期经济产业发展规划和相应的人才发展规划等来预测未来学科结构，进而确定本科专业的调整方向和建设策略。

作为各项资源的提供者和教育管理的监督者，政府通过向本科院校提供财政支持、下达招生计划等约束高校的行为，这意味着高校必须与政府进行博弈。政府要实现其目标必须依靠高校的专业人才培养与就业反馈，而高校必须在政府有限资源约束的条件下实现自主办学。因此，在我国本科教育体系中，政府与高校之间存在主从关系。为减少人才市场双方信息的不对称，降低双方搜寻的机会成本，减少结构性失业的可能，相关政府部门通常会采取政策引导、法规引领等方式去促进劳动力市场的健康发展。家庭则只需考虑自身实际，在政府既定计划内根据个人意愿决定进入的学科专业。综上所述，政府与其他方的博弈中，政府占主导，其他方为从属方。若政府主导过强，应预防信息反馈机制不灵带来的影响，避免出现调整过度与不足导致与产业需求契合性不强的现象。

（2）高校与其他方博弈

高等院校是本科教育的载体，长期目标是为市场培养各类能够适应产业发展和经济增长所需的专业化人才、提供科研服务、做好文化传承和社会服务等，但在实际高校建设中，受到资源有限等的制约和影响，各高校都在努力抢占本科教育体系中的有利位置，当然，也存在考虑成本最小化和办学效益最大化的动机。

客观上说，近年来我国高等教育的快速发展，高等院校建设的不断推进，与大量资金投入有较大的关系，公办院校的资金主要依赖于政府财政拨款。由于政府财政扶持的力度不同，不同院校的定位和层次也不相同，为了在有限资源中获取最大支持并创立自身特色，在高校扩招的过程中，部分高校存在开设低成本专业以扩大规模，抢占更大的话语权的“冲动”，此类人才培养的数量在短时期增长较快，与此同时，部分市场需求高、但办学成本大，或者是需要投入的资源门槛高的专业设置少，培养的人才不足以满足社会需求，造成“结构性失业”。不可否认的是，高校在政府相关政策下形成自身的专业调整策略，政府通过对高校对政策的实施效果评价与反馈，并结合新的产业发展需求提出下一步的专业结构调整方向，进入一个新的循环博弈。

随着市场经济体制的逐步完善和高校法人地位的确定，高校与市场之间的博弈既有合作也有冲突。具体表现为：随着经济高质量发展，校企联合办学模式逐渐完善，能够为高校发展注入较多的社会资金支持，又能满足用人单位对高技能型人才和科研服务的需求。在追求规模和影响的过程中，高校人才培养有“重学轻术”的倾向，本科毕业生的应用技能不强，实际动手能力偏弱，不能完全满足市场结构发展所需的人才和技术，在一定程度上影响毕业生就业质量，进而对本科院校的专业布局、人才培养定位等产生反馈影响。鉴于高等教育资源更多由政府提供，高校与市场的博弈结果可能导致出现“同质化”办学、人才培养质量提升较慢等问题，长期积累可能引发毕业生就业难和企业招聘难的双重矛盾。

（3）市场与各方主体博弈

以人力资本需求方形成的市场目标是在实现资源最佳配置的基础上，期望获得合适的人才并带来预期的经济产出。受产业结构的影响，用人单位对人才结构的需求存在差异。如产业结构的高技术比重较高，则市场上需要更多的创新型和应用型人才，政府则会引导高校继续扩大本科专业规模，加大需求导向型人才培养，以便更好地满足社会发展需求。

市场为实现资源要素配置效率的提高，促进教育产业的最大化，用人单位尽力降低包括人力资本薪酬福利等在内的成本支出。政府出于保障劳动者合法权益和维持市场有序健康发展的考量，将根据市场反馈的信息出台一系列的政策、法规和制度。因此，劳动力市场不受其他因素的影响，专业结构调整完全由劳动力市场的供需来确定，但政府在市场加快产业结构调整的过程中起到了约束作用。

传统就业择业观认为，本科教育背景越强、学历越高的人越有可能被录用，且所有家庭均希望孩子尽可能接受好的教育并获得一份相对体面的工作，导致本科毕业生扎推向主要劳动力市场集聚，但主要劳动力市场就业容量有限，无形中提高就业门槛，部分本科毕业生“高不成低不就”的思想使得就业难的问题更盛。而高校作为本科人才培养的主阵地，市场应用型人才需求激增促使高校逐渐转变人才培养定位和学科结构，并能从劳动力市场大致预估本科专业人才结构是否与产业结构相适应。

（4）家庭与各方主体博弈

家庭（学生）的长期目标是为了累积自身人力资本，在劳动力市场找到合适的工作并获取相应的回报，提升生活质量水平。短期则是在本科教育期间，获得理论知识和相应技能，能够为社会所用，未来可以获得更好的前途。

由于学科专业的不同，学习时限、支付费用、学习形式等都不尽相同。

需要花费的时间越长、投入成本越高的专业，其期望回报越高，因此，每个家庭都希望自己的孩子在同等条件下选择一个学校实力更雄厚、品牌度更高的高校求学。在与高校的博弈中，家庭只能被动在高校既定的本科教育体系中进行选择，处于主从博弈关系。家庭与政府的博弈中，家庭处于相对被动的地位。高校侧重于应对政府要求进行专业调整，对于学生的诉求反应会更慢一点，对教学体系的完善有一个完善的过程，这在一定程度上可能影响学生更快适应激烈的市场竞争，正确认识和评价自我。此外，由于市场结构的转变、信息不对称和本科毕业生评估体系的偏差，家庭出于对美好生活的向往可能会激发学生读书的热情，也可能引发“读书无用论”过早进入社会，影响本科教育发展的质量。

综上来看，本科专业调整与产业结构演进动态耦合是多方主体博弈的结果，但主要表现为政府、市场和高校的相互关系，家庭主要从主观意识方面参与本科教育和就业选择。其中，政府起主导作用，为高校制定本科专业调整及市场进行经济结构优化提供规划指导，市场作为劳动力的需求方是本科专业进行调整的依据，高校作为劳动力的供给方时刻关注市场结构的转化并在政府有限资源约束下做出相应的反应。因此，本科教育调整的效果随时间滞后因素的影响不断积聚，并始终围绕人力资本供给与需求的平衡进行波动，且由于经济的不确定性、预测偏差、教育产出的时滞性及多方决策博弈主体的影响，本科专业调整与产业结构演进必将处于不断动态调整之中。

4.3.3 协同效应分析

服务地方经济社会发展和人民群众需求是高等教育改革的基本要求和最终目标，本科专业调整应主动适应和支持经济发展的新要求，为经济高质量发展厚植人才优势，培育创新能力。因此，本科专业调整与产业结构演进动态耦合的过程将促进人力资源供给侧结构性改革，实现产业与教育的良性互动，但更为重要的是发挥教育与产业联动优势，促进知识技术空间溢出，进而突出服务经济社会发展的功能（图 4–2）。基于此，本部分重点阐述本科专业调整与产业结构演进动态耦合产生的协同经济效应，并借助规模经济提升生产效率促进经济“量”的增长，也可通过溢出效应实现科学技术进步为经济“质”的增长提供强劲动力（图 4–3）。

（1）本科专业调整与产业结构演进动态耦合促进生产效率提升，实现总量增长

本科专业调整是教育系统的重要一环，产业结构本身就是经济系统的关键因素，教育与产业的融合发展服务于地方经济社会发展系统。单一考察本科专业及产业结构对经济增长的影响，仅能体现某一极的优越性，且极易造成经济总量增加而经济结构效益反而下降的虚假经济繁荣现象。相较于单轮驱动，本科专业调整与产业结构演进耦合协同弥补了单极支撑的缺陷，实现了以“产教融合”为标矢的高等教育现代化及经济高质量发展的双轨发展路径。本科专业调整与产业结构演进的动态耦合具有“1+1>2”的协同效应，有助于形成规模经济。一方面，能够有效整合人才与产业资源优势，优化资源配置效率，进一步深化分工，提升生产效率，进而促进地区经济总量增长；另一方面，本科专业调整与产业结构演进的动态适应能够降低就业信息搜寻成本，规范市场规则，降低交易费用，促进经济规模总量的稳步增长。

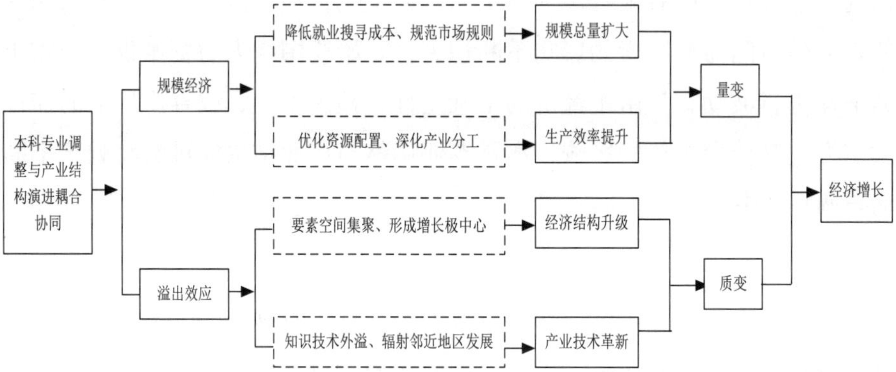

图 4–3　本科专业调整与产业结构演进动态耦合机制

（2）本科专业与产业结构动态耦合发展加速知识技术空间溢出，促进地区经济“质”的提升

新经济地理学认为，产业或要素发生集聚的原因是区域的不均衡性。本科教育资源在区域单元由于受到经济发展水平、产业基础等因素的影响，首先在经济发展水平高且教育水平也相对较高的地区集聚，并形成经济增

长极中心。随后，随着市场饱和、资源有限消耗等多重约束，增长极中心区域将逐渐向外围扩散资本、人力资本及技术等，加速外围地区劳动力、自然资源禀赋等跨区域流动，在转移的过程形成劳动力共享和知识技术的扩散，辐射带动邻近地区经济发展，最终实现整体经济发展。本科专业调整与产业结构演进动态耦合有助于各类资源要素跨区域流动，产生更多知识和技术溢出效应，提升区域创新水平进而促进地区经济增长“质”的飞跃。具体体现为：一是集聚效应，两者耦合协同发展促进各类资源首先在空间集聚，实现有限资源在空间配置的最大化，为经济增长提供人力和产业支撑；二是扩散效应，两者在空间协同将加速要素的自由流动，尤其是人力资本要素将为产业技术革新提供智力支持，并降低创新成果转化成本，从而为区域经济发展培育新的经济动能，并且能够辐射带动邻近地区的经济增长，进而促进整个区域经济的高质量发展。

4.4 小结

本章主要探究本科专业调整与产业结构演进动态耦合的内在机制，并着重分析耦合协同带来的经济效应。结合教育内外部关系理论、人力资本理论、产业结构演进理论以及结构功能主义等相关理论，本章首先从供给与需求的角度分析了本科专业调整对产业结构演进的作用途径及产业结构演进对本科专业调整的影响路径，揭示了本科专业调整与产业结构演进的静态耦合协同关系，结果表明，从需求角度看，产业结构演进必须与人力资本规模结构相适应，并在产业结构升级过程中实现本科资源配置最大化和创新能力的提升，实现本科教育内涵式发展；从供给角度看，本科专业调整通过影响人力资本规模结构和资源的重新配置，不断提高科技创新水平，进而依靠技术进步提高高技术产业和清洁产业比重，促进产业结构的转型升级。随后，由于本科专业调整的滞后性、未来经济发展的诸多不确定性，再加上专业调整过程中受到多方力量的牵制，且调整容易出现调整过度或不足的现象，本章从多方博弈角度探讨了本科专业调整与产业结构演进的动态作用过程，并基于服务地方经济社会的思考，从协同效应和空间溢出两个方面分析了本科专业调整与产业结构演进的良性互动对经济增长的内在作用。

第五章

本科专业调整与产业结构演进耦合协同发展水平测度

本科教育是大学的根和本。本科教育要服务和满足经济社会发展的需求。从前述理论探讨中可知，本科专业调整与产业结构演进的动态耦合是一个复杂的系统，既要促进高校本科资源配置优化、成果产出增加以实现专业规模结构优化，也要实现地区产业结构向合理化、高级化及高效化演进。因此，系统构建本科专业调整与产业结构演进的动态耦合协同发展评价指标体系，并合理利用耦合协同、趋势面分析等分析工具，深入探讨我国本科专业调整与产业结构演进耦合协同的时空特征及其演化趋势，全面把握两者耦合协同的现状及其空间特征，以期为促进高等教育高质量发展提供现实参考。

5.1 评价指标体系设计

5.1.1 指标体系构建

（1）构建原则与内涵

一是目的性。本科专业调整与产业结构演进耦合协同性评价的主要目的在于客观反映出我国高等教育及其各省市实现本科专业调整与产业结构演进耦合协同的差距有多大？主要差距在哪里？为国家推进产教融合、产学研一体化建设提供参考。因此，应以这一目标为导向，确定指标的名称、含义及口径范围。

二是综合性。耦合协同发展是一个综合的能力系统，包括本科专业调整和产业结构演进两个子系统，涵括产业结构合理化、高级化和高效化及学科专业结构、专业投入和专业产出等相应的子系统，各个子系统相互联系、相互影响。因此，在构建耦合协同评价指标体系时要将区域本科专业调整与产业结构演进视为不可分割的有机整体，从而系统地、全面地表达提升我国产教融合水平的主题和本质特征。

三是可比性。耦合协同水平具有相对性和动态性特征，要进行时空比较，客观上要求评价指标体系具有可比性，具体表现在两个方面：一方面在指标口径上、内涵上具有可比性；另一方面在不同的时间和空间范围内具有可比性。只有可比的评价指标，才能提供准确的信息资料，才能通过比较分析得出我国产业结构演进与专业结构匹配不足的具体表现。

四是可操作性。指标的选择与建立虽然必须以理论为基础，但又要考虑实践的可行性，是理论和实践相结合的产物。前文中产业结构演进与本科专业调整耦合协同的理论分析表明，两者协同发展是一个复杂的系统，就国内而言，部分统计信息资料特别是准确的信息资料还很缺乏，现实资料的可获取性是指标体系构建的最大制约因素。基于这一考虑，尽量使用宏观统计信息指标，并在指标测度中借鉴对比打分法，提升指标体系的可操作性。

五是简明实用性。指标体系构建必须对指标的全面性和指标体系的实用性进行权衡。一方面，指标选择应尽可能反映本科专业调整和产业结构演进各个系统的大部分信息，提升评价结果的可信度；另一方面，指标选取尽可能做到全面，否则指标信息重复、指标体系繁杂，不便于操作，指标体系的实用性大打折扣。因此，指标体系选择应反复斟酌、筛选，尽可能采用容易获得的、综合的、信息量大的指标。

（2）本科专业调整系统

本科专业调整是在优化各类教育资源配置的基础上，调整本科专业，实现规模扩大、结构改进、成果产出增加。参照相关研究基础和指标体系构建原则，从规模结构、成果产出和资源配置力三个维度设计本科专业调整评价指标体系（表 5–1）。其中每个维度下面设置 3~6 个具体指标，指标层是准则层的一个支撑，由具体量化的指标构成。

一是资源配置力，在本科专业调整中起到基础性作用。其中，教授人数、教师硕士以上学历的人数表明地区高等教育教师资源配置情况；平均每生校舍面积、图书资料和教学用计算机数反映高等学校教育环境配置情况；

高等学校学生平均教学固定资产反映本科教育的投资情况。

二是规模结构，这是本科专业调整的具体内容。为便于研究，本研究将本科专业的结构限定为学科专业结构，采用本科专业所在学科的总体比重进行衡量。鉴于1998、2011年普通高等学校本科专业目录的调整，学科专业统计口径存在一定的差异，因此将本科专业以人文社科类（哲学、法学、文学、历史学、艺术学）、经管类、理工类、教育类、农学类和医学类等6大学科门类进行划分，这里以划分后各学科毕业生人数占学生总数的比重进行度量。另外，本科生招生规模和学科经费总投入的提升在一定程度上反映了本科专业调整的效益，本科专业调整将引起招生规模的变化，学科经费投入越多意味着地区本科生教育投入越多，学生规模越大，本研究将学科经费总投入采用普通高等学校教育经费占地区财政支出的比重反映本科教育在整个教育投入的状况及重视程度。

三是成果产出，这是本科专业调整的主要目标。本科专业调整最终目的在于提升教育质量、实现高等教育的内涵式发展，因此尽可能培养出更多高素质人才、提升学生项目科学研究和创新能力，具体表现为本科生参与科学研究课题数、发表科技论文数和技术转让合同数，并以专利申请数反映本科人才的创新能力。

（3）产业结构演进系统

产业结构演进要求经济结构上的优化，也包含产业经济效益的提升，即产业结构日趋合理化和高级化，结构效益日渐高效化（表5-1）。产业结构高级化是建立在产业结构合理化基础之上的，只有当产业结构合理化达到一定程度，结构效益达到一定水平，此时进行产业结构高级化才不会是一种不合理的高级化，此时推进产业结构高级化才有效。产业结构高效化建立在合理化和高级化的基础之上，是产业结构优化的新要求，也是新的研究视角，可以理解为在新发展理念下由低效率、低技术含量的产业向高效率、高技术含量的产业持续转移的过程。

表 5-1　本科专业调整与产业结构演进耦合协调发展系统

目标层	准则层	指标层	符号	单位	类型	权重
本科专业调整系统	规模结构（0.3512）	本科招生数	x11	人	正	0.0650
		学科结构	x12	%	正	0.2298
		学科经费总投入	x13	%	正	0.0328
	成果产出（0.4681）	R&D 项目课题数	x21	项	正	0.0818
		发表科技论文	x22	篇	正	0.0806
		申请专利数	x23	件	正	0.1185
		技术转让合同数	x24	项	正	0.0937
	资源配置力（0.1807）	教师硕士以上学历所占比例	x31	%	正	0.0339
		教授	x32	位	正	0.0616
		生均固定资产总数	x33	万元	正	0.0376
		生均校舍面积	x34	平方米 / 百人	正	0.0294
		图书资料	x35	万册	正	0.0663
		拥有教学用计算机数	x36	台	正	0.0690
产业结构演进系统	合理化（0.4212）	泰尔指数 TL	y11	/	逆	0.1358
		二元对比系数 R	y11	/	正	0.1171
	高级化（0.3081）	产业层次系数 TS	y21	/	正	0.1432
		高技术产业新产品销售收入 /GDP	y22	‰	正	0.1492
	高效化（0.2707）	效率水平 = 全员劳动生产率	y31	万元 / 人	正	0.1631
		节能水平 = 单位电耗经济产出	y32	亿元 / 千瓦时	正	0.1573
		环保水平 = 城市园区绿化面积 / 国土面积	y33	公顷 / 万平方千米	正	0.1343

一是产业结构合理化。产业结构合理化主要指通过产业结构的优化改变各产业附加值，产业附加值的变化将导致劳动力向收益率较高的产业转移，劳动力发生转移，体现要素投入结构和产出结构的耦合程度。因此，本研究参考刘新智和沈芳（2021）的做法采用被重新定义的泰尔指数和二元对比系数来综合产业度量合理化指数。其中，泰尔指数的计算公式为：

$$TL=\sum_{i=1}^{3}(\frac{Y_i}{Y})\ln(\frac{Y_i}{L_i}/\frac{Y}{L})$$

式中，Y 表示地区总产值，i=1,2,3 表示地区第一产业、第二产业、第三产业，L 表示地区就业总人数。古典经济理论认为经济处于均衡状态时，各产业部门的生产率相同，即 $Y_i/L_i=Y/L$，可知 TL=0；当 TL 值越大，意味着产业结构越不合理。二元对比系数即比较劳动生产率，$R=\frac{(Y_1/Y)/(L_1/Y)}{(Y_2/Y)/(L_2/Y)}$，$Y_1$、$L_1$ 分别为第一产业产值和就业人数，Y_2、L_2 分别为第二和第三产业产值之和、就业人数之和，Y、L 则分别为总产值、总就业人数。

二是产业结构高级化。产业结构高级化通常意味着产业之间比重的动态改变和调整，选择产业层次系数、高技术产业新产品销售收入占 GDP 比重刻画产业结构逐渐由低级向高级形态演进，且其演进方向逐渐深加工化、高附加值化。根据产业结构“一二三”演变规律，产业结构层级指数 $TS=\sum_{i=1}^{3}A_i\times q_i(i=1,2,3)$，$q_i$ 为三次产值占 GDP 比重，若 TS 越大表明产业层级越高，产业结构越高级。

三是产业结构高效化。产业结构高效化是近年来学者提出的新概念，徐卫华等（2017）、何宜庆等（2019）提出产业结构高效化，一方面体现了产业经济效益提高；另一方面则体现资源配置更加高效合理，具有较高的环保和节能水平。鉴于产业结构高效化的测量方法较多且差异较大，这里主要从效率、节能和环保等三个方面进行测度。

5.1.2 耦合协调度模型

（1）耦合指数模型

根据现有研究成果，本研究将本科专业调整系统及产业结构调整系统综合指数模型设定如下：

$$U_x \quad \sum a_i x_i \qquad \text{公式（5–1）}$$

公式（5–1）中，i 为描述本科专业调整活动特征的指标个数，a_i 为指标权重，x_i 为描述高校本科专业调整系统特征的第 i 个指标的标准化值，其值越高则表明高校本科专业调整水平状况良好，反之则越低。

$$U_y = \sum_{i=1}^{m} b_i y_i \qquad 公式（5–2）$$

公式（5–2）中，i 为产业结构演进活动特征的指标个数，b_i 为指标权重，y_i 为描述产业结构演进系统特征的第 i 个指标的标准化值，其值越高则表明产业结构演进活动状况良好，反之则越低。

耦合是指多个系统之间通过相互作用、彼此影响从而联合起来的现象，是在各子系统间的良性互动下相互依赖、协调、促进的动态关系。本科专业调整与产业结构演进系统的耦合度函数为：

$$C = \left[(U_x \times U_y)\left(\frac{U_x + U_y}{2}\right)^{-2} \right]^k \qquad 公式（5–3）$$

公式（5–3）中，C 的取值范围为［0,1］，趋于 1 则两系统处于优质耦合状态，趋于 0 则表明本科专业调整与产业结构演进系统动态耦合关系较弱；k 为调节系数，$k \geqslant 2$，这里 $k = 2$。

（2）耦合协同度模型

基于协同学理论的基本原理，协同度可以被理解为是用来衡量系统或要素之间协同状况的定量指标。借鉴已有的研究的主要做法，构建本科专业调整与产业结构演进耦合协同模型定量测度两者的协同水平，计算方法如下：

$$D = \sqrt{C \times (\alpha U_x + \beta U_y)} \qquad 公式（5–4）$$

公式（5–4）中，D 在［0,1］之间取值。U_x 为本科专业调整综合指数，U_y 为产业结构调整综合指数；α、β 为要素或系统权重，在推进地区产教融合发展中，产业动力与教育活力同等重要，因此将 α 和 β 都设定为 0.5。

（3）耦合协同发展阶段

为避免部分数据的非精确性以及得分转化过程中主观性对测度结果的影响，科学合理界定我国本科专业调整和产业结构演进的耦合协同状态，本研究借鉴现有研究成果，对耦合协同发展状况进行分类研究（表 5-2）。其中，耦合度 C 以 0.3、0.5、0.8 为临界点，将耦合阶段划分为低水平耦合、磨合期、拮抗期和高水平耦合等 4 个发展阶段；按照均匀分布函数法将耦合协同发展等级进行判别，并以 U_x 与 U_y 的差值计算的相对发展指数来表示不同时点两系统的状态耦合关系，具体如表 5-2 所示，并认为当本科专业调整与产业结构演进的耦合协同发展处于Ⅷ型，两者同步发展，是产教系统趋于优化的最优阶段。为进一步反映本科专业调整与产业结构演进耦合协同发展的空间特征，利用 Arc Map 对耦合协同发展度进行空间分析，需要说明的是，本研究仅对省市域协同状况进行分级判断，而不对测度结果进行排名。

表 5-2　耦合度与耦合协同阶段及类型划分

耦合阶段划分	耦合度 C	耦合阶段	耦合协同阶段划分	协同度 D	协同阶段	耦合协同层次	相对发展指数 β	主要特征	类型
耦合阶段划分	0.0~0.3	低水平耦合	耦合协同阶段划分	0.0~0.1	极度失调	低层次（无序）	$\beta < -0.1$	本科专业调整滞后型，制约产业结构演进。	Ⅰ
				0.1~0.2	严重失调		$\lvert\beta\rvert \leq 0.1$	本科专业与产业结构基本同步型，推动产业结构演进。	Ⅱ
				0.2~0.3	中度失调		$\beta > 0.1$	本科专业调整超前型，影响产业结构演进。	Ⅲ
	0.3~0.5	磨合期		0.3~0.4	轻度失调	中层次（过渡）	$\beta < -0.1$	本科专业调整滞后型，制约产业结构演进。	Ⅳ
				0.4~0.5	濒临失调				
				0.5~0.6	勉强耦合协同		$\lvert\beta\rvert \leq 0.1$	基本同步型，推动产业结构演进。	Ⅴ
	0.5~0.8	拮抗期		0.6~0.7	初级耦合协同		$\beta > 0.1$	本科专业调整超前型，影响产业结构演进。	Ⅵ
				0.7~0.8	中级耦合协同	高层次（协同）	$\beta < -0.1$	本科专业调整滞后型，制约产业结构演进。	Ⅶ

续表

耦合阶段划分	耦合度 C	耦合阶段	耦合协同阶段划分	协同度 D	协同阶段	耦合协同层次	相对发展指数 β	主要特征	类型
	0.8~1.0	高水平耦合		0.8~0.9	良好耦合协同	高层次（协同）	$\lvert\beta\rvert \leqslant 0.1$	本科专业与产业结构基本同步型，推动产业结构演进。	Ⅷ
				0.9~1.0	优质耦合协同		$\beta > 0.1$	本科专业调整超前型，影响产业结构演进。	Ⅸ

5.1.3 数据来源与方法

（1）数据说明

鉴于1998年我国高校开始扩招的典型事实，且1999年全国高校按照教育部颁布的《普通高等学校本科专业目录（1998）》对专业进行了调整，同时考虑到本科专业调整是一个复杂的系统，其调整效果需至少10年以上时间跨度方能发现其变化规律。因此，考虑数据的可得性，本研究以2003年作为普通高等院校本科专业相关数据为起始点，分析2003—2019年我国本科专业调整与产业结构演进及其耦合协同水平的时空差异。

本研究所采用的数据来源于历年《中国教育年鉴（2003—2019）》《中国统计年鉴（2004—2020）》《中国高等学校科技统计资料汇编2019》以及天津等18个省市的统计年鉴（由于部分省市数据不全或口径差异较大，为保证后续分析的一致性和严谨性，因此未全部纳入）、教育部关于高等学校本科专业设置备案表或审批相关文件、EPS数据库和中华人民共和国教育部教育统计数据。部分缺失数据采用回归方法补齐。

（2）评价方法描述

一是信息熵。熵值法是最常用的综合指标测度方法之一，该方法主要考虑的是指标自身特性，不涉及指标的相互作用关系，能够尽可能避免主观意愿在权重确定过程中的影响。根据熵值法的原理和计算步骤，首先对我国2003—2019年本科专业调整与产业结构演进指标数据进行标准化处理，标准化公式：$X'_{ij} = X_{ij} / X_{j\max}$；在此基础上构建标准化矩阵：$Y = \{y_{ij}\} m \times n$，$y_{ij} = X'_{ij} / \sum X'_{ij}$；求得熵值 $e_j = (-1/\ln m)\sum y_{ij} \ln y_{ij}$

及差异性系数 $g_j = 1 - e_j$，权重 $w_i = g_j / \sum g_j$；最终利用 $U_i = w_i \times X'_{ij}$ 分别计算各个时期我国产业结构演进及本科专业调整的综合发展水平。

二是空间变异系数。为进一步分析地区专业调整与产业结构演进协同发展水平差异，本部分利用空间变异系数（CV），即原始数据标准差与平均值的比较，$CV = \sigma / \mu$，可以消除单位和平均数不同对两个或多个资料变异程度比较的影响，进一步说明两者耦合协同发展的内部差异（张改素等，2014）。

三是探索性数据分析（ESDA）。主要通过全局空间自相关和局部空间自相关检验事物之间是否存在显著空间关联或空间依赖，全局空间自相关主要利用全局 Moran's I 指数反映本科专业调整与产业结构演进耦合协同水平在空间上的关联性，指数值越大且显著为正表明存在空间正相关性，在空间上表现为集聚特性。

由于空间异质性的存在，全局空间自相关掩盖了各省本科专业调整与产业结构演进耦合协同发展的局部空间异质性，为更好地阐述协同发展水平的空间集聚程度，运用 Getis-Ord Gi* 指数识别出不同空间位置上两者耦合协同发展空间分布的高值与低值集聚区，即热点区（hot spots）和冷点区（cold spots），具体计算方法参考徐维祥等的研究。

四是趋势面分析。趋势面分析主要利用光滑的数学曲面模拟观测变量在空间上地理分布，从而细致描绘其在空间上的变化趋势。参考徐维祥等的做法，假设 $D_i(x_i, y_i)$ 为本科专业调整与产业结构演进协同发展水平，(x_i, y_i) 为空间坐标，$z_i(x_i, y_i)$ 为趋势函数，利用趋势面分析来探究我国本科专业调整与产业结构演进协同发展的空间总体格局分异趋势。具体计算公式如下：

$$D_i(x_i, y_i) = Z(x_i, y_i) + \varepsilon_i \qquad \text{公式（5-5）}$$

公式（5-5）中，$Z(x_i, y_i) = \beta_0 + \beta_1 x + \beta_2 y + \beta_3 x^2 + \beta_4 y^2 + \beta_5 xy$，$\varepsilon_i$ 为误差项，β_0 为常数项，$\beta_1 \sim \beta_5$ 为参数估计系数。

五是标准差椭圆分析。标准差椭圆（SDE）主要以中心坐标、长轴、短轴和方位角等四个要素共同说明本科专业调整与产业结构演进耦合协同度的空间格局演变过程。其中，中心坐标为耦合协同度空间分布的中心位置，长轴和短轴分别反映耦合协同度分布的主要方向和次要方向上的离散程度，方位角则是 SDE 长轴与垂直方向上顺时针所成的角度，表示本科专业调整与产业结构演进耦合协同发展的主要空间趋势方向。

5.2 耦合协同时序特征分析

5.2.1 综合水平分析

（1）本科专业调整综合水平

根据表 5–1 可知，规模结构和成果产出是对本科专业调整综合水平影响最大的两个层面，而资源配置力的作用相对较小，这表明规模结构优化和成果产出增加的交互关系是造成我国本科专业调整综合水平提升的主要原因。在本科专业调整子系统指标层中，申请专利数、学科结构、技术转让合同数是贡献额最大的指标。基于此，国家在深化推动本科教育改革以来，随着区域经济总量和本科学生总量不断增强，教育资源的不均衡性、成果转化利用率不高等因素成为影响我国必须强化本科专业动态调整的重要原因。实证结果也符合我国本科教育高质量发展结构的实际情况。如图 5–1 所示，2003—2011 年我国本科专业调整综合水平呈现缓慢下滑趋势，2011—2019 年呈现稳步上升趋势，但其综合水平值由 0.3448 上升到 0.5611，本科专业调整总体呈现波动上升趋势。其中，成果产出水平基本呈现稳定增长态势，对本科专业调整水平的贡献份额保持在较高水平；而规模曲线逐渐下滑，但仍对专业调整综合水平保持较高的贡献份额；资源配置力则在 2011 年以后，与本科专业调整综合水平发展趋势大致一致，表明了资源配置力所包含的要素在推进本科专业动态调整的中长期过程中的作用越来越大，所占的贡献份额也愈来愈高。上述发现一定程度上也表明了当前我国本科专业调整逐渐契合了高质量发展需求，由单纯追求规模结构扩张向追求资源配置效率的最优化转变。未来在推进本科教育内涵式发展过程中，应高度关注专业规模结构不断优化和科研成果不断增长的交互关系，也应考虑教育资源配置的效率并兼顾公平的问题。

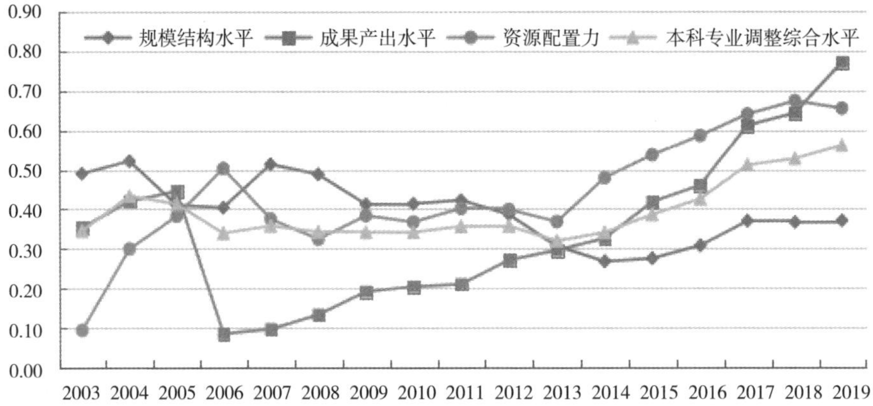

图 5-1　2003—2019 年我国本科专业调整综合水平变化趋势

（2）产业结构演进综合水平

由表 5-2 可知，产业结构合理化、高级化是对产业结构演进综合水平影响较大的影响因素，但分析产业结构演进子系统指标层可以发现，效率水平、节能水平、产业层次系数和节能水平都是对产业结构演进综合水平贡献份额较高的要素。因此，随着我国产业结构不断向更高技术含量、更清洁化的方向转型升级，产业高效化（绿色化）所包含的要素在促进产业结构演进的过程中日益凸显，所占的份额将越来越大，这也可从产业结构演进综合水平及各子系统层面的变化趋势得以佐证。如图 5-2 所示，产业结构演进综合水平呈稳步增长趋势，从 2003 年的 0.1468 上升到 2019 年的 0.9357，年均增长约 12.28%。其中，产业结构合理化呈现“U”型变化趋势，在 2010 年以后长期处于较低水平；产业结构高级化则在波动中上升，并长期保持对产业结构演进综合水平较高的贡献份额；而产业结构高效化增长较快，对产业结构演进综合水平的贡献度越来越高，尤其是在 2008 年以后与产业结构高级化形成交互效应，明显提高了我国产业结构演进综合水平。这表明，单纯依靠产业结构向非农产业、产业高级化转变是不够的，还必须提高产业的绿色竞争力，全面推动传统产业向清洁产业转型，鼓励一批节能环保、提质增效新兴产业发展，方能有效推动我国产业结构演进水平持久提升。

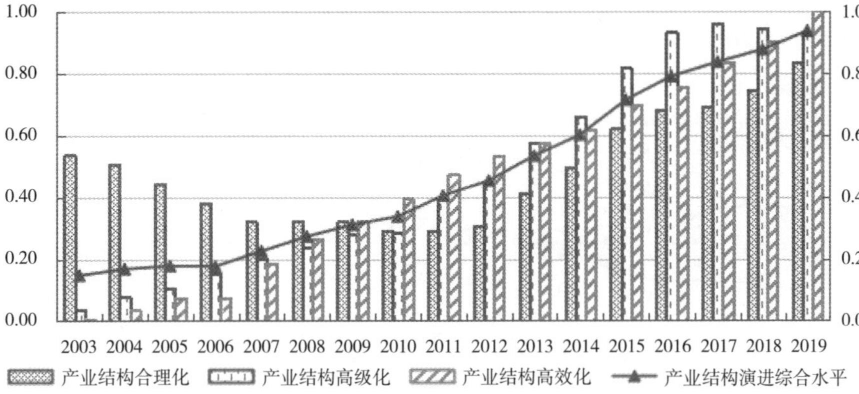

图 5-2 2003—2019 年我国产业结构演进综合水平变化趋势

5.2.2 总体特征分析

（1）总体趋势

依据前文设定的综合评价指标体系，并利用公式（5-3）和（5-4）计算得到本科专业调整和产业结构演进的耦合度、耦合协同度及其相对发展度（表 5-3、图 5-3）。

一是本科专业调整与产业结构演进步调不一。从图 5-3 可知，我国本科专业调整与产业结构演进系统存在明显的“剪刀差”趋势。在 2010 年以前表现为产业结构演进滞后于本科专业调整，即供需不匹配，供大于需；2010 年以后，本科专业调整滞后于产业结构演进，出现供不应求状况，尽管这一状况在 2017 年后略微缩小，但依然存在人才结构与专业结构不匹配的问题，“产教”动态耦合系统间差距依然不容乐观。此外，就增速而言，2003—2019 年本科专业调整综合水平的年均增速为 3.09%，而产业结构演进综合水平的年均增速达 12.28%，产业结构演进速度明显快于本科专业调整进程。可能的解释是，“十二五”之后，我国不断加快产业结构调整步伐，鼓励一大批新兴产业发展，支持传统产业发展转型，使得我国经济进入新常态，就业结构及其需求总量也因此发生较大改变，但由于高校培养的本科应用型人才供给存在时滞性，且学科专业调整是一项复杂的系统性工程，较难与产业结构形成即时匹配的关系，使得两系统间的发展差距明显，学生就业难的问题比较突出。

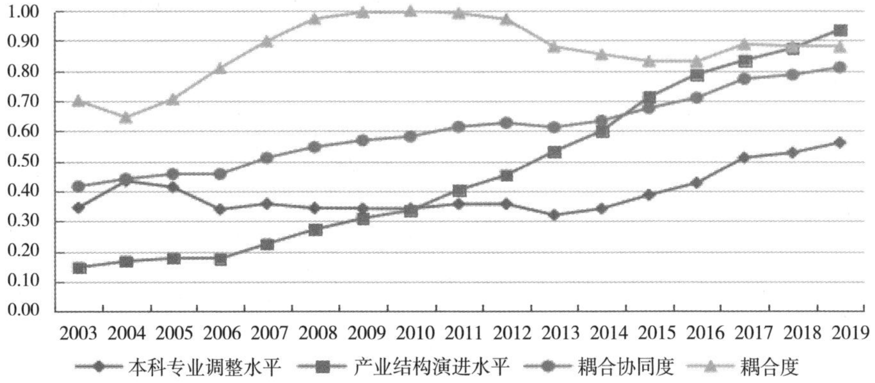

图 5-3　2003—2019 年我国本科专业调整与产业结构演进及其耦合协同度变化趋势

二是耦合协同水平不断提高但耦合状况有待提升。2003—2019 年，受本科专业调整与产业结构演进共同发展的影响，两者的耦合协同水平不断提高，由 2003 年的 0.4153 上升到 2019 年的 0.8109，增长了近 2 倍，逐渐由濒临失调进入到良好协同阶段，并进入Ⅶ类型发展阶段。17 年来耦合协同均值仅为 0.6012，尚处于初级协同阶段，且仅在 2016 年才开始进入中级协同阶段，实现本科专业调整与产业结构演进的优质协同发展任重道远。就耦合度而言，2003—2019 年我国本科专业调整与产业结构演进的耦合度由 0.7016 上升到 0.8786，处于高水平耦合阶段，本科专业调整与产业结构演进两系统的相互作用较强，但在“十三五”以后，耦合度值长期低于 0.9，使得耦合协同度在 2003—2019 年的增速仅为 4.8%，这主要是因为我国不断加大高等教育改革力度，使得本科专业结构更趋合理化，产业结构不断转型升级，战略性新兴产业大力推进，产业结构从“二一三”格局逐渐转化为“三二一”格局，尤其是近年来教育的经济职能提升，本科教育与地区产业结构适应性不断提高，促使两者向高质量协同阶段演进。不可否认地是，从总体来看，当前本科专业设置存在一定的盲目跟从导致专业建设重复的情况，学科专业结构与产业人才结构失衡，使得专业调整与产业结构演进存在一定的差异，整体耦合协同度有待提升。此外，观察图 5-3 中耦合度与耦合协同度曲线可以发现，耦合度越高，表明本科专业调整与产业结构演进的系统差异越小，其耦合协同度越容易实现稳步增长。因此，未来应重点思考如何缩小本科专业建设与产业结构调整的差距，在基本实现同步发展的基础上提升耦合协同实效。

表 5-3　2003—2019 年本科专业调整与产业结构演进的耦合协同度计算结果

时间	耦合度 C	耦合协同度 D	相对发展度	基本类型	类型
2003	0.7016	0.4153	0.1981	拮抗期—濒临失调—本科专业调整超前	Ⅵ
2004	0.6461	0.4405	0.2660	拮抗期—濒临失调—本科专业调整超前	Ⅵ
2005	0.7062	0.4564	0.2358	拮抗期—濒临失调—本科专业调整超前	Ⅵ
2006	0.8090	0.4564	0.1633	高水平期—濒临失调—本科专业调整超前	Ⅵ
2007	0.8980	0.5111	0.1331	高水平期—勉强耦合协同—本科专业调整超前	Ⅵ
2008	0.9736	0.5470	0.0709	高水平期—勉强耦合协同—基本同步	Ⅴ
2009	0.9953	0.5691	0.0317	高水平期—勉强耦合协同—基本同步	Ⅴ
2010	0.9998	0.5818	0.0059	高水平期—勉强耦合协同—基本同步	Ⅴ
2011	0.9925	0.6139	–0.0466	高水平期—初级耦合协同—基本同步	Ⅴ
2012	0.9724	0.6273	–0.0954	高水平期—初级耦合协同—基本同步	Ⅴ
2013	0.8796	0.6122	–0.2124	高水平期—初级耦合协同—本科专业调整滞后	Ⅳ
2014	0.8544	0.6340	–0.2588	高水平期—初级耦合协同—本科专业调整滞后	Ⅳ
2015	0.8316	0.6757	–0.3260	高水平期—初级耦合协同—本科专业调整滞后	Ⅳ
2016	0.8300	0.7097	–0.3619	高水平期—中级耦合协同—本科专业调整滞后	Ⅶ
2017	0.8880	0.7728	–0.3229	高水平期—中级耦合协同—本科专业调整滞后	Ⅶ
2018	0.8814	0.7860	–0.3468	高水平期—中级耦合协同—本科专业调整滞后	Ⅶ
2019	0.8786	0.8109	–0.3746	高水平期—良好耦合协同—本科专业调整滞后	Ⅶ

三是产业结构演进是推动本科专业调整与之协同发展的核心动力。本科专业布局根植于地方产业发展，地方产业发展尤其是特色产业发展影响高等学校本科专业招生规模和布点，两者相得益彰。两者耦合协同度测度结果表明，产业结构演进指数与耦合协同度变化趋势一致，是耦合协同发展的第一要义，尤其在“十二五”以后，产业结构演进逐渐成为了我国产教融合的主导因素，即产业结构的走向决定了就业结构，而本科作为人才培养的主阵地，为最大程度解决大学生就业难问题，各级政府更倾向于立足市场进行本科专业布局，产业主导下的“产教融合”更加普遍。但在现

实生活中，除了新农业、新工业等新经济发展所需的应用型人才以外，医学、教育、文化等基础性人才需求市场也较大，因此，一味跟随产业市场进行本科专业设置并不完全科学。未来，如何提升高校本科专业建设与多元化、特色化现代产业体系匹配与适应度是亟待思考解决的重要现实问题。

（2）阶段性特征

进一步观察本科专业调整综合水平、产业结构演进综合水平、耦合协同度及其相对发展度变化，研究发现 2003—2019 年我国本科专业调整与产业结构演进耦合协同总体上呈现积极发展态势，但也存在外延式发展、过渡发展和内涵式发展三个典型阶段性特征。

一是外延式发展阶段（2003—2007），本科专业调整快于产业结构演进，处于低层次耦合协同阶段。

从图 5-4 可知，2003—2007 年，本科专业调整综合水平呈现波动下滑趋势，而产业结构演进综合水平则处于相对平稳发展的阶段，这一时期耦合度不断上升，但耦合协同度变化相对平稳。这是因为在这一阶段，本科专业调整以扩大教学规模为主，以提升成果产出和注重资源配置效率为辅，尤其 2005 年我国对《普通高等学校学生管理规定》进行了重新修订，允许各学校自主决定学生调整专业、学习年限等，这对于高校加快学科专业的规模结构调整提供了契机，使得本科专业调整综合水平始终大于产业结构演进水平，逐渐步入了本科教育发展的快车道。这一时期，我国本科教育发展迅猛，普通本科院校在校学生数和学校数增长迅速，其中在校学生人数由 629.2089 万人增加到 1 024.3030 万人，院校总数由 644 所增至 1 079 所，且这两项指标在 2008 年以后增长并不明显，从某种程度上来说该阶段的本科专业调整快速发展是本科教育规模性扩增的结果，这从本科专业调整子系统层面的数值可见一斑，其规模结构水平明显较成果产出和资源配置力水平都要高。与此同时，国家颁布的产业结构调整暂行规定和产业结构调整指导目录等为加快产业结构优化升级提供了纲领性指引，但更注重产业结构高级化和合理化，但其增长效应不如本科教育规模性扩张引致的提升效应明显。因此可认为，2003—2007 年，我国本科专业调整与产业结构演进尚处于较低层次的动态耦合协同阶段，存在一定程度的“伪协调”现象。

二是过渡发展阶段（2008—2012），本科专业调整与产业结构演进基本同步发展，处于耦合协同快速增长阶段。

这一时期，受经济转型提质和金融危机的影响，产业结构更趋于高级化与高效化发展，产业结构调整步伐加速明显，年均增速达到13.58%，较外延式发展阶段高出了2.38%。本科教育开始着眼于质量提升，是本科专业调整与产业结构演进两大系统从失调向协同发展转变的关键时期，且2011年两系统首次达到初级耦合协同，意味着我国本科教育迈入新征程。对此可能的解释是，我国出台了一系列高等教育改革政策，不断加大本科教育投资、完善教师队伍建设，使得我国本科教育更偏重成果产出和资源配置力提升，本科专业调整的实效较难即时体现，而产业结构在全球经济危机和经济新常态的双重影响下，第三产业发展迅猛，一大批战略性新兴产业崛起，产业结构现代化发展相对本科专业调整步伐更快，在此阶段我国形成了一整套高等学校毕业生就业政策体系，有利于提升本科毕业生就业市场与产业需求市场的匹配度，使得本科专业调整与产业结构演进基本实现同步发展。

三是内涵式发展阶段（2013—2019），产业结构演进快于本科专业调整，处于高层次较低水平协同阶段。

自《普通高等学校本科专业目录（2012年）》发布以来，本科专业调整又开始呈现快速发展趋势，由2013年的0.3199增长到2019年的0.5611，年均增长9.82%。产业结构演进综合水平由0.5323上升到0.9457，年均增长9.86%，但产业结构演进水平明显高于本科专业调整，二者之间的差距不断扩大，处于本科专业调整滞后发展阶段，且耦合度始终低于0.9，因此可认为耦合协同度在此时期处于高层次低水平协同发展阶段。这主要是因为，随着我国经济逐渐向高质量发展，产业可持续成长成为关注的重点，尤其对产业绿色化的要求增高，大批量的智能制造、大数据、信息技术等战略性新兴产业得以发展；同时，近年来我国高度重视“双一流”建设，进一步提高教育经费使用效益，并注重“互联网＋教育”的融合，使得本科教育资源配置日益优化，学科专业动态调整步伐不断加快，最终能够实现两者耦合协同度上升。值得注意的是，近些年仍存在专业设置重复、学科专业规模不均、专业人才培养与产业结构优化不适应等问题，使得本科专业与产业结构全面实现优质协同还有一定的距离和较大的提升空间。

5.2.3 产业异质性比较

产业结构演进趋势是本科学科专业进行动态调整的现实依据。为进一步探索我国产业结构与专业人才的匹配情况，本文研究参考杨林等（2015）的做法，假定农学人才主要服务于第一产业，理工科人才主要服务于第二产业，人文社科及医学学科等人才主要服务于第三产业，将学科专业划分为第一产业学科专业、第二产业学科专业、第三产业学科专业，利用改进熵值法和耦合协同度模型计算分产业的本科专业调整与产业结构演进耦合协同度，计算结果如图 5-4 所示。

（1）分三次产业的耦合协同度均呈上升态势，但具有“三二一”的产业分异特征

整体来看，2003—2019 年，分三次产业的本科专业调整与产业结构演进耦合协同水平总体均呈上升趋势，并逐步实现从“一二三”向“三二一”转变，且第一、二、三产业学科专业的耦合协同度年均增速分别为 4.19%、4.35%、4.86%，仅第一产业的耦合协同度低于全国整体增速。此外，第一、二、三产业的耦合协同度均值分别为 0.5961、0.6089、0.6268，说明研究期内我国第二和第三产业的耦合协同度已进入了初级耦合协同发展阶段，而第一产业尚处于勉强耦合协同。由此可认为，以农业为主的第一产业学科专业与产业匹配性不高是造成我国整体产教融合水平不高的重要原因。这与现实经济社会发展紧密相关，为满足国家和地方经济发展的需求，高校培育的第二、三产业应用型专业人才供给总量更大、就业适应性更强，而第一产业对应的专业人才在本科专业布种和布点上相对较少，且社会地位相对较低，资源配置力与政策扶持力相对不足，导致第一产业的发展与本科专业的匹配性不高。

（2）分三次产业的耦合协同度阶段性特征明显

类比于全国总体耦合协同度的阶段性特征，分三次产业的耦合协同度可分为以下阶段：第一阶段（2003—2007），这一阶段第一产业和第二产业的耦合协同度出现相互交替的情况，第三产业的学科专业调整综合水平相对较弱，且此三类的耦合协同度数值差异相差不大；第二阶段（2008—

2012），在此阶段“三二一”的发展梯次基本固化，仅有第三产业的学科专业调整与产业结构演进耦合协同度高于总体；第三阶段（2013—2019），第三产业的耦合协同度在此阶段内发展迅猛，且与第二产业、第三产业的差距逐渐拉大，有且仅有第一产业的耦合协同度低于全国。这与我国经济发展前期主要由工业化带动有很大的关系，然随着经济发展方式的进一步转变，产业结构在2012年由“二三一”向“三二一”结构演进，第三产业迅猛发展，相应地人文社科等专业人才大幅增长，市场供需较多。随着乡村振兴和文化旅游等大力推进，农林等方面的专业人才需求增加，但鉴于人才培养的时滞性和就业体系不完善等的影响，导致第一产业的学科专业调整实效与产业结构演进进程存在一定的偏离，未来在加快新农科建设的基础上，第一产业的耦合协同度有望实现赶超。

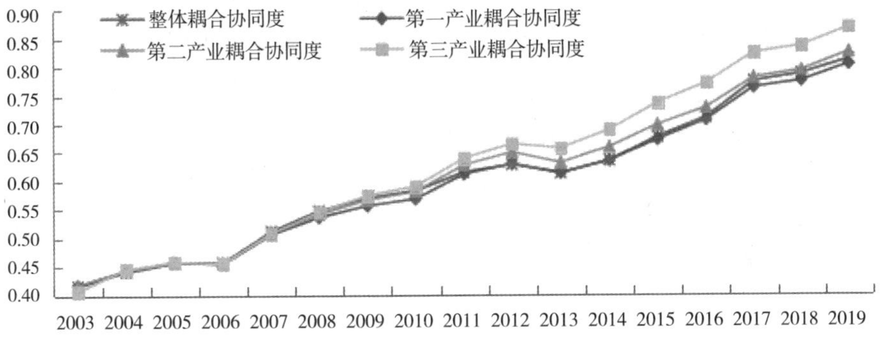

图 5-4　分三次产业我国本科专业调整与产业结构演进耦合协同度变化趋势

5.3　耦合协同水平空间分析

5.3.1　区域差异比较

我国幅员辽阔，地区资源禀赋各异，各省市在经济社会发展和教育水平等方面存在较大的差异。为进一步探讨本科专业调整与产业结构演进动态耦合协同发展的区域异质性，遵循东、中、西划分依据，对2003—2019年18个省（市）的耦合协同度进行区域比较分析。

耦合协同水平呈现“东部 > 中部 > 西部”的梯次差异，且区域差异呈现扩大趋势。

在图 5-5 中，2003—2019 年，东、中、西部本科专业调整与产业结构演进耦合协同度整体都呈上升趋势，逐渐实现由濒临失调过渡到协同发展阶段。其中，东部地区耦合协同层次略高，由勉强耦合协同向初级耦合协同发展转变，而中西部地区由濒临失调迈入勉强耦合协同阶段但进入时间较晚，一定程度上表明中西部地区耦合协同发展进程相对落后。2003—2019 年，东部、中部、西部的年均增速分别为 1.52%、1.51%、2.25%，仅有西部的耦合协同度年均增速高于全国平均（1.53%），这表明西部地区的耦合协同的增长空间较大。值得注意的是，从空间 *CV* 系数值来看，由 2003 年的 0.0767 上升到 2019 年的 0.1074，且 2017—2019 年，年均增速呈现西部最高而中部最低的发展趋势，这表明我国本科专业调整与产业结构演进耦合协同发展的区域差异有扩大的趋势，且将继续处于东高西低的差异化发展阶段，这主要是因为《国务院办公厅关于深化产教融合的若干意见》的颁布，为加快学科专业建设与产业结构升级耦合协同发展提供了政策指导，但也提出了要“促进高等教育融入新型城镇化建设”的要求，基于我国的区域创新中心城市多位于东部沿海地区，且新型城镇化建设进程明显快于中西部，使得我国东中西产教融合差异加剧，未来高等教育的中西部振兴是进一步促进区域产教融合的重点工作。

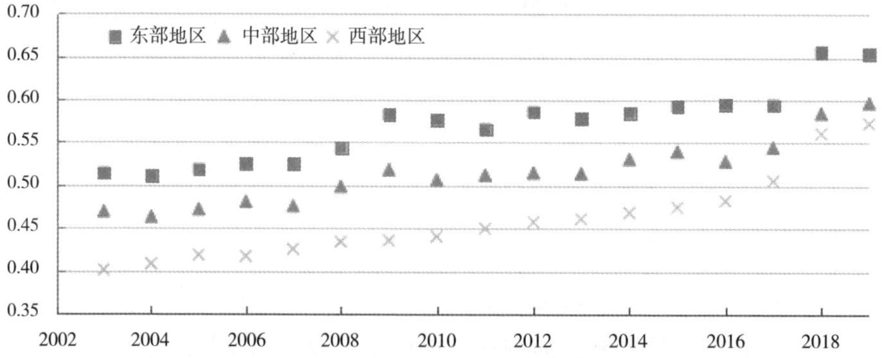

图 5-5　2003—2019 年分三大地区耦合协同度比较

（2）耦合协同发展空间分异明显，东部是相对较优的协同发展区域

在表 5-4 中，各省（市）的耦合协同度由 2003 年的 0.3699~0.5590 上升到 2019 年的 0.5108~0.7653，表明两者的耦合协同水平不断提升、耦合作

用日益增强。观测耦合协同数值发现，甘肃、广西和山西是当前产业结构与本科专业耦合协同的“洼地”，2017 年以来的平均耦合协同度水平均低于 0.5，尚处于濒临失调阶段，这是因为这三个地区自古以来是我国经济发展缓慢且产业转型困难的区域，相较于其他地区来说教育资源及本科院校布局也较少，进一步验证了产业结构是制约学科专业与产业结构升级协同互动发展的重要因素。同时，根据耦合协同类型划分来看，2003—2019 年，我国本科专业调整与产业结构演进耦合协同发展以Ⅴ、Ⅵ为主，Ⅴ型省份数量不断减少，Ⅵ型省份数量不断增多，尤其位于东部地区的上海和江苏分别为Ⅶ、Ⅸ型，将有助于推动东部地区整体发展到Ⅷ型，实现高水平耦合协同的最优化发展目标。此外，研究期内不同年份各省的耦合协同度和协同类型有所改变，始终保持不变的省份较少，表明我国本科专业调整与产业结构演进的耦合协同关系并不是一成不变的，而是长期处于耦合变动之中。

表 5-4　2003、2019 年各省本科专业调整与产业结构演进的耦合协同度及发展类型

区域	地区	2003			2019		
		D	β	基本特征（类型）	D	β	基本特征（类型）
东部地区	天津	0.4853	−0.1705	濒临失调—本科专业调整滞后（Ⅳ）	0.6212	−0.1646	初级耦合协同—本科专业调整滞后（Ⅳ）
	河北	0.4749	0.0679	濒临失调—基本同步（Ⅴ）	0.5615	0.1701	初级耦合协同—本科专业调整超前（Ⅵ）
	辽宁	0.4880	0.0324	濒临失调—基本同步（Ⅴ）	0.5809	0.1311	初级耦合协同—本科专业调整超前（Ⅵ）
	上海	0.5590	−0.0535	勉强耦合协同—基本同步（Ⅴ）	0.7610	−0.2926	中级耦合协同—本科专业调整滞后（Ⅶ）
	江苏	0.5478	0.0983	勉强耦合协同—基本同步（Ⅴ）	0.7653	0.3047	中级耦合协同—本科专业调整超前（Ⅸ）
	福建	0.5281	−0.0326	勉强耦合协同—基本同步（Ⅴ）	0.6361	0.0087	初级耦合协同—基本同步（Ⅴ）

续表

区域	地区	2003			2019		
		D	β	基本特征（类型）	D	β	基本特征（类型）
中部地区	山西	0.4423	0.0384	濒临失调—基本同步（V）	0.5108	0.0634	勉强耦合协同—基本同步（V）
	吉林	0.4604	0.0309	濒临失调—基本同步（V）	0.5631	0.0607	勉强耦合协同—基本同步（V）
中部地区	黑龙江	0.4580	0.0213	濒临失调—基本同步（V）	0.5845	0.0324	勉强耦合协同—基本同步（V）
	安徽	0.4748	0.0255	濒临失调—基本同步（V）	0.6013	0.0941	初级耦合协同—基本同步（V）
	江西	0.4735	0.0002	濒临失调—基本同步（V）	0.6087	0.0210	初级耦合协同—基本同步（V）
	河南	0.4716	0.0456	濒临失调—基本同步（V）	0.6142	0.2129	初级耦合协同—本科专业调整超前（VI）
	湖南	0.4893	0.0885	濒临失调—基本同步（V）	0.6568	0.1607	初级耦合协同—本科专业调整超前（VI）
	湖北	0.4864	0.0289	濒临失调—基本同步（V）	0.6321	0.0983	初级耦合协同—基本同步（V）
西部地区	广西	0.3935	0.0863	轻度失调—基本同步（V）	0.5324	0.1266	勉强耦合协同—本科专业调整超前（VI）
	重庆	0.4262	0.0842	濒临失调—基本同步（V）	0.6152	−0.0123	初级耦合协同—基本同步（V）
	四川	0.4143	0.0958	濒临失调—基本同步（V）	0.6112	0.2034	初级耦合协同—本科专业调整超前（VI）
	甘肃	0.3699	0.0899	轻度失调—基本同步（V）	0.5307	0.0153	勉强耦合协同—基本同步（V）

（3）各区域本科专业调整与产业结构耦合协同发展存在产业差异

据图 5-6 可知，研究期内，东部、中部、西部和全国整体分产业的耦合协同度逐渐“一二三”转变为“三二一”的特性，与现实区域产业结构变迁的总体趋势相一致。就增速来看，西部地区三次产业的耦合协同度增速更快，第一、二、三产业的耦合协同度年均增速分别为 2.23%、2.40%、2.44%，远高于全国（1.66%、1.82%、1.86%）和东部地区（1.69%、1.80%、1.82%），而中部地区的增速最慢。从各区域内部三次产业的耦合协同度均值比较来看，东部地区与全国一致表现为第三产业最大、第一产业最小，中部地区呈现出“第二产业 > 第一产业 > 第三产业”特征，而西部则表现为第一产业最大、第二产业最小的特性，由此可认为第二产业是西部地区提升本科专业调整与产业结构耦合协同发展的薄弱点。上述特征与各区域产业结构变迁和高等教育发展密切相关，2003 年我国经济主要以工业化为核心带动，第二产业人才需求量较大，倒逼本科院校加快第二产业相关专业的调整与建设，使得全国乃至中部在第二产业方面保持较高的产业与专业匹配度；到 2019 年，第三产业比重明显加大，且产业结构与人才结构的适应性弹性在东部较大，因此表现出较高的耦合协同度，西部则由于交通建设、资源禀赋、产业基础等的差异，第二产业发展相对较慢，且本科教育资源相对匮乏，导致西部第二产业的本科专业与产业结构适应性较低。

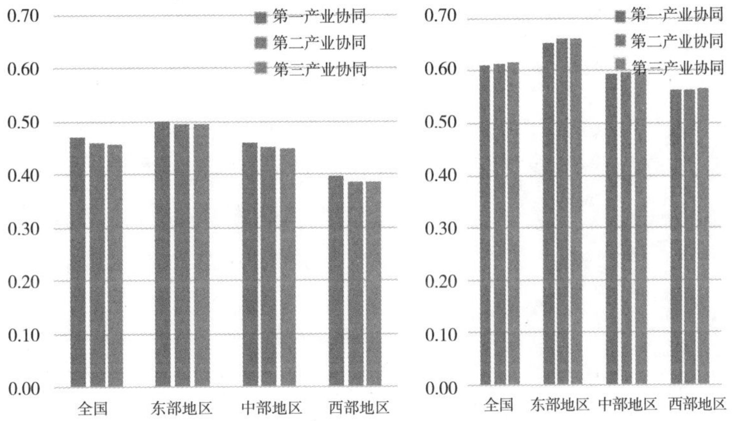

图 5-6 分三次产业我国本科专业调整与产业结构演进耦合协同度的区域比较

注：左图为 2003 年情况，右图为 2019 年情况。

5.3.2 空间格局讨论

为进一步考察本科专业调整与产业结构演进耦合协同度的区域空间差异，利用空间全局 Moran's I 指数和 ArcMap 进行空间可视化表达，综合探讨耦合协同度的空间变化情况（图 5-7、图 5-8）。

（1）本科专业调整与产业结构演进耦合协同发展具有空间集聚特征

在图 5-7 中，耦合协同度的全局空间自相关系数都大于 0，且均通过了 10% 的显著性检验，表明我国本科专业调整与产业结构演进的耦合协同发展具有显著的空间正向相关性，但这种集聚特性在研究期内经历了“上升—

下降—上升—下降”的循环过程，这与本科专业调整与产业结构演进两系统具有不同的空间特性有关。其中，本科专业调整指数的空间全局 Moran's I 指数由正转为负，且基本围绕在 0 范围内波动，这是由于本科教育知识溢出效应的存在使得本科教育在空间上呈现分散乃至随机分布的特性。而产业结构演进具有较强的集聚效应和关联效应，有利于区域内资源要素的有序流动，加速产业集聚，表现为产业结构演进的全局 Moran's I 指数呈现波动上升趋势，且绝大多数年份在 5% 水平上显著。此外，产业结构演进与耦合协同度的空间集聚特性大体一致，这进一步印证了产业结构是影响耦合协同发展的关键因素，未来如何提升教育资源的空间配置效应、促进本科专业集聚效应的形成是下一阶段我国经济实现动能转换、国家创新发展的重要一环。

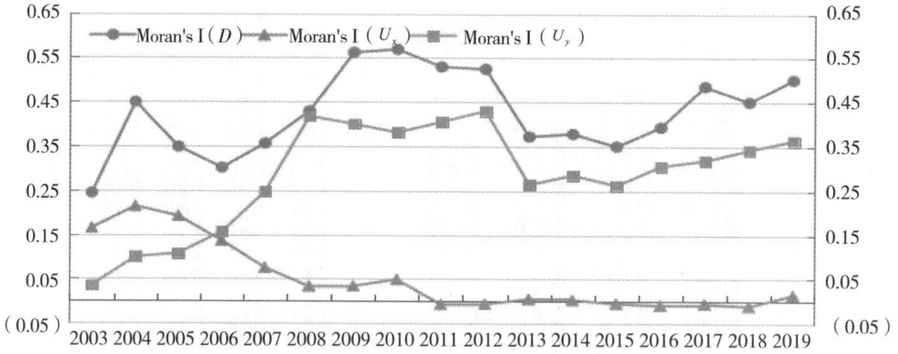

图 5-7　本科专业调整和产业结构演进耦合协同度的全局 Moran's I 和 Z 指数

注：图中仅为邻接权重矩阵下的双侧计算结果，D 为耦合协同度，U_x 为本科专业调整综合水平，U_y 为产业结构演进综合水平。

（2）耦合协同度的空间分异特征明显

为进一步反映我国本科专业调整和产业结构演进耦合协同度的空间分布情况，利用 ArcMap 的自然断裂点法将耦合协同度分为低水平、中水平和高水平 3 种类型。2003—2019 年我国本科专业调整与产业结构演进耦合协同度的空间集聚特性特征明显。其中，2003—2007 年，耦合协同度的“东中西”梯次分异格局逐渐固化，体现为中等水平的省份数量明显增加且在中部和东北部形成狭长的集聚带，东部高值集聚区数量也增加；2008—2012 年，耦合协同度的空间集聚性减弱，在山西、河南和安徽形成了耦合协同的低值区，并将耦合协同的中水平区分为“南北”两位阵营；2013—2019 年，耦合协同度的集聚性增强，这一时期产业结构加速转型，本科专业调整取得初步实效，耦合协同度总体提高，并在中部地区形成更大范围的集聚。另外，研究期内本科专业调整的“东中西”梯次分异格局较为稳固，而产业结构演进的空间趋势与耦合协同类似，这进一步证明了产业结构演进是促进本科专业调整与产业结构演进耦合协同发展的核心动力。同时，按照两系统间的相对发展度类型来看，当前我国耦合协同度类型主要以Ⅴ型（中层次协同—基本同步）和Ⅶ型（高层次协同—本科专业调整滞后）为主，Ⅴ型省市数量不断减少，Ⅶ型数量不断增加，但依然处于本科专业调整水平滞后于产业结构演进水平，且中部地区的省市耦合协同发展类型的变动不大，而东部地区的上海和江苏已经达到高水平耦合协同阶段。上述分析表明，本科专业调整与产业结构演进的耦合协同度一直处于动态耦合变化的过程中，但由于本科教育与产业结构演进的自然地缘属性，耦合协同度的空间分异特性明显，中西部产教融合水平不高、程度不深问题凸显，“东高西低”的空间分布格局将长期存在。这与《国务院办公厅关于深化产教融合的若干意见》强调的东部对接、帮扶中西部教育发展以及中西部地区承接东部产业转移等政策密切相关，经济社会的效益导向使得产业、教育等各类政策优先在东部沿海倾斜，随后才逐渐向内陆地区推移，造成本科专业与产业结构融合发展的东中西梯度差异依然存在。

5.3.3 耦合协同演化

利用公式（5-5）对我国 2003、2007、2012 和 2019 年本科专业调整与产业结构耦合协同度进行立体空间趋势面分析，并利用 ArcGIS 的统计分析绘制得到图 5-8。为进一步剖析本科专业调整与产业结构演进耦合协同发展的内部特征，本研究还利用 ArcGIS 的标准差椭圆分析对分产业学科的耦合协同度进行类别比较（表 5-5）。

（1）我国本科专业调整与产业结构演进耦合协同水平整体呈现“东北高—西南低”相对固化的空间分异趋势

由图 5-8 可知，2003—2019 年，我国本科专业调整与产业结构演进耦合协同度在东西方向呈现由西向东爬升的曲线，但研究期内坡度变化不大；而南北方向上则表现为由北向南延伸的抛物线，南端略有下降。从时间上来看，2003—2007 年，耦合协同度的“东北高—西南低”的空间格局基本固化；2007—2012 年，这一时期为耦合协同发展的过渡阶段，抛物线趋平表明耦合协同度的南北差异减少；2012—2019 年，鉴于产业结构向高端化、绿色化转型升级，而南北方重化工业基础和高等教育基础存在明显的差异，南北差异又开始拉大。由此可认为，我国本科专业调整与产业结构演进协同水平的优势区域是东部和北部，“东北高—西南低”的空间分异格局相对稳定。这一结论也可从耦合协同度的标准差椭圆分析中得到印证，具体来看 2003—2019 年耦合协同的标准椭圆中心由（115.2791° E，34.3715° N）变化为（115.2208° E，34.3077° N），耦合协同重心总体向西、向南略有移动，但从方位角来看，由 2003 年的 28.2567° 扩大为 2019 年的 28.9668°，表明位于相应分布椭圆轴线东北部的耦合协同度增长速度快于西南部的省市。上述分析一定程度上说明，我国本科专业调整与产业结构演进协同的“东高西低”的空间差异格局明显，但鉴于城市创新能力的逐渐均等化，耦合协同的南北差异可能缩小。

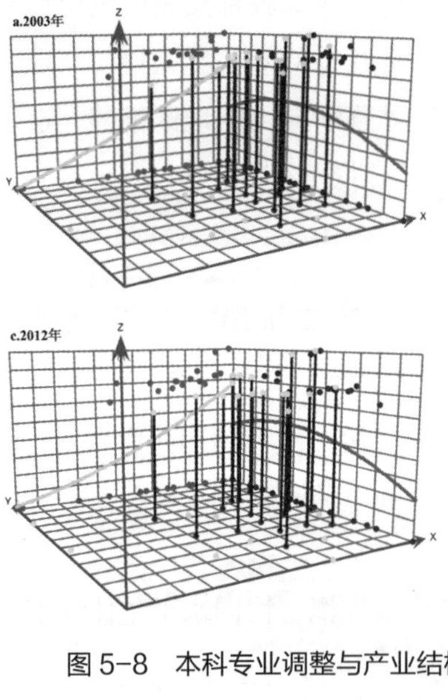

图 5-8 本科专业调整与产业结构演进耦合协同度的趋势面分析

（2）分三次产业学科的耦合协同度空间分异格局存在差异

鉴于本科专业调整与产业结构演进耦合协同的空间格局在 2003—2019 年总体变化不大，因此三次产业学科的耦合协同度比较仅从研究年限的起始端进行分析。在表 5-5 中，2003—2019 年，分三次产业学科的耦合协同度与全国总体具有相同的“东北—西南”空间倾向，且耦合协同度重心均向西、向南偏移。相比其他产业，第一产业学科的耦合协同中心与全国总体一致，均为河南省东部，这与我国农业重心位于中部地区相契合，方位角由 28.46° 增加到 28.95° ，且长半轴的减少量最大而短半轴的增加量最小，这表明第一产业学科的耦合协同度其“东北—西南”的空间分布格局更趋明显；而第二产业学科的耦合协同度中心向西向南偏移量较多，第二产业学科的长半轴与短半轴之比由 2003 年的 1.67 倍缩小到 2019 年的 1.64，方位角由 28.68° 变动到 28.90° ；第三产业也有类似变化，但耦合协同度的长半轴与短半轴的减少量与增加量差距极小，且方位角仅增加了 0.32° ，表明第三产业学科耦合协同度的“东北—西南”空间格局相对固化。这是因为尽管我国大力支持制造业等工业向内陆转移，教育资源向西部倾斜，但由于中西部地区自身资源禀赋条件、产业基础等的限制，不仅使得产业承载力有限，也增加了常住人口的住房成本、通勤成本等，且中西部就业吸引力较弱、本科专业人才供给较少，本科专业调整与产业结构演进耦合协同水平提升较慢，而知识溢出的滞后性和范围性加剧了耦合协同度的空间分异特征，因此在研究期内，不论是总体耦合度还是分产业学科的耦合协同度，其“东北—西南”的空间分布格局都相对固化。

表 5-5　本科专业调整与产业结构演进耦合协同度的特征椭圆参数

年份	特征椭圆	中心坐标（度）	短半轴（km）	长半轴（km）	方位角（度）
2003 年	全国总体	（115.2791° E，34.3715° N）	66.5201	111.1191	28.2567
	第一产业	（115.2959° E，34.3880° N）	66.5793	111.0530	28.4590
	第二产业	（115.3557° E，34.4352° N）	66.4209	110.8640	28.6754
	第三产业	（115.3494° E，34.4147° N）	66.4515	110.6183	28.5969
2019 年	全国总体	（115.2208° E，34.3077° N）	67.3938	110.0221	28.9668
	第一产业	（115.2554° E，34.2991° N）	67.1677	109.9024	28.9458
	第二产业	（115.2689° E，34.2858° N）	67.0356	109.8383	28.9010
	第三产业	（115.2598° E，34.2796° N）	67.0805	109.8302	28.9161

5.4 小结

为客观反映我国高等教育及各省本科专业调整与产业结构演进耦合协同发展的当前趋势以及主要差距，本章从三个部分对我国及各省本科专业调整与产业结构演进耦合协同水平进行测度与分析。

第一部分基于本科专业调整与产业结构演进的动态耦合协同机制，在合理界定相关概念内涵的基础上，构建本科专业调整与产业结构演进的耦合协同评价指标体系，并对耦合协调度模型、信息熵、空间变异系数、趋势面及标准差椭圆等测度模型及方法进行了详细说明。

第二部分从整体特征、阶段性特征、分产业比较等三个方面对本科专业调整与产业结构演进耦合协同发展的时序特征和基本类型进行系统分析，研究发现：本科专业调整由规模扩张向高质量发展转变，产业结构演进明显加快，但两系统耦合互动性不强；耦合协同度呈持续增长态势，但仍处于初级耦合协同阶段，经历“本科专业调整超前—基本同步—本科专业调整滞后”的发展过程，处于Ⅶ型耦合协同发展，距Ⅷ型类别（系统最优）还有一定距离；受产业结构演进的阶段性影响，两者耦合协同度呈现外延式发展、过渡式发展和内涵式发展三个典型的阶段性特征；分产业学科耦合协同度逐渐形成“三二一”的梯级分异格局，其中第三产业的耦合协同度发展迅猛，逐渐拉大了与其他产业的发展差异，而第一产业则成为产业结构与本科专业协同互动发展的亟需补全的短板。

第三部分主要从区域空间的角度探讨我国本科专业调整与产业结构演进耦合协同度的空间特征及演变规律。总体而言，本科专业与产业结构的耦合协同度呈现“东中西”梯度差异，但区域内差异趋向扩大，且不同地区的耦合协同度存在明显的产业差异，其中第二产业是西部地区攻克产教融合难题的重点；耦合协同度具有显著的空间集聚性特征，在空间上总体呈现“东高西低”相对固化的分异格局，且Ⅴ型和Ⅵ型是区域耦合协同发展的主要类型，东部和北部则发展成为了产业结构与本科专业建设耦合协同发展的优势区域；分产业来看，第一产业学科与全国整体耦合协同度的空间分异趋势相似，第三产业和第二产业的耦合协同度东西差异更趋明显，且分三次产业学科的耦合协同度的“东北—西南”的分布格局相对固化，表明改善本科专业调整与产业结构演进耦合协同的区域不均衡性尚有较大难度。

总之，本章利用丰富的图表深入剖析了我国本科专业调整与产业结构演进耦合协同度的时空演化特征，尤其体现了在教育和经济高质量发展大背景下，如何进一步提升本科专业调整与产业结构演进的耦合协同质量，制定差异化产业发展战略及区域均衡策略，既为后续本科专业调整与产业结构演进耦合协同效应测度及服务地方经济的关系研究奠定了主基调，也为各级政府实施切实可行的政策创新提供了新的参考。

第六章 本科专业调整与产业结构演进耦合协同发展经济效应分析

适应地方经济发展是本科教育内涵式发展的客观要求之一，本科专业适应产业结构升级是建设“双一流”大学或学科的重点任务。因此，本章基于教育经济学，重点分析本科专业与产业结构动态调整是否适应区域经济增长的需要？验证两者耦合协同发展对区域经济增长能否实现“1+1>2”的效果，并基于我国幅员辽阔、地区差异大的现实状况，进一步考量这类协同效应的空间地理差异。基于此，本章建立面板数据模型和空间计量模型探讨两者耦合协同发展的经济效应及其空间溢出效应，为后续进一步探讨提升本科教育质量、缓解教育资源区域不均，进而促进地区经济高质量发展提供参考。

6.1 变量选择与计量模型设定

6.1.1 主要变量选择

（1）经济增长（y）。地区经济增长度量的基本指标是地区年度GDP，该指标反映了地区的经济规模，但人均GDP指标更能体现地区人民生活水平，反映地区经济发展满足人民美好愿望的目标。因此，本研究采用人均地区生产总值作为被解释变量，以衡量地区经济增长，这里还采用以2003年为基期进行CPI消胀处理，以减少价格因素的影响。

（2）耦合协同度（D）。本科专业调整与产业结构演进存在双向互动关系。一方面，一定的科类和专业结构是区域产业结构的直接反映，产业结构决定了本科专业设置和专业调整优化；另一方面，本科专业调整则通过学科内部结构性变化、提高人才培养质量等形式，影响国家和地区产业结构的变动方向及转型升级策略。因此，将两者耦合协同度作为核心解释变量，建立本科专业调整与产业结构演进耦合协同发展的经济效应面板模型。

（3）产业结构演进（U_y）。黄秉杰等（2013）、罗永恒等（2015）利用实证研究方法验证了产业结构是影响经济增长的重要因素，产业结构的转换对全要素生产率乃至经济增长具有重要意义。随着经济社会的不断发展，产业结构升级和结构调整中的跨地区、跨部门劳动力流动所产生的“结构性红利”逐渐减弱，如何实现生产要素在产业间合理配置和有效利用是实现现代社会经济增长的关键，合理配置的产业结构能够促进经济增长，失衡的产业结构变动会阻碍增长。因此，产业结构演进对经济增长的作用亟待深入挖掘，本部分采用前文测算的综合指标值进行分析。

（4）本科专业调整（U_x）。研究表明，以学科专业结构为核心的本科教育发展，一方面，既是一项消费也是投资，其本科专业建设所需的校舍修建、学校办公用品、实验设备等消费增加，拉动内需，带动相关产业的发展，从而直接拉动区域经济总量规模的提升；另一方面，本科专业结构调整对应就业人才结构的变迁，通过提高人力资本满足、适应、引领产业结构的转变与升级，进而促进经济增长。为充分反映我国本科专业调整状况，本部分采用前文设计的本科专业调整评价指标体系，利用熵值法进行综合测度。

（5）要素禀赋（kl）。要素禀赋反映了生产要素的比较优势，常用的资本劳动比来衡量地区要素禀赋，资本劳动的上升意味着资本和技术等高级要素增多，直接促进地区经济发展，从而创造出更多的就业岗位，也会催生众多新兴商业业态涌现，提供更多就业机会和经济增收渠道，助力地区经济的快速增长。经典经济增长模型认为，作为基础的生产要素，资本和劳动力是加快地区经济增长不可或缺的重要力量。鉴于在测算产业结构演进和本科专业调整的耦合度时用到了劳动生产率等指标，为避免变量的多重共线性，采用两者之比来考察地区要素禀赋对经济增长的重要作用。

（6）对外开放水平（e）。黎文勇等（2019）认为对外开放水平能够借助技术溢出、人力资本和结构升级效应对我国经济增长质量产生影响，且在城市功能分工的调节下，对外贸易成为了对外开放水平促进经济增长的主要推动力。谢建国等（2014）以进出口总额占 GDP 总额比重衡量的对外贸易增长，能够提升资源配置效率、加快国外技术引进与消化、激发企业自主竞争、提高生产效率等，进而促进经济增长。因此，本研究亦采用进出口总值占 GDP 总值比重，并取对数处理，以考察对外开放水平对地区经济的影响。

（7）信息化水平（s）。随着信息技术的不断成熟，信息化对促进中国经济发展具有不可替代的作用，尤其是信息技术对各领域的创新作用与融合已经成为促进各行各业产能与利润的重要手段，信息产业成为促进国民经济增长方式转变的核心产业。当前，我国已经进入转型提质的经济增长新阶段，信息技术的普及和信息产品的广泛应用，将推动社会生产、生活方式的转型，并且信息化有利于实现产业内各种资源、要素的优化与重组，从而实现产业的升级。本部分采用移动电话普及率来衡量省域信息化水平。

（8）政府干预（gov）。政府的宏观经济政策与财政支出等会对经济增长产生影响，尤其是近些年在应对国际经济危机的过程中，政府财政支出政策发挥了举足轻重的重要作用。在我国已经进入“稳增长、调结构、转方式”的经济增长新阶段，如何更好地实施积极的财政政策，让政策的效果更加行稳致远是一个重大。随着“大众创业、万众创新”热潮和“创新、创业生态系统”的构建，政府在财政扶持和减免税收等方面的支出依旧至关重要，推动国家和地区经济朝着平稳、健康的方向发展。本部分采用公共财政支出占 GDP 的比重来衡量政府支出规模及其对经济的影响程度。

6.1.2 计量模型设定

（1）面板数据模型

本科专业调整与产业结构演进在提升高等教育质量、促进社会经济发展方面具有重要作用，且两者存在协同互动关系，能够加速区域经济高质量增长。因此，本部分根据何宜庆等（2019）的做法，建立本科专业调整与产业结构演进的耦合协同经济效应模型：

$$lny_{it} = \alpha_{it} + \beta_1 D_{it} + \sum_{i=1}^{n} \gamma_i \ln X_i + \varepsilon_{it} \qquad 公式（6-1）$$

其中公式（6-1），i 为省份，y_{it} 为地区经济发展水平，D_{it} 为 i 地区第 t 年本科专业调整与产业结构演进的耦合协同度，其回归系数即为耦合协同发展的经济效应；X_i 是影响区域经济增长的控制变量集，基于现有研究选择资本—劳动比率、人均受教育年限、移动电话普及率及财政支出占 GDP 比重反映地区要素禀赋（kl_{it}）、对外开放水平（e_{it}）、信息化水平（s_{it}）和政府干预（gov_{it}）状况的指标作为控制变量；α_{it} 为截距项，β、γ 为耦合协同度及相关控制变量对经济增长的影响系数，ε_{it} 为随机误差项。

此外，本部分除考虑系统耦合协同发展与经济增长的关系外，还区分了本科专业调整和产业结构演进两子系统与经济增长的单向关系，凸显两者耦合协同发展的重要意义。因此，将本科专业调整与产业结构演进加入协同耦合经济效应模型：

$$lny_{it} = \alpha_{it} + \beta_1 U_{xit} + \beta_2 U_{yit} + \sum_{i=1}^{n} \gamma_i \ln X_i + \varepsilon_{it} \qquad \text{公式（6–2）}$$

公式（6–2）中，U_{xit} 为地区本科专业调整综合水平，U_{yit} 为地区产业结构演进综合水平；β_1、β_2 均为回归系数，其余指标与前述公式（6–1）相似。

（2）空间计量模型

一是空间模型说明。与传统计量模型相比，空间计量模型主要是考虑经济学中普遍存在的空间相关性，即一地区的观测值与其他地区观测值密切相关，这种相关程度主要由地区间的绝对和相对位置决定，并且体现在空间模型的因变量和误差项上，有空间滞后（SLM）、空间误差（SEM）、空间杜宾模型（SDM）三类基本模型。

空间滞后模型（SLM）。该模型主要考虑因变量是否在一地方具有空间溢出效应，其函数形式如下：

$$y_{it} = C + \rho \sum_{j=1}^{N} w_{ij} y_{jt} + \beta \boldsymbol{X}_{it} + c_t + \upsilon_i + \varepsilon_{it} \qquad \text{公式（6–3）}$$

其中，ρ 为空间自回归系数，用以检验被解释变量是否具有邻近区域上的空间自相关关系，若系数显著不为 0，则表明被解释变量存在空间溢出效应。

空间误差模型（SEM）。该模型认为误差项不是白噪声，而是具有空间自相关性，能够帮助检验是否有潜在因素将影响被解释变量的空间自相关，这主要体现在误差项的空间滞后系数上，其数学表达式为：

$$\boldsymbol{y}_{it}=C+\beta\boldsymbol{X}_{it}+c_t+\nu_i+M_{it}\text{，}\ \mu_{it}=\lambda\sum_{i=1}^{n}w_{ij}\mu_{it}+\varepsilon_{it}\qquad \text{公式（6–4）}$$

公式（6–4）中，λ 为被解释变量的空间误差系数，衡量相邻区域由于被解释变量的误差对本区域观测值的影响程度；ε_{it} 为正态分布的随机误差向量。M_{it} 为随机误差项向量。

空间杜宾模型（SDM）。该模型不仅考察本区域解释变量对被解释变量的影响，还关注邻近区域解释变量对被解释变量的影响，具体计量模型为：

$$\boldsymbol{y}_{it}=C+\rho\sum_{j=1}^{N}w_{ij}X_{jt}+\beta X_{it}+\theta\sum_{j=1}^{N}w_{ij}X_{jt}+c_t+\upsilon_i+\varepsilon_{it}\qquad \text{公式（6–5）}$$

其中，ρ 为被解释变量的空间回归系数，θ 表示该地区的被解释变量受邻近区域自变量的影响系数，β 表示被解释变量受本地区解释变量的影响系数。

二是计量模型设定。地区本科专业调整与产业结构演进协同发展是提升经济总量和质量的重要环节，同时经济发展也可能受到要素禀赋（kl_{it}）、政府干预（gov_{it}）、信息化水平（s_{it}）和对外开放（e_{it}）的影响，但传统的计量模型忽略变量空间自相关性的影响，可能存在“伪回归”。因此，结合空间经济学理论，构建本科专业调整与产业结构演进耦合协同发展经济效应的空间滞后、空间误差和空间杜宾模型如下：

$$lny_{it}=\rho\sum_{i=1}^{m}W_{ij}lny_{it}+\beta_1D_{it}+\sum_{i=1}^{n}\gamma_i\ln X_i+\varepsilon_{it}+\nu_i+\chi_t\qquad \text{公式（6–6）}$$

$$lny_{it}=\lambda\sum_{i=1}^{m}W_{ij}lny_{it}+\beta_1D_{it}+\sum_{i=1}^{n}\gamma_i\ln X_i+\varepsilon_{it}+\nu_i+\chi_t\qquad \text{公式（6–7）}$$

$$lny_{it}=\rho\sum_{i=1}^{m}W_{ij}lny_{it}+\delta\sum_{i=1}^{n}W_{ij}M_{it}+\varepsilon_{it}+\nu_i+\chi_t\qquad \text{公式（6–8）}$$

其中，i 为省份，y_{it} 为地区经济发展水平，D_{it} 为 i 地区第 t 年本科专业调整与产业结构演进耦合协同度，其回归系数即为协同经济效应，X_i 是影响经济增长的控制变量，包括要素禀赋（kl_{it}）、对外开放水平（e_{it}）、信息化水平（s_{it}）和政府干预（gov_{it}）状况的指标作为控制变量；为空间自回归系数，空间误差回归系数；δ 表示地区经济受来自本科专业与产业结构耦合协同及其他自变量的影响系数；M_{it} 为公式（6–6）模型中解释变量所构成的向量，W_{ij} 为不同空间权重矩阵；ν_i 为个体效应，χ_t 为时间效应，

ε_{it} 为随机误差项。

三是空间权重构建。邻接空间权重矩阵（W_1），按照空间计量经济学的经典定义“rook”准则进行设定，若两县域地理位置相邻则设置 W_{ij} 为 1，说明二者存在空间相关性，若不相邻无共同边界，则设置 W_{ij} 为 0，则表明二者不存在空间相关性。

地理距离空间权重矩阵（W_2），Tobler（1970）“地理学第一定律”认为任何事物与周围事物均存在关联，但距离越近的事物联系更为紧密，即区域空间作用与地理距离远近成正比，采用两地之间的欧式距离倒数的平方设置地理权重矩阵。

经济地理权重矩阵（W_3），随着空间联系日益紧密，单纯以地理距离或经济因素来构建两区域之间的空间联系已然不能满足要求，经济地理矩阵（W_3）则综合考虑区域的经济和地理因素，构建嵌套的经济地理距离矩阵（W_3），$W_3 = 0.5*W_1 + 0.5*W_2$（刘华军等，2014）。实证过程中，空间权重都进行归一化处理。

6.1.3 数据来源说明

由于我国部分省份未涉及本科专业分学科毕业生人数的统计，为保证回归结果的有效性和可靠性，选取东部地区（天津、河北、辽宁、上海、江苏、福建）、中部地区（山西、安徽、吉林、黑龙江、江西、河南、湖北、湖南）和西部地区（广西、重庆、四川、甘肃）共 18 个省份 2003—2019 年数据，构建面板和空间面板模型。数据主要来源于《中国统计年鉴（2004—2020）》及各省（市、区）统计年鉴，个别缺失值利用线性插值法进行补充。各变量的指标含义及一般性描述统计如表 6–1 所示。

表 6–1　变量定义及描述性统计分析

变量		指标含义	Obs	均值	标准差	最小值	最大值
经济增长	y	居民人均 GDP/ 元	306	38573.64	27258.51	5021.63	157279
耦合协同度	D	本科专业调整与产业结构演进耦合协同水平	306	0.5292	0.0633	0.3914	0.7653
本科专业调整	U_x	本科专业综合调整系数	306	0.3424	0.0983	0.1991	0.8070
产业结构演进	U_y	产业结构演进综合系数	306	0.2673	0.0903	0.1355	0.7902

续表

变量		指标含义	Obs	均值	标准差	最小值	最大值
要素禀赋	*kl*	资本与劳动力比值 / 人·元	306	45260.55	31422.38	3541.61	141612.4
对外开放水平	*e*	进出口总额占 GDP 比 /%	306	28.4091	5621.92	34.3619	176.4580
信息化水平	*s*	移动电话普及率 / 百人·部	306	66.4487	32.3794	10.9460	165.0601
政府政策	*gov*	公共财政支出占 GDP/%	306	19.0150	6.5065	1.3549	45.7458

注：为了消除模型异方差等的影响，在实际计量回归中对 *y*、*kl*、*e*、*s*、*gov* 进行对数处理。

6.2 耦合协同发展区域经济效应分析

6.2.1 总体回归分析

为验证本科专业调整与产业结构演进耦合协同的经济效应，本章构建面板模型进行固定、随机和时空双向固定效应模型回归，并基于 Hausman 检验结果来判定最优选择模型，表 6–2 报告了最终选择模型的回归结果。在表 6–2 中，不论是仅考虑本科专业调整及产业结构演进的单一经济效应，还是考虑两者协同的经济效应，都选择了双向固定效应模型。为进一步验证模型的稳健性，本研究还采用一阶滞后的系统 GMM 进行估计。在表 6–2 中，AR（1）、AR（2）在 10% 水平上显著而 AR（3）不显著，表明模型的扰动项不存在序列自相关性，Sargan 检验结果的 P 值为 0.9501，通过了过度识别检验。这也进一步表明，即使考虑经济增长的动态因素时，本科专业与产业结构的耦合协同发展仍然能够正向促进经济增长。因此可认为，本科专业调整与产业结构演进的耦合协同发展对经济增长具有显著正向作用的基本结论稳健。

（1）本科专业调整与产业结构演进均能促进地区经济增长，且本科专业调整的促进效应更大

在表 6–2 中，当仅考虑单一经济效应时，本科专业调整与产业结构演进对区域经济增长的回归系数分别为 0.3932、0.0117，并在 1% 的水平显著，表明本科专业调整、产业结构演进均能正向促进地方经济的发展，但比较回归系数大小发现，本科专业调整的经济增长效应更大，与当前诸多学者

主张高等教育领先经济产业结构的结论相一致，这也进一步说明了当前我国本科专业调整已取得初步成效，本科教育正逐渐成为新发展格局中的重要要素，在服务、支撑和引领地方乃至国家经济社会发展方面的作用逐渐凸显。

表 6-2　本科专业调整与产业结构演进耦合协同经济效应分析

变量	(1)	(2)	(3)	(4)	(5)	(6)	(7)
	FE	FE	FE	FE	2003—2012	2013—2019	系统 GMM
D			2.2603***	0.4708*	1.0157*	1.3381**	0.3655***
			(0.2621)	(0.2742)	(0.5374)	(0.5570)	(0.1083)
Ux	1.3082***	0.3932**			0.0928	1.5712***	
	(0.2223)	(0.1563)			(0.2718)	(0.5449)	
Uy	0.8274***	0.0117**			–0.2122	0.2454	
	(0.1707)	(0.1570)			(0.3117)	(0.3036)	
lns	0.6503***	0.1509***	0.6861***	0.1645***	0.2758***	–0.0784	0.3169***
	(0.0470)	(0.0447)	(0.0473)	(0.0445)	(0.0548)	(0.1286)	(0.0235)
lngov	0.0061	–0.1977***	–0.0064	–0.1993***	–0.3100***	–0.0859*	–0.1156***
	(0.0463)	(0.0350)	(0.0476)	(0.0350)	(0.0667)	(0.0467)	(0.0223)
lnkl	0.3116***	0.2655***	0.3144***	0.2682***	0.3484***	0.1537***	0.1331***
	(0.0291)	(0.0198)	(0.0295)	(0.0197)	(0.0412)	(0.0303)	(0.0220)
lne	–0.0412*	0.0800***	–0.0423*	0.0795***	0.1321***	0.0238	0.1013***
	(0.0240)	(0.0186)	(0.0247)	(0.0186)	(0.0255)	(0.0391)	(0.0177)
L.lny							0.6051***
							(0.0156)
C	6.9754***	9.0345***	6.3396***	8.8744***	8.4677***	9.8276***	2.6557***
	(0.1633)	(0.1646)	(0.1871)	(0.2170)	(0.3043)	(0.6055)	(0.1733)
R^2	0.9748	0.9899	0.9734	0.9898	0.9888	0.9139	
F/Wald	1816.58***	1184.16***	2068.45	1228.20***	10857.15***	84.91***	116404.99***
Hausman	3.73***	65.48***	9.09**	55.84***	4.18	32.09***	
个体效应	Yes	Yes	Yes	Yes	Yes	Yes	Yes
时间效应	No	Yes	No	Yes	Yes	Yes	No

注：*、**、*** 分别表示在 10%、5%、1% 水平的显著性；括号内为标准误。

（2）本科专业调整与产业结构演进耦合协同发展具有显著经济增长效应，且近年来协同经济增长质量效应改善考察两者耦合协同发展时，其回归系数为0.4708在1%的水平上显著，这表明本科专业调整与产业结构演进的耦合协同发展能够显著促进经济增长，且除政府政策扶持外，其他控制变量均能正向促进地区经济增长。另外，耦合协同度在2012年以后进入内涵式发展新阶段，因此本部分以2013年为界，考察新阶段前后耦合协同的经增长效应差异。在表6–2中，2012—2019年，耦合协同的经济增长系数为1.3381，相较于2003—2011年其协同经济增长效应更大，且本科专业调整与产业结构演进的经济效益明显提升，各控制变量的正向促进作用明显改善，这表明“十三五”以来，国家大力推进本科教育与产业结构的深度融合，一定程度上提升了教育与产业的经济效益，改善了资源配置效应，也促进了产教协同经济效应的释放。由此可认为，本科专业调整与产业结构演进的耦合协同能够促进本科教育与国家及区域产业发展战略需求紧密衔接，在促进教育资源、生产要素和产业支撑类资源合理配置的基础上，加快专业化、多样化应用型人才的培养，使得人才供给侧与产业发展需求侧充分匹配，从而促进经济更高质量增长。因此，推进本科专业调整与产业结构演进协同发展是未来建设教育强国、世界经济强国必由之路，不仅包含经济总量的规模效应，也涵盖可持续发展的质量要义。

（3）耦合协同的经济增长效应具有明显的区域异质性，呈现“西部 > 东部 > 中部”的趋势

在表6–3中，东部、中部、西部的耦合协同回归系数分别为1.8019、1.2303、2.2402，中部地区的本科专业调整与产业结构演进的耦合协同度每增长1个单位，仅能带来2.2402%的地区经济增长。观察本科专业调整与产业结构演进的经济增长效应发现，东部地区两者的经济增长效应都较强，中部地区的产业结构演进对经济增长的促进作用不强，而西部地区本科专业调整的教育先导尚未发挥显著效应。上述特征与各区域的本科专业调整及产业结构演进状况有关。其中，西部大开发战略为西部地区提供了持续资金扶持和对口支援，使得产业结构演进能够显著促进地区经济的增长，而相对贫瘠的教育资源使得本科培养的专业化人才很难形成将人力资本优势转化为经济优势，导致本科专业调整在促进经济增长的作用较弱，但由于两者

协同发展的空间较大引致的增长弹性较高，最终体现出更大的协同经济增长效应；而东部地区由于各类资源优先集聚导致产业发展迅猛，高素质人才需求激增，激发创新意愿，使得本科专业调整对经济增长的促进作用超过产业结构的影响；中部地区则处于产业转移及教育资源内迁的过渡地带，现代产业尤其传统制造业逐渐向内陆扩散，产业迁移成本和环保成本明显加大，而区域培养的本科专业人才和教育资源向东部沿海地区的流动性较大，一方面导致地方部分产业可能出现人才缺口；另一方面也不利于本科教育优质资源的稳定配给，既影响地区产教融合的进程，也不利于发挥教育先导作用，促进区域经济高质量发展。因此，未来应因地制宜对区域产教融合制定差异化的发展策略，尤其需关注中西部教育振兴的问题。

表 6-3　分地区本科专业调整与产业结构演进耦合协同经济效应分析

变量	东部地区		中部地区		西部地区	
	（1）	（2）	（3）	（4）	（5）	（6）
D		1.8019***		1.2303***		2.2402***
		(0.4763)		(0.3950)		(0.4045)
Ux	0.8861***		1.0416**		0.5614	
	(0.3108)		(0.4909)		(0.5027)	
Uy	0.4427*		0.5094		1.6161***	
	(0.2265)		(0.3420)		(0.3087)	
ln *s*	0.6904***	0.7078***	0.7660***	0.7959***	0.4404***	0.4641***
	(0.0714)	(0.0711)	(0.0751)	(0.0724)	(0.1047)	(0.1054)
ln *gov*	0.3163***	0.3017***	−0.2331**	−0.2618**	0.0038	−0.0802
	(0.0713)	(0.0743)	(0.1156)	(0.1149)	(0.1372)	(0.1353)
ln *kl*	0.1704***	0.1756***	0.3051***	0.3241***	0.4552***	0.4604***
	(0.0449)	(0.0448)	(0.0467)	(0.0446)	(0.0679)	(0.0664)
ln *e*	−0.3731***	−0.3655***	−0.1265***	−0.1031***	0.1488***	0.1495***
	(0.0650)	(0.0674)	(0.0398)	(0.0377)	(0.0408)	(0.0409)
C	7.8875***	7.2692***	7.5557***	7.2807***	7.1021***	6.6930***
	(0.3096)	(0.3708)	(0.3023)	(0.3375)	(0.4550)	(0.4643)
R^2	0.9702	0.9694	0.9829	0.9828	0.9870	0.9863
F/Wald	488.40***	575.91***	1165.89***	1402.49***	732.66***	846.71***

续表

变量	东部地区		中部地区		西部地区	
	(1)	(2)	(3)	(4)	(5)	(6)
Hausman	42.44***	44.74***	15.73**	9.69**	17.21***	19.31***
个体效应	Yes	Yes	Yes	Yes	Yes	Yes
时间效应	Yes	Yes	Yes	Yes	Yes	Yes

注：*、**、*** 分别表示在 10%、5%、1% 水平的显著性；括号内为标准误。

6.2.2 产业差异比较

为深入剖析本科专业调整与产业结构演进协同经济效应的内在规律，本部分进一步分地区、分产业比较本科专业调整与产业结构演进的耦合协同经济效应差异，并利用 Hausman 检验来判定基准模型（表 6–4、表 6–5）。不论是分三次产业的区域整体回归还是分区域回归，其 Hausman 检验的 P 值均大于 0.1，且各回归模型的显著性水平和正负符号基本类似。因此，所有回归模型的结果基本稳定可靠，应选择时空双向固定效应对耦合协同经济效应进行分析。

（1）耦合协同发展的经济增长效应呈现“二三一”的分异趋势

由表 6–4 可知，分三次产业的学科专业调整与产业结构演进的耦合协同经济效应均通过 10% 的显著性检验，表现为第一产业学科专业与产业结构的耦合协同度每增加 1 个单位，地区经济将增长 0.5143%，第二、三产业则分别增长 0.5407%、0.5306%。进一步观察产业结构演进、分三次产业学科专业调整对经济增长的单一影响时发现，当产业结构演进水平不变的情况下，服务于第二产业的本科专业调整对经济增长的促进作用更大，而服务于第一产业的本科专业调整水平对经济的促进效应最小，这是因为当前我国产业结构逐渐向高级化演进，第三产业及战略新兴产业比重增加，为适应这一变化，部分院校进行本科专业调整时盲目跟风、重复建设新兴专业如人工智能、大数据等应用型学科，忽视了基础学科如农学等专业特色化、可持续化的建设，导致第一产业发展与本科教育的适应性降低。与此同时，我国加大本科教育改革力度，近年来，新工科、新文学、新医学等学科得到充分培育，直接形成劳动力和人力资本参与经济产出的过程，产生了较大的经济增长。

表 6-4 分产业本科专业调整与产业结构演进耦合协同经济效应分析

变量	第一产业		第一产业		第一产业	
	(1)	(2)	(3)	(4)	(5)	(6)
Uxi	0.3632***		0.3823***		0.3784***	
	(0.1367)		(0.1358)		(0.1389)	
Uy	0.0086		0.0032		0.0023	
	(0.1567)		(0.1565)		(0.1569)	
ln *s*	0.1499***	0.1700***	0.1495***	0.1733***	0.1498***	0.1727***
	(0.0446)	(0.0451)	(0.0446)	(0.0454)	(0.0446)	(0.0453)
ln *gov*	−0.1979***	−0.1981***	−0.1946***	−0.1952***	−0.1943***	−0.1953***
	(0.0350)	(0.0351)	(0.0350)	(0.0353)	(0.0351)	(0.0353)
ln *kl*	0.2654***	0.2669***	0.2639***	0.2657***	0.2639***	0.2661***
	(0.0198)	(0.0197)	(0.0198)	(0.0198)	(0.0199)	(0.0198)
ln *e*	0.0807***	0.0784***	0.0786***	0.0767***	0.0780***	0.0769***
	(0.0186)	(0.0187)	(0.0185)	(0.0188)	(0.0186)	(0.0188)
Di		0.5143*		0.5407*		0.5306*
		(0.2940)		(0.2998)		(0.2973)
C	9.0521***	8.8429***	9.0529***	8.8228***	9.0557***	8.8307***
	(0.1631)	(0.2282)	(0.1627)	(0.2328)	(0.1628)	(0.2308)
R^2	0.9899	0.9898	0.9900	0.9898	0.9899	0.9898
F	1187.36***	1228.72***	1191.16***	1229.60***	1188.96***	1229.29***
Hausman	52.19***	34.34***	52.87***	35.50***	52.79***	35.30***
个体效应	Yes	Yes	Yes	Yes	Yes	Yes
时间效应	Yes	Yes	Yes	Yes	Yes	Yes

注：*、**、*** 分别表示在 10%、5%、1% 水平的显著性；括号内为标准误。

（2）分三次产业的耦合协同经济增长效应具有显著区域异质性特征，且区域内部产业异质性明显

在表 6-5 中，就三次产业学科耦合协同经济增长的区域比较来看，第一、二、三产业学科的耦合协同经济增长效应都呈现“西部 > 东部 > 中部”的区域特性，其中，东部和西部地区的三类产业学科专业调整与产业结构演进的耦合协同经济增长系数均大于 1，而中部地区的产业学科耦合协同经济回归系数大于 0 但不显著。就区域内部耦合经济增长效应的产业比较来看，西

部地区的产业发展与本科专业的协同经济效应呈现“第二产业 > 第一产业 > 第三产业”差异；东部地区则表现为第一产业学科的耦合协同经济效应最大、第三产业最小；尽管中部地区的分三次产业学科的耦合协同经济增长系数不具有统计学意义，但其系数表现为第二产业最大、第三产业最小的特性，且地区的协同发展能够进一步提升政府政策扶持、信息化及对外开放对区域经济的增长效应，仍然具有一定的解释意义。分产业学科的耦合协同经济增长效应的区域和产业异质性特征亦体现了我国区域发展战略的影响，由于西部大开发战略的推进，导致信息化、对外开放和政府扶持都能显著促进经济增长，政府扶持是主要的外部动力，且西部地区自古以来第二产业布局较少，因此鼓励工业企业在西部布局所带来的经济增长弹性较大。中部地区作为承接东部沿海地区产业转移的主阵地，对于信息化水平要求较高，且随着全球化进程加快，对外开放程度明显加深，但其在产业、产品、工资等各方面竞争力相对较弱的现实情境不容忽视，人才外流严重，致使本科专业与产业结构的匹配难度较大，协同的经济效应较难发挥。

表 6-5　分地区、分三次产业的耦合协同经济效应实证结果

变量	东部地区			中部地区			西部地区		
	(1)	(2)	(3)	(4)	(5)	(6)	(7)	(8)	(9)
D1	1.2612**			0.6571			1.4464**		
	(0.5486)			(0.6701)			(0.5920)		
D2		1.2364**			0.6626			1.5103**	
		(0.5741)			(0.6956)			(0.6105)	
D3			1.2314**			0.6305			1.4072**
			(0.5708)			(0.6949)			(0.6027)
ln s	0.2300**	0.2383**	0.2367**	0.2825***	0.2808***	0.2819***	−0.0122	0.0034	0.0005
	(0.0966)	(0.0987)	(0.0984)	(0.0737)	(0.0735)	(0.0737)	(0.0546)	(0.0568)	(0.0572)
ln gov	−0.0349	−0.0212	−0.0241	−0.7669***	−0.7651***	−0.7664***	−0.3612***	−0.3511***	−0.3532***
	(0.0995)	(0.1003)	(0.1001)	(0.0987)	(0.0995)	(0.0996)	(0.0647)	(0.0660)	(0.0666)
ln kl	0.2605***	0.2540***	0.2568***	0.2038***	0.2050***	0.2057***	0.0140	0.0082	0.0054
	(0.0389)	(0.0394)	(0.0392)	(0.0356)	(0.0353)	(0.0353)	(0.0430)	(0.0413)	(0.0416)
ln e	−0.0415	−0.0534	−0.0503	0.0194	0.0204	0.0208	0.0771***	0.0746***	0.0759***
	(0.0964)	(0.0970)	(0.0969)	(0.0293)	(0.0293)	(0.0294)	(0.0167)	(0.0169)	(0.0170)

续表

变量	东部地区			中部地区			西部地区		
	(1)	(2)	(3)	(4)	(5)	(6)	(7)	(8)	(9)
C	8.5930***	8.5991***	8.6028***	9.9882***	9.9867***	10.0010***	9.0539***	8.9748***	9.0246***
	(0.4762)	(0.4942)	(0.4923)	(0.4845)	(0.4944)	(0.4974)	(0.3760)	(0.3995)	(0.3994)
R2	0.9868	0.9867	0.9867	0.9940	0.9940	0.9940	0.9988	0.9988	0.9988
F	266.7***	264.6***	264.62***	838.96***	838.54***	837.88***	1677.97***	1683.16***	1660.25***
Hausman	70.08***	70.98***	47.53***	13.47***	14.31**	14.60**	29.98***	29.31***	28.08***
个体效应	Yes	Yes	Yes	Yes	Yes	Yes	Yes	Yes	Yes
时间效应	Yes	Yes	Yes	Yes	Yes	Yes	Yes	Yes	Yes

注：*、**、*** 分别表示 P<0.1、P<0.05、P<0.01 的显著性；括号内为标准误。

（3）中部地区是本科专业调整与产业结构演进耦合协同经济增长的“洼地”

结合表 6–3 和表 6–4 发现，中部地区不论是在总体还是在分三次产业学科的耦合协同方面，其经济增长系数都是三大区域中最低的，且都表现出对信息化水平和要素禀赋的较高依赖，表明在广大中部地区，经济的高质量增长除了发挥产教融合的先导作用外，还需注意信息等基础设施、资源要素禀赋等基础性保障。此外，分三次产业学科的耦合协同经济增长系数并未大于1，且未具备统计学意义，说明当前中部地区的本科专业调整与产业结构演进的融合度还不够，由于中部大部分省市大多处于V型的耦合协同发展阶段，即尚处于中等层次的同步发展阶段，其协同经济增长效应并未得到充分释放。另外，也能从中部地区的各类控制变量对经济增长的作用中得以证实。不论是否区分三次产业的协同经济效应，其产业结构与本科专业耦合协同发展过程中，对于各类资源要素的经济产出系数变动不大，由于劳动力流失带来的要素禀赋结构改变，使得生产要素禀赋在经济增长中的负向作用凸显，未来如何缓解劳动力外迁、加快人力资本积累、加速技术创新成为经济增长的新动力，是未来值得思考的重点问题。

6.2.3 空间溢出分析

（1）空间自相关检验

关于空间自相关性的度量，国内外学者逐渐形成 Moran's I 统计量和 Gearcy'C 统计量两类指标，目前多数学者主要利用 Moran's I 指数来度量空间全局自相关性，其计算公式如下：

$$Moran'sI=\frac{n\sum_{i=1}^{n}\sum_{j=1}w_{ij}(x_i-\bar{x})(x_j-\bar{x})}{S^2\sum_{i=1}^{n}\sum_{j=1}^{n}w_{ij}}$$ 公式（6–9）

在公式（6–9）中，$S^2=\frac{1}{2}\sum_{i=1}^{n}(x_i-\bar{x})^2$，$\bar{x}=\frac{1}{n}\sum_{i=1}^{n}x_i$，$x_i$ 是观察值，w_{ij} 为空间权重矩阵。Moran's I 的取值范围 [–1, 1]，若指数为正，表明经济事物在空间上趋于集聚呈现正空间相关性；若指数为负，表明相似属性的经济事物在地理空间上趋于分散，呈现负空间相关性；若 $moran's(I)=0$，则表示空间不相关，经济事物在空间上随机分布。

本科专业调整与产业结构演进耦合协同发展对地区经济增长是否存在空间上的依赖性和空间集聚性呢？为此，基于空间经济学基础理论与方法，首先对 2003—2019 年我国本科专业调整与产业结构演进耦合协同度及其区经济增长进行空间自相关性检验。基于邻接权重矩阵计算的我国省域本科专业调整与产业结构演进耦合协同度（*D*）和经济增长（*ln y*）的全局 Moran's I 指数如图 6–1 所示。

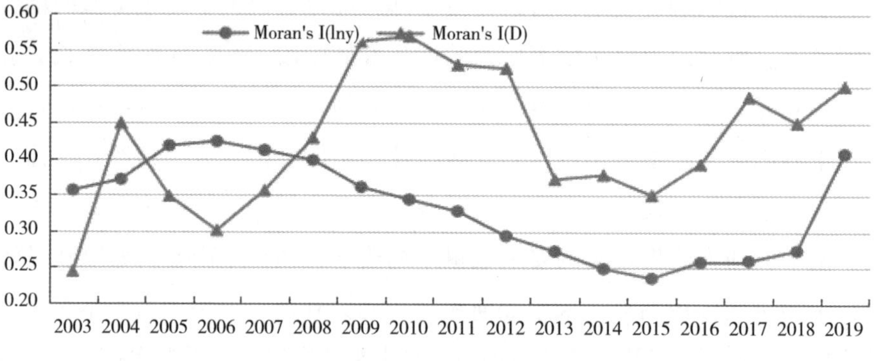

图 6–1　2003—2019 年耦合协同度及经济增长全局 Moran's I 指数

注：这里仅以邻接权重矩阵下的 Moran's I 指数（双侧）进行举例说明。

由图 6–1 可知，本科专业调整与产业结构演进耦合协同度的全局 Moran's I 指数为正，通过 10% 的显著性检验，且地理矩阵和经济地理矩阵也具有相似的结果。2003—2019 年，耦合协同度的全局 Moran's I 指数由 0.244

上升到 0.501，表明我国两者耦合协同度在空间上总体呈现“集聚—分散—集聚”的阶段性过程。同样，2003—2019 年我国经济增长由 0.356 增长到 0.408，耦合协同度具有相似的空间集聚特性但集聚变动更为稳定。若对照耦合协同度的阶段性特征可以发现，在外延式发展阶段（2003—2007），耦合协同度和经济增长的空间集聚度反向变动，且经济增长的空间集聚度高于耦合协同度；在过渡阶段（2008—2012），耦合协同度和经济增长的空间集聚度均呈减弱态势，但耦合协同度的空间集聚度自此以后都高于经济增长；在内涵式发展阶段（2013—2019），两者的空间集聚呈现相反发展态势，其耦合协同度的全局 Moran's I 指数增长更快，一定程度上也说明了当前产业结构演进和本科专业调整与经济增长在空间上尚不适应的情况。

（2）空间回归模型判别

在进行模型参数估计前，需要对空间模型进行甄别，检验过程遵循“OLS—SLM/SEM—SDM”顺序展开（张翠菊等，2015）。验证过程设立如下步骤：首先，基于传统 OLS 面板模型进行 LM 和 Robust-LM 检验，对 SLM 和 SEM 模型进行判别；其次，基于 Wald 或 LR 检验，判断 SDM 是否能简化成 SLM 或者 SEM 模型；再次，依据 Hausman 检验结果决定最终的空间模型是随机效应还是固定效应模型；最后，结合模型空间滞后系数、LogLikehood、R^2 及变量显著性等选择最佳空间权重矩阵下的空间杜宾评价模型。

依据 Anselin（1995）提出的判别标准：首先，LM 统计量更显著的模型为合适的模型；若两种模型的 LM 的统计量具有相同的显著性，则依据 Robust-LM 的统计值的显著性来确定模型的设定形式，R-LMlag 显著性优于 R-Lmerror 则选择 SLM 模型，反之则选择 SEM 模型。空间模型的 LM 检验（见表 6-6）表明，三种空间权重矩阵下，空间滞后模型（SLM）的 LM 和 R-LM 值及其显著性都明显优于空间误差模型（SEM），因此选择空间滞后（SLM）模型考察本科专业调整与产业结构演进耦合协同发展对区域经济增长的空间效应。LR 检验结果显示，三种空间权重矩阵下的 LR 值都在 1% 水平显著，因此 SDM 模型不可以简化成 SLM 模型。另外，根据 LR 对于空间杜宾的地区固定、时间固定和双向固定效应模型进行判别，发现任一空间权重矩阵下都应该使用空间杜宾的双向固定模型。其次，基于 Hausman 检验均接受了随机效应的原假设，因此所有的空间模型均为地区和时间双控制的随机效应模型。最后，基于经济地理权重矩阵下的 SDM 模型的 R^2 为 0.9865，LogLikehood 为 310.2093，在三种空间权重矩阵下结果最大。因此，利用经济地理权重矩阵下 SDM（3）模型分析本科专业调整与产业结构演进耦合协同经济增长的空间溢出效果最佳。

在表 6-6 中，经济地理权重矩阵下的空间杜宾模型（SDM）表明，本科专业调整与产业结构演进的耦合协同度的回归系数为正且在 10% 水平上显著，即本科专业调整与产业结构演进耦合协同发展有利于区域经济增长，而空间 λ 系数为 0.6047 且通过 1% 的显著性检验，说明产业结构与本科耦合协同促进经济增长具有显著正向的空间溢出效应，这反映随着本科专业调整与产业结构演进耦合协同度的增加，有利于提升本科专业对产业结构演进所需人才的匹配度，推动高质量的应用型人才培养，促进产业结构向高级化、高效化演进，并将人力资本转化为生产力、促进技术创新从而推动社会经济快速发展。另外，经济地理距离越近，耦合协同经济增长的空间溢出效应越强，而地理距离次之，邻接距离的溢出范围最弱，这也反映出地理上处于邻接位置的省（市区），其经济产业发展模式、结构特征等“同质性”竞争较高，难以形成良性区域互补与合作关系，且地方政府的“逐底式竞争”进一步抑制了经济增长效应的空间溢出。地理距离与经济距离相近地区具有较高的产业互补性，政府间合作大于竞争，因而表现出较高的经济增长空间溢出效应。

就控制变量而言，除政府扶持外，要素禀赋、信息化水平及对外开放水平均能显著正向促进地区经济的增长，且要素禀赋和信息化的经济产出较大，这是因为地区信息化发展的过程中，伴随诸多新兴技术的应用及各类知识的溢出，有利于形成经济增长的空间溢出。生产要素禀赋在要素集聚和空间扩散的双重影响下，实现在空间上的有序自由流动，能够有效缓解区域间资本挤压、人才流失等带来的负面影响，从而促进区域经济平稳增长。而以财政扶持为主导的政府行政干预受“政绩锦标赛”的影响，存在产业政策和“发达地区”偏向等，导致政策扶持资金空间分配不均、资金回报率低等情形，进而抑制区域经济的增长。

表 6-6　本科专业调整与产业结构演进耦合协同经济效应的空间模型回归结果

变量	邻接矩阵（W_1）			地理矩阵（W_2）			经济地理矩阵（W_3）		
	SLM（1）	SEM（1）	SDM（1）	SLM（2）	SEM（2）	SDM（2）	SLM（3）	SEM（3）	SDM（3）
D	0.9448***	2.7374***	0.8187*	0.6686***	0.5186	0.2998	0.6138***	0.6158*	0.4451*
	(4.79)	(10.06)	(2.52)	(3.54)	(1.68)	(1.03)	(3.41)	(2.25)	(1.69)
$\ln s$	0.2561***	0.6922***	0.2555***	0.1736***	0.1944***	0.1651***	0.1763***	0.2179***	0.1744***
	(6.20)	(15.03)	(6.19)	(4.35)	(4.29)	(4.13)	(4.72)	(5.30)	(4.67)
$\ln gov$	−0.0808*	−0.0807*	−0.0809*	−0.1548***	−0.1773***	−0.1597***	−0.1539***	−0.1489***	−0.1566***
	(−2.51)	(−1.99)	(−2.51)	(−5.02)	(−5.01)	(−5.19)	(−5.24)	(−4.62)	(−5.31)
$\ln kl$	0.2321***	0.3043***	0.2331***	0.2508***	0.2506***	0.2511***	0.2405***	0.2334***	0.2406***
	(11.45)	(10.59)	(11.45)	(13.28)	(12.45)	(13.39)	(13.32)	(12.42)	(13.35)
$\ln export$	0.0140	0.0123	0.0148	0.0608***	0.0706***	0.0638***	0.0559***	0.0552***	0.0577***
	(0.83)	(0.64)	(0.87)	(3.70)	(3.70)	(3.89)	(3.57)	(3.40)	(3.66)
$W*D$			0.1707			0.6244			0.2950
			(0.49)			(1.66)			(0.87)
ρ/λ	0.5108***	0.2051**	0.5080***	0.6081***	0.9546***	0.6027***	0.6089***	0.9528***	0.6047***
	(16.79)	(3.24)	(16.38)	(19.81)	(112.51)	(19.62)	(21.49)	(115.68)	(21.06)
C	3.5711***	6.1320***	3.5764***	3.0372***	9.4902***	2.9967***	3.1014***	9.3343***	3.0881***
	(17.24)	(34.29)	(17.23)	(14.60)	(32.10)	(14.34)	(16.15)	(34.86)	(16.03)
R^2	0.9843	0.9726	0.9843	0.985	0.9493	0.9854	0.9864	0.9576	0.9865
Log-L	271.8372	193.5785	271.9554	296.8551	253.9858	298.2108	309.8279	268.2548	310.2093
LM	15.9610***	0.2240	11.5100**	34.6410***	6.8240***	31.0800***	0.4440	3.4210*	29.3500***
R-LM	16.0850***	0.3490	31.3100***	33.8400***	6.0230**	32.6000***	0.5060	3.4830*	29.8400***

注：*、**、*** 分别表示 P<0.1、P<0.05、P<0.01 的显著性；括号内为 T 统计量。

（3）空间溢出效应分析

Lesage 等（2009）认为在空间 λ 系数显著不为 0 的情况下，直接使用空间自回归系数分析变量的空间外溢效应容易出现偏误。因此，为进一步分析本科专业调整与产业结构演进的耦合协同度对于地区经济增长的影响，本部分利用空间自回归偏微分方法将耦合协同经济效应的空间效应分为直接效应与间接效应，探究本科专业调整与产业结构演进耦合协同对于地区经济增长的作用路径。具体回归结果见表 6–7。

一是本科专业调整与产业结构演进耦合协同对经济增长的空间效应显著。在表 6–7 中，耦合协同经济增长的直接效应、间接效应、总效应分别为 0.5266、1.3261、1.8526，且在 10% 水平上显著，表明本科专业调整与产业结构演进的耦合协同不仅能带动本地区经济增长 0.5266%，也能促进邻近地区经济增长 1.3261%，最终带动整个区域经济增长 1.8526%。这证明在推进本科专业调整与产业结构演进协同发展实现地区经济高质量增长的过程中，不能忽视地理空间因素的影响。本科专业与产业结构耦合协同一方面，将有助于本地区集聚产业发展要素，促进本地人力资本效应转化，进而促进经济增长；另一方面，耦合协同的中心区充分发挥辐射带动作用，将教育资源和产业要素向周边地区扩散，从而带动周边地区经济增长。此外，信息化、对外开放和要素禀赋均对经济增长都具有显著的空间溢出效应，而政府干预对经济增长的直接溢出、间接溢出和总效应都显著为负，未来如何突破制度障碍、提升政府引导职能，构建长效增长机制是推动区域经济高质量、建设高质量本科教育的重点任务之一。

表 6–7　耦合协同经济增长的空间溢出效应分解

变量	邻接矩阵（W_1）			地理矩阵（W_2）			经济地理矩阵（W_3）		
	直接效应	间接效应	总效应	直接效应	间接效应	总效应	直接效应	间接效应	总效应
D	0.9850**	1.0171*	2.0021***	0.3943	1.9149**	2.3092***	0.5266*	1.3261*	1.8526***
	(3.19)	(2.54)	(4.80)	(1.38)	(3.10)	(4.00)	(2.02)	(2.36)	(3.32)
ln *s*	0.2884***	0.2265***	0.5149***	0.1740***	0.2353***	0.4094***	0.1866***	0.2492***	0.4358***
	(6.84)	(7.88)	(7.77)	(4.37)	(5.31)	(5.04)	(4.96)	(6.00)	(5.73)
ln *gov*	−0.0882*	−0.0702*	−0.1584*	−0.1665***	−0.2302***	−0.3968***	−0.1657***	−0.2253***	−0.3910***
	(−2.49)	(−2.34)	(−2.44)	(−5.25)	(−4.01)	(−4.57)	(−5.37)	(−4.18)	(−4.73)
ln *kl*	0.2652***	0.2098***	0.4750***	0.2676***	0.3677***	0.6352***	0.2600***	0.3515***	0.6115***
	(12.14)	(7.75)	(10.76)	(13.93)	(7.32)	(10.19)	(13.95)	(7.78)	(10.66)
ln *e*	0.0163	0.0129	0.0291	0.0675***	0.0933***	0.1608***	0.0619***	0.0840***	0.1459***
	(0.89)	(0.88)	(0.89)	(4.08)	(3.45)	(3.77)	(3.84)	(3.38)	(3.62)

注：*、**、*** 分别表示 P<0.1、P<0.05、P<0.01 的显著性，括号内为 T 统计量值。

二是耦合协同经济增长的空间正外溢性显著，但空间涓滴效应有待加强。从表 6–7 可知，耦合协同经济增长的间接溢出大于直接溢出，其间接溢出系数约为直接溢出系数的 2 倍之多，但直接溢出系数仅为 0.5266 明显小于 1，这表明本科专业调整与产业结构演进的耦合协同在本地区尚未实现“1+1>2”的经济增长效应，而在产教协同的推进下，区域教育资源和产业支撑要素的跨区域流动明显改善，即资源配置效率提升能够推进周围地区乃至区域整体经济增长，但区域整体的本科专业与产业结构的耦合协同发展道路依然漫长。按照直接溢出效应和间接溢出效应占比来看，经济地理权重矩阵下的直接效应占比 32.27%，间接效应占比 67.73%，这是因为教育资源、人才迁移及产业要素集聚总是优先在地理邻近且经济发展水平相对较高地区，对于周围地区而言，要素的跨区域有序流动，更能促进知识技术溢出，加速人力资本转化为生产力优势，并在合理配置资源的基础上进一步促进经济增长；对于本地区而言，由于自然资源、政府扶持等原始动力的推动，导致教育资源、资金、技术、信息等要素快速集聚，产业承载压力增大，有可能出现资本积压、产业同质性竞争、就业供需矛盾等问题，使得经济增长难以可持续增长。因此，强化本科专业调整与产业结构演进协同发展，释放“空间涓滴”效应，对于提升地区本科教育质量、促进产业结构转型升级，从而更好地服务地方经济、促进区域产教融合一体化发展具有一定的参考价值。

6.3 学科发展差异讨论——以文科为例

当前，我国高等教育正从外延式向内涵式发展转变，“新文科、新工科、新医科、新农科”是构建高等教育高质量发展体系、引领本科教育全面振兴以期更好地服务地方经济的关键一环。到 2020 年 1 月，我国文科高等学校达到 1240 所，占高校总数的 98%，毕业生人数 434.1 万人，占比 47.5%，约占专业数（47.1%）、专业布点数（51.4%）和在校学生总数（50.2%）的一半①，文科教育的振兴关乎高等教育的振兴，建设高等教育强国需要新文

① 吴岩司长在新文科建设工作会议上的讲话［EB/OL］.［2020–11–05］.http://www.sdjyxww.com/gn/23016.html.

科，这也将为新工科、新医科和新农科注入新元素，提供了新思想和新指引，是社会大变革、提升国家软实力、造就时代新人、繁荣民族文化的必然选择，将对高等教育发展新格局产生深刻的影响。与新工科迅速领跑、新医科势头正猛、新农科高举高打的发展趋势不同，新文科建设尚处于起步阶段，那么，我国文科建设在本科教育现代化过程中发展现状如何？与产业结构演进融合如何？是否能够发挥极强的协同经济效应？诸如此问题对于加快新文科建设、打造高等教育“质量中国”具有重要的意义。

因此，本部分将文科学生数统计为涵盖文学、哲学、历史学、经济学、管理学、法学、艺术学、教育学在内的八大学科门类的学生总和，并利用前述耦合协同评价体系和评价模型对我国文科本科专业调整与产业结构耦合协同度进行测度，并进一步利用面板模型探讨其耦合协同的经济效应。

6.3.1 耦合协同水平测算

沿用前文提到的本科专业调整评价指标体系，以八大学科门类的毕业生总数占比作为学科结构的替代指标，结合改进的熵值法和耦合协同度模型对文科专业调整综合水平、文科专业调整与产业结构演进的耦合度、耦合协同度进行测算，测算结果如下图 6–2 所示。

由图 6–2 可知，研究期内，我国文科专业调整逐渐由规模扩张向高质量转变，由 0.2152 上升到 0.4558，年均增速达 4.80%，其耦合协同度整体呈波动上升趋势，由 2003 年的 0.4630 增加到 2019 年的 0.6185，从濒临失调向初级耦合协同转变，年均增速为 1.82% 略低于全国总体增速（4.27%），且其 17 年来的耦合协同度均值仅为 0.5256，低于全国总体的本科专业调整与产业结构演进耦合协同度水平。值得注意的是，相较于全国宏观耦合度，文科专业调整与产业结构演进的耦合度都在 0.9 以上，处于较高水平的耦合阶段，说明细化学科类别来看，文科的专业调整系统与产业结构演进系统的相互耦合关系更强。

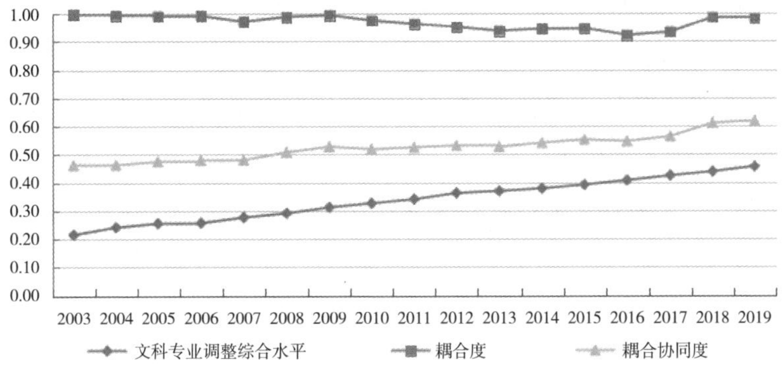

图 6-2　2003—2019 年文科耦合度、耦合协同度变化

注：为方便后续研究，这里的计算结果为 2003—2019 年 18 个省份的平均值。

进一步研究文科的耦合协同度区域特征发现，东部地区文科的耦合协同度最高，已由勉强耦合协同进入到初级耦合协同阶段，且始终高于全国平均水平；上海和江苏亦保持领先地位，逐步迈入中级耦合协同阶段；而中西部地区则由濒临失调进入到勉强耦合协同阶段，表明文科的耦合协同度在东部地区更高，存在明显的东西差异，并且近年来有扩大的趋势。以空间 CV 系数来看，由 2003 年的 0.0979 上升到 2019 年的 0.1186，并保持在相对平稳的状态，一定程度上表明文科的专业建设与产业结构融合的东中西差异还将继续存在。此外，与全国总体耦合协同度相对固化的“东中西”差异不同，文科的耦合协同度在 2007 年以前中部低于西部，随后才出现中部高于西部的发展态势。因此，未来在全面振兴本科教育的过程中，须分区域分学科门类具体分析其发展现状，以便制定更切实可行的学科专业建设策略，推动实现本科教育高质量发展。

6.3.2　协同经济效应分析

（1）基准回归分析

鉴于文科专业调整与产业结构演进存在双向互动关系，并能够通过发挥教育的先导和产业的集聚效应促进当地经济增长。因此以文科的耦合协同度替代整体耦合协同度，验证文科的耦合协同发展是否也具有“1+1>2”的协同经济增长效应，并利用 Hausman 检验对地区固定、时间固定和时空双固定模型进行判别，其结果除列（5）以外均选择了时空双固定效应模型。另外，一阶滞后的系统 GMM 进行估计结果显示，AR（1）、AR（2）在 10% 水平上显著而 AR（3）不显著，Sargan 检验的 P 值为 0.9502，这表明新文科专业调整与产业结构演进的耦合协同经济增长模型基本稳健。具体回归结果见表 6-8 所示。

表 6-8　文科的专业调整与产业结构演进耦合协同经济效应分析

变量	(1)	(2)	(3)	(4)	(5)	(6)	(7)
	FE	FE	FE	FE	2003—2012	2013—2019	系统 GMM
D			2.4343***	0.4640	0.7793***	1.9857***	0.3743***
			(0.2540)	(0.2899)	(0.2968)	(0.4095)	(0.1107)
Ux	1.2449***	0.3743***					
	(0.1960)	(0.1413)					
Uy	0.7461***	0.0020					
	(0.1726)	(0.1572)					
ln *s*	0.6351***	0.1496***	0.6640***	0.1693***	0.2447***	−0.1513	0.3152***
	(0.0470)	(0.0446)	(0.0466)	(0.0452)	(0.0506)	(0.1265)	(0.0245)
ln *gov*	0.0118	−0.1941***	−0.0053	−0.1968***	−0.2898***	−0.0973**	−0.1141***
	(0.0458)	(0.0351)	(0.0464)	(0.0353)	(0.0668)	(0.0475)	(0.0222)
ln *kl*	0.3047***	0.2638***	0.3062***	0.2668***	0.3727***	0.1795***	0.1336***
	(0.0290)	(0.0199)	(0.0288)	(0.0198)	(0.0352)	(0.0293)	(0.0220)
ln *e*	−0.0452*	0.0777***	−0.0436*	0.0777***	0.1197***	0.0284	0.0999***
	(0.0237)	(0.0186)	(0.0240)	(0.0188)	(0.0217)	(0.0395)	(0.0184)
L.ln y							0.6640***
							(0.0466)
C	7.0899***	9.0548***	6.3561***	8.8707***	8.6521***	10.4097***	2.6835***
	(0.1616)	(0.1630)	(0.1791)	(0.2274)	(0.2726)	(0.5638)	(0.1723)
R^2	0.9752	0.9899	0.9746	0.9897	0.9904	0.9078	
F/Wald	1850.10***	1187.16***	2172.23***	1226.43***	15117.84***	93.50***	124032.35***
个体效应	Yes	Yes	Yes	Yes	Yes	Yes	Yes
时间效应	No	Yes	No	Yes	Yes	Yes	No

注：*、**、*** 分别表示 P<0.1、P<0.05、P<0.01 的显著性；括号内为标准误值。

在表 6-8 中，单一考察文科专业调整和产业结构演进对经济增长的影响发现，文科专业调整对经济增长的回归系数为 0.3743 且在 1% 的水平上显著，而产业结构演进的经济增长效应有待提升，这进一步印证了发挥教育的先导作用能够显著促进地区经济持续稳定增长。考虑两系统耦合协同作用时发现，文科的耦合协同能够正向促进经济增长，但这种促进效应尚不具有统计学意义。值得注意的是，在内涵式发展阶段（2013—2019），文科的耦合协同经济增长效应为 1.9857 且在 1% 水平上显著，较 2013 年以前的耦合协同经济效应更大，这表明文科专业调整与产业结构演进逐步实现高水平的融合发展时，能够带来“1+1>2”的协同经济增长效应。因此，如何更好地释放文科专业调整与产业结构演进耦合协同效应是提升地区经济增长的重点。

（2）区域异质性比较

由于文科专业调整综合水平及其耦合协同度均存在明显的“东中西”分异特征，因此表 6–9 显示了不同区域下的文科耦合协同经济增长效应实证结果，（1）（4）（7）列为单独考察文科专业调整对经济增长的作用，（2）（5）（8）列为加入产业结构演进因素下的经济增长情况，（3）（6）（9）列为两系统耦合协同的经济增长效应。

在表 6–9 中，仅考虑文科专业调整对经济增长的作用时，东部地区的文科专业调整能够实现 0.7606% 的经济增长，而中西部的教育经济效应有待提升，中部地区由于专业设置的盲目性、重复性等，甚至有可能抑制地区经济的增长。当考虑文科专业调整与产业结构演进的耦合协同因素时，东部、中部、西部的经济增长效应系数分别为 1.1214、–0.7190、1.7880，均通过 10% 的显著性检验，说明当前就文科的耦合协同而言，西部地区协同经济效应最大，东部地区次之，中部成为协同经济发展的“洼地”，这与总体本科专业调整与产业结构演进耦合协同的经济增长效应的区域异质性大体一致，但中部产业结构变迁主导的经济负向经济增长效应更大，处于低层次的耦合协同并不能带动地区经济持续增长，一定程度上反映出文科的低层次协同是中部地区本科专业调整与产业结构演进耦合协同经济效应低的原因之一。可能的解释是，中部地区产业绿色化和智能化的转型发展，改变了应用型人才需求结构，也对地区高校本科专业的设置和学科的调整造成了影响，地区经济发展面临本科人才供给不足、高技能化人才流失以及产业转移转型成本升高等多重压力，难以形成专业建设与产业结构的良性协同发展。西部地区的高协同经济效应则得益于产业结构演进带来的制度红利，文科建设的引领作用还较小。由此可认为，促进中西部地区本科教育与产业结构融合发展任重道远，尤其推进文科建设迫在眉睫。

表 6-9　分地区的文科耦合协同经济增长效应实证结果

变量	东部地区			中部地区			西部地区		
	（1）	（2）	（3）	（4）	（5）	（6）	（7）	（8）	（9）
D			1.1214**			–0.7190*			1.7880***
			(0.5590)			(0.4241)			(0.5348)
Ux	0.7606***	0.8827***		–0.0540	–0.0141		0.1494	0.3774**	
	(0.2031)	(0.2254)		(0.3581)	(0.3527)		(0.1894)	(0.1765)	
Uy		–0.3133			–0.7409**			1.2399***	
		(0.2548)			(0.3447)			(0.3299)	
ln *s*	0.0789	0.0211	0.2312**	0.2781***	0.2260***	0.2517***	–0.0604	–0.0768	–0.0442
	(0.0913)	(0.1024)	(0.0986)	(0.0795)	(0.0819)	(0.0736)	(0.0555)	(0.0487)	(0.0494)
ln *gov*	–0.0481	–0.0872	–0.0213	–0.7953***	–0.8369***	–0.8282***	–0.3972***	–0.2735***	–0.3248***
	(0.0944)	(0.0993)	(0.1007)	(0.0968)	(0.0972)	(0.0965)	(0.0675)	(0.0676)	(0.0638)
ln *kl*	0.2585***	0.2584***	0.2584***	0.2221***	0.2426***	0.2354***	–0.0538	0.0499	–0.0005
	(0.0369)	(0.0368)	(0.0393)	(0.0346)	(0.0353)	(0.0326)	(0.0360)	(0.0419)	(0.0355)
ln *e*	–0.0240	0.0134	–0.0540	0.0223	0.0282	0.0301	0.0804***	0.0636***	0.0636***
	(0.0917)	(0.0963)	(0.0975)	(0.0323)	(0.0319)	(0.0296)	(0.0183)	(0.0166)	(0.0169)
C	9.5096***	9.7102***	8.6767***	10.3583***	10.7496***	10.8178***	9.7780***	9.2853***	8.8638***
	(0.2865)	(0.3289)	(0.4871)	(0.3072)	(0.3528)	(0.4072)	(0.2262)	(0.2375)	(0.3474)
R^2	0.9881	0.9883	0.9866	0.9939	0.9942	0.9941	0.9986	0.9990	0.9989
F	296.2***	284.7***	262.5***	831.6***	820.9***	853.9***	1495***	1863***	1857***
Hausman	70.08***	70.98***	47.53***	13.47***	14.31**	14.60**	29.98***	29.31***	28.08***
个体效应	Yes	Yes	Yes	Yes	Yes	Yes	Yes	Yes	Yes
时间效应	Yes	Yes	Yes	Yes	Yes	Yes	Yes	Yes	Yes

注：*、**、*** 分别表示 P<0.1、P<0.05、P<0.01 的显著性；括号为标准误。

6.3.3 空间溢出效应分析

由于文科建设具有天然的知识溢出属性，且产业结构变迁过程中也伴随着资源要素的跨区域流动和集聚特性，因此不能忽略文科专业建设系统与产业结构演进系统的空间地理特性，有必要探讨文科耦合协同经济增长的空间效用。

（1）空间自相关检验

在进行空间溢出效应探讨前，有必要首先对文科的耦合协同度及经济增长的空间集聚特性进行判断，由于前文已经对经济增长的全局 Moran's I 指数进行了分析，这里不再赘述。图 6-3 报告了基于邻接空间权重矩阵下计算的文科耦合协同度全局 Moran's I 指数和 Z 值，其他矩阵类似。

在图 6-3 中，文科的耦合协同度经历“上升—下降—上升—下降—上升”的过程，但研究期内，耦合协同的全局 Moran's I 指数由 0.227 上升到 0.487，Z 值除个别年份外均大于 1.65，存在较强的空间集聚特性。另外，对文科专业调整的全局 Moran's I 指数计算结果显示，Moran's I 指数均大于 0 但不具有统计显著性，且在研究期内，Moran's I 指数逐渐下滑，表明我国文科专业调整存在空间正相关性，但在空间分布上趋于分散。一定程度上说明，由于产业结构演进的极强集聚特性，能够使得文科专业建设与产业结构演进在空间上实现系统优化，进而凸显产业与教育系统耦合协同的功能主义。

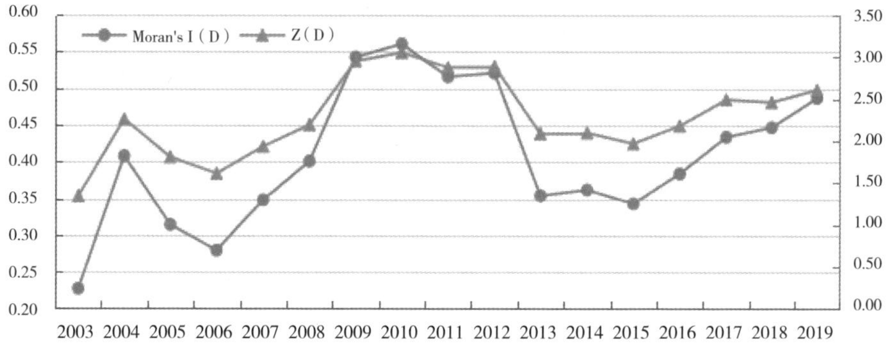

图 6-3 2003—2019 年新文科的耦合协同度的全局 Moran's I 指数

（2）实证结果分析

根据空间模型判别标准：首先，基于 LM 检验对 SLM 和 SEM 进行判别，发现在邻接权重矩阵下，仅有 SEM 模型适用；在地理权重矩阵下，LM 和 Robust-LM 的统计量都显著，两种模型都适用；而在经济地理权重矩阵下，LM 和 Robust-LM 的统计量 P 值都不显著，因此 SEM 和 SLM 都不适用。其次，利用 LR 判断 SDM 是否能退化为 SLM 或 SEM，邻接权重矩阵下 SDM 最优，地理权重矩阵下应选择 SLM 和 SDM 进行分析，经济地理权重矩阵下仅考虑 SDM 模型进行分析。最后，根据经济地理权重矩阵下 SDM 模型的空间滞后 λ 系数为 0.6085，LogLikehood 值为 312.2810，R^2 为 0.9871，因此选择该模型对文科的耦合协同经济增长空间溢出效应进行分析。

在表 6-10 中，SDM（3）结果显示，文科耦合协同度能够促进本地区经济增长 0.4860%，且在 10% 水平上显著，对周围地区的自回归系数为 0.2876 未通过显著性检验，表明文科的耦合协同发展对于本地区的经济增长具有正向促进作用，但对邻近地区的辐射带动作用还不强。与此同时，空间滞后 λ 系数为 0.6085 且通过 1% 显著性检验，表明文科的耦合协同经济效应具有显著的空间溢出效应，且在地理距离和经济距离都较近的地区有更高的空间溢出效应。

表 6-10　文科耦合协同经济效应的空间模型回归结果

变量	邻接矩阵（W_1）			地理矩阵（W_2）			经济地理矩阵（W_3）		
	SLM（1）	SEM（1）	SDM（1）	SLM（2）	SEM（2）	SDM（2）	SLM（3）	SEM（3）	SDM（3）
D	0.3190	0.3866	0.7537*	0.6514***	0.5899	0.2399	0.6048**	0.7725**	0.4860*
	(1.20)	(1.35)	(2.25)	(3.33)	(1.75)	(0.77)	(3.25)	(2.64)	(1.74)
ln *s*	0.1463***	0.1604***	0.2558***	0.1765***	0.2044***	0.1615***	0.1786***	0.2335***	0.1989***
	(3.53)	(3.72)	(6.13)	(4.38)	(4.36)	(3.96)	(4.75)	(5.51)	(4.85)
ln *gov*	−0.1657***	−0.1882***	−0.0787*	−0.1518***	−0.1740***	−0.1581***	−0.1513***	−0.1419***	−0.1349***
	(−5.01)	(−5.58)	(−2.44)	(−4.91)	(−4.89)	(−5.12)	(−5.14)	(−4.36)	(−4.22)
ln *kl*	0.2519***	0.2653***	0.2324***	0.2494***	0.2489***	0.2510***	0.2392***	0.2313***	0.2287***
	(13.73)	(14.28)	(11.42)	(13.18)	(12.34)	(13.36)	(13.23)	(12.31)	(12.27)
ln *export*	0.0596***	0.0740***	0.0135	0.0583***	0.0683***	0.0623***	0.0538***	0.0505**	0.0456***
	(3.37)	(4.19)	(0.80)	(3.54)	(3.56)	(3.78)	(3.43)	(3.06)	(2.69)
*W*D*			0.2984			0.6649			0.2876
			(0.85)			(1.69)			(0.81)

续表

变量	邻接矩阵（W_1）			地理矩阵（W_2）			经济地理矩阵（W_3）		
	SLM（1）	SEM（1）	SDM（1）	SLM（2）	SEM（2）	SDM（2）	SLM（3）	SEM（3）	SDM（3）
ρ/λ	0.1811***	0.0753	0.4975***	0.6024***	0.9532***	0.5994***	0.6037***	0.9503***	0.6085***
	(3.82)	(1.11)	(15.71)	(18.76)	(105.79)	(18.79)	(20.45)	(106.84)	(10.51)
R^2	0.9579	0.9415	0.9842	0.9848	0.9529	0.9851	0.9861	0.9621	0.9871
Log-L	374.7571	368.7172	272.4939	296.1439	254.1247	297.5473	309.3187	269.2628	312.2810
LM	0.0580	2.7500*	22.3800**	8.780***	17.7320***	4.71	2.6120	0.3420	5.92
R-LM	0.0840	2.7770*	92.1000***	8.084***	17.0360***	88.74***	2.6600	0.3910	86.04***

注：*、**、*** 分别表示 P<0.1、P<0.05、P<0.01 的显著性；括号内为 T 统计量。

（3）空间溢出效应分析

当空间滞后 ρ 系数显著不为 0 时，直接采用空间自回归系数分析耦合协同经济效应的空间溢出效应容易出现偏误，因此，需利用空间自回归偏微分方法将耦合协同经济的空间效应进行分解，分解结果如表 6-11 所示。

在表 6-11 中，文科耦合协同经济增长的直接效应、间接效应和总效应都在 10% 水平显著为正，表明文科耦合协同不仅能促进本地区经济增长，还能带动周围地区乃至区域整体经济增长，即文科耦合协同度每提升 1 个单位，能够带动本地区经济增长 0.5360%，还能促进周围地区经济增长 1.2173%，进而促使区域整体经济增长 1.7532%。对比三种空间效应系数发现，间接效应明显大于直接效应，且在周围地区更能够发挥“1+1>2”的协同经济增长效应，这主要是因为不论是文科还是其他科类专业在进行动态调整的过程中，都将带动周围地区各类资源要素跨区域流动，提升学科专业建设中资源配置效率，促进文科教育的知识溢出，为产业发展提供更强大的智力支撑，进而间接带动邻近地区的经济增长。此外，文科的耦合协同对本地区的经济增长效应系数仅为 0.5360，明显小于 1，即协同经济的空间“极化”效应并未得到有效释放，未来尚需完善本科教育基础设施的建设，强化产教协同发展的监督与评价机制，以期更好地服务地方经济，推进本科教育的高质量发展进程。

表 6-11 文科耦合协同经济增长的空间溢出效应分解

变量	邻接矩阵（W_1）			地理矩阵（W_2）			经济地理矩阵（W_3）		
	直接效应	间接效应	总效应	直接效应	间接效应	总效应	直接效应	间接效应	总效应
D	0.9388**	1.1500**	2.0888***	0.3347	1.9126**	2.2473***	0.5360*	1.2173*	1.7532**
	(2.97)	(2.91)	(5.15)	(1.10)	(3.09)	(3.97)	(1.97)	(2.18)	(3.19)
ln *s*	0.2872***	0.2176***	0.5048***	0.1702***	0.2269***	0.3971***	0.1868***	0.2459***	0.4327***
	(6.76)	(7.75)	(7.67)	(4.18)	(5.04)	(4.80)	(4.90)	(5.87)	(5.64)
ln *gov*	−0.0851*	−0.0655*	−0.1506*	−0.1646***	−0.2249***	−0.3895***	−0.1627***	−0.2183***	−0.3810***
	(−2.42)	(−2.27)	(−2.37)	(−5.17)	(−3.90)	(−4.46)	(−5.25)	(−4.06)	(−4.60)
ln *kl*	0.2628***	0.2008***	0.4635***	0.2671***	0.3624***	0.6296***	0.2587***	0.3451***	0.6038***
	(12.04)	(7.53)	(10.59)	(13.84)	(7.06)	(9.92)	(13.81)	(7.54)	(10.41)
ln *e*	0.0147	0.0113	0.0260	0.0658***	0.0898***	0.1555***	0.0596***	0.0799**	0.1394***
	(0.81)	(0.81)	(0.81)	(3.98)	(3.35)	(3.67)	(3.69)	(3.25)	(3.48)

注：*、**、*** 分别表示 P<0.1、P<0.05、P<0.01 的显著性，括号内为 T 统计量值。

6.4 小结

本章主要从本科专业调整与产业结构演进耦合协同发展对区域经济增长的影响关系出发，探讨两者动态调整是否适应区域经济增长的需要？并分地区、分产业验证两者耦合协同发展能否实现“1+1>2”的经济增长效果，基于我国幅员辽阔、资源禀赋及地区差异大的现实状况，考察这类协同效应的空间地理差异。基于此思考，本章建立面板数据模型和空间计量模型探讨本科专业调整与产业结构演进耦合协同发展的经济效应及其空间溢出效应。为深化我国产教融合、加快双一流建设提供现实依据。主要研究发现如下：

从整体来看，本科专业与产业结构的耦合协同发展具有显著的经济增长效应，且本科专业调整的先导效应在区域经济社会发展中体现，但这类协同经济增长效应具有明显的区域异质性，呈现“西部 > 东部 > 中部”的变化趋势；

分三次产业比较来看，三次产业学科的耦合协同经济增长效应具有“二三一”的分异趋势，并整体呈现“西部 > 东部 > 中部”的区域特性；

与区域整体不同，东部地区第一产业学科的耦合协同经济增长效应最强，中西部都表现为“第二产业 > 第一产业 > 第三产业”的协同经济增长变化趋势，振兴中西部本科教育、实施差异化教育策略是推进我国本科教育高质量发展的重点任务；

从空间效应来看，我国本科专业调整和产业结构演进耦合协同度具有“集聚—分散—集聚”循环过程，两者耦合协同发展对于经济增长具有显著正向空间溢出效应，进一步将效应分解发现，其间接效应明显大于直接效应，协同经济增长的空间涓滴效应有待加强。

以文科为例讨论学科发展差异，当前我国新文科建设与产业结构演进的耦合协同发展正处于起步阶段，对于区域经济增长的促进作用还有待进一步释放。由于产业结构调整与文科建设是一项自上而下的政府行为，具有空间分异的天然属性，但文科专业建设的教育经济引领作用仅在东部地区得以体现。在中部地区，文科建设进程与质量是桎梏该地区本科教育高质量发展、地区经济可持续增长的重要因素之一。此外，各级地方政府在加快新文科建设发展过程中，亦不能忽视其知识溢出在促进区域经济协同发展中的作用。

第七章

本科专业调整与产业结构演进预测性分析

本科专业调整与产业结构演进相互影响、相辅相成。一方面，产业结构演进趋势与发展规模决定着本科专业设置与调整，产业结构优化升级是高等教育发展的动力；另一方面，本科专业调整又推动着产业结构转型升级。前述研究发现，我国本科专业调整与产业结构演进尚处于良好协同阶段，但两者初级协同的区域还较多。因此，为进一步深入推进本科专业调整与产业结构演进协同发展，本章利用统计方法对本科专业结构和产业结构的内在关系进行定量分析，并以此研判未来几年内本科专业结构的动态变化趋势，为明确我国未来本科专业调整方向、促进产业结构转型发展提供依据。由于我国东、中、西部地区产业结构演进与本科教育质量具有显著区域异质性，导致全国范围内的本科专业预测存在较大不稳定性和不可靠性。基于此，本部分直接利用2003—2019年我国三次产业结构与本科专业在校生比率数据，运用经典回归分析对两者之间的关系进行建模，然后基于ARIMA(p, d, q)模型对2020—2025年我国三次产业比重进行预测，继而得到各学科专业在校生比率的预估值，为我国加快构建本科教育高质量发展体系、更好服务地方经济提供决策参考。

7.1 本科专业结构与三次产业结构适应性分析

7.1.1 适应性分析内涵

（1）相关性分析。相关分析主要用来揭示客观现象间实质存在但数量上呈现不确定性的相互依存关系，一般采用简单相关系数来刻画这类变量之间的密切关系，又可分为总体相关系数和样本相关系数。在统计工作中，常用样本相关系数r来研究变量间的线性相关程度（张慧青，2017），且相

关系数$|r|\leqslant 1$。若$r>0$，表明两变量为正相关，反之则为负相关；若$r=1$，表示两变量为完全正相关关系，$r=-1$，则为完全负相关关系；若$r=0$，表明两变量不相关。

（2）回归分析。实际分析中，变量间的关系错综复杂，相关分析仅从较抽象的概念认为变量间具有紧密联系，但无法揭示变量间的具体关系形式，回归分析则是通过构建因变量与自变量的数学模型，经由一系列运算确切说明变量之间的因果关系。在本章中，直接将我国 2003—2019 年三大产业产值比分别作为自变量，以六大学科本科在校生人数比重作为因变量，构建多元线性回归方程，并根据统计结果分析两者之间的关系，有助于深入了解普通本科教育的学科专业结构调整与三大产业演进之间的内在规律，对于加快高等教育学科专业结构的动态调整、促进本科教育高质量发展具有重要的实践意义。

7.1.2 数据选取与说明

本部分所采用数据来源于历年《中国教育年鉴（2003—2019）》《中国统计年鉴（2004—2020）》及中华人民共和国教育部教育统计数据。为使研究操作更为便捷，本研究将人文与社会科学类、经济管理类、理工类、农学类、教育学类、医学类六大学科在校生所占比重分别命名为X_1、X_2、X_3、X_4、X_5、X_6，将第一产业、第二产业、第三产业比重分别命名为S_1、S_2、S_3。具体的指标含义及描述性统计分析见表 7–1。

表 7–1　变量定义及描述性统计分析

变量	指标含义	均值	标准差	最小值	最大值
第一产业产值 Z_1	第一产业增加值 / 亿元	43168.25	17512.72	16902.91	70466.70
第二产业产值 Z_2	第一产业增加值 / 亿元	214139.50	103651.40	62664.43	386165.30
第三产业产值 Z_3	第一产业增加值 / 亿元	241090.40	150403.20	57717.24	534233.10
第一产业占比 S_1	第一产业占 GDP/%	9.4706	1.6792	7.1000	12.9000
第二产业占比 S_2	第二产业占 GDP/%	44.3118	2.9008	39.0000	47.6000
第三产业占比 S_3	第三产业占 GDP/%	46.2177	4.3336	41.2000	53.9000
人文类在校生比重 X_1	人文类在校生占比 /%	22.8516	0.6405	20.8437	23.3778
经管类在校生比重 X_2	经济与管理类在校生占比 /%	22.7943	1.4640	19.5276	24.4428

续表

变量	指标含义	均值	标准差	最小值	最大值
理工类在校生比重 X_3	理学与工学类在校生占比 /%	41.5469	1.6279	40.0563	45.7744
教育类在校生比重 X_4	教育学类在校生占比 /%	3.6275	0.2020	3.4464	4.1948
医学类在校生比重 X_5	医学类在校生占比 /%	7.3210	0.2769	6.9835	7.8851
农学类在校生比重 X_6	农学类在校生占比 /%	1.8587	0.2061	1.6810	2.4119

注：人文类是包含哲学、文学、历史学、法学和艺术学在内的总和；其中，2012年本科专业名录发生改变，艺术学从文学中剥离出来，但由于都统计在人文类别中，因此学科专业统计口径依然保持一致。

7.1.3 相关与回归分析

本部分先利用皮尔森（Person）相关计算各学科专业结构与三次产业结构的相关系数，初步判定各变量间的相关关系、程度及方向，然后再利用回归分析进一步得到各学科专业与三次产业结构间的因果关系。

（1）相关分析

一是各学科专业结构与三大产业结构的相关程度存在显著差异。表 7–2 揭示了我国六大学科专业在校生比重与三大产业产值比重的 Person 相关系数，与杨林等（2015）的研究不同，各学科专业并不一定与其服务的产业表现出极强的相关性。具体表现为：人文类在校生比重（X_1）与其所服务的第三产业比重具有弱正相关性，与第一产业比重的相关系数在 1% 的水平上显著负相关，且较第二产业其负相关性更大；经管类在校生比重（X_2）与三次产业比重的相关系数分别为 –0.8343、–0.5278、0.6816，均在 1% 的水平上显著，这说明经管类学科与第一产业呈极强负相关性，与第二产值比重呈现中等负相关性，与第三产业产值比重呈现强正相关性；理工类在校生比重（X_3）与其主要服务的第二产业比重相关系数达到 0.6160，具有强正相关关系，但与第三产业呈显著负相关性，这在一定程度上预示三次产业结构的变动，将使得理工类学生供给总量发生较大改变；教育类在校生比重（X_4）与其主要服务的第三产业具有显著正向相关，与第一、第二产业存在显著负向相关性，但比较而言，教育学科与第三产业的正向相关性更大，这与当前我国倡导最大程度发挥教育先导基础性作用有关；与其他学科不同，医学类在校生比重（X_5）仅与第三产业正向相关但不具有统计学意义，与第二产业存在显著的的负向相关性且较第一产业更强，医学类在校生占比将随产业结构演进而上升；农学在校生比重（X_6）不仅与其主要服务的第一产业呈现极强正自相关，与第二产业也呈现中等显著正相关，但与第三产业比重的相关系数为 -0.6988 且在 1% 的水平上显著。此外，综合观察各学科专业与三次产业比重的相关系数，农学相比其他学科具有更好的产业适应性，而理工学与其所服务的第二产业的相关性弱于第一产业，这与农学相适应的就业总量较小、理工学类专业对口的就业缺口更大有关，进一步表明未来我国本科教育调整过程中，如何挖掘新农学、新工科的学科潜力尤为重要。

表 7-2　六大本科学科专业在校生比重与三次产业结构的相关系数

	$X1$	X_2	X_3	X_4	X_5	X_6
S_1	-0.5948^{**}	-0.8343^{***}	0.9262^{***}	-0.5400^{**}	-0.0585	0.9100^{***}
S_2	-0.0607	-0.5278^{***}	0.6160^{***}	-0.7595^{***}	-0.5142^{**}	0.5077^{**}
S_3	0.2776	0.6816^{***}	-0.7772^{***}	0.7194^{***}	0.3184	-0.6988^{***}

注：*、**、*** 分别表示 P<0.1、P<0.05、P<0.01 的显著性，且为 Person 相关的双侧检验；一般情况下，相关系数大于 0，0.0~0.2 为极弱正相关或无相关，0.2~0.4 为弱正相关，0.4~0.6 为中等正相关，0.6~0.8 为强正相关，0.8~1.0 为极强正自相关。

二是分产业来看，三次产业与本科专业的相关程度存在学科差异。其中，人文类和教育类学科专业与产业结构的相关程度较低。具体来看，第一产业与理工学、农学具有极强的正相关性，但与经管、人文类、教育类学科的负相关性达到 0.5 以上且具有统计学意义；第二产业则仅与理工学、农学这类学科匹配性较强，与人文类学科的负向相关性非常薄弱仅为 -0.0607；第三产业则表现出与第一产业相反的学科适应性，但与人文类、医学类学科的正向相关性不具统计显著性。由此可见，医科、文科与产业结构的适应性有待加强。此外，结合前文本科专业调整与产业结构演进耦合协同的经济效应的“二三一”梯次分异的现状，一定程度上反映了目前我国以工、农、管理及一部分经济学为主的应用学科在服务地方经济的效应更强，但以哲、法、教育等为主的基础学科也具有同等作用。因此未来在进行本科专业调整时，应有计划地推进新农学、新医学、新工科以及新文科等学科的交叉融合发展，统筹推进基础学科与应用学科，助推本科专业与产业结构调整深度融合，以促进高等教育高质量发展。

（2）回归分析

相关分析虽揭示了各学科专业与三次产业比重之间的相关程度，但无法确切表明两者之间的数量关系。本部分以 2003—2019 年我国三次产业产值比重作为自变量，以六大学科在校生人数比重作为因变量，运用 stata 逐步回归法求解最佳回归模型，表 7–3 报告了各学科专业与三次产业结构的最优回归结果。

表 7–3　六大本科学科专业在校生比重与三次产业结构的回归结果

	X_1	X_2	X_3	X_4	X_5	X_6
S_1	–0.4949***	–0.7274***	1.0505***			0.1521***
	(0.0836)	(0.1241)	(0.1403)			(0.0153)
S_2	0.2042***		–0.1163	–0.0529***	–0.2965***	–0.0308***
	(0.0484)		(0.0812)	(0.0117)	(0.0502)	(0.0089)
S_3					–0.1714***	
					(0.0336)	
C	18.4896***	29.6832***	36.7498***	5.9711***	28.3798***	1.7846***
	(1.6290)	(1.1926)	(2.7332)	(0.5193)	(3.7445)	(0.2983)
R_2	0.7156	0.6961	0.8760	0.5769	0.7428	0.9079
$Adjust\text{–}R_2$	0.6750	0.6758	0.8583	0.5487	0.7061	0.8947
F	17.61***	34.35***	49.47***	20.45***	20.22***	68.97***

注：*、**、*** 分别表示 P<0.1、P<0.05、P<0.01 的显著性，预测变量为 S_1、S_2、S_3。

一是人文类本科专业在校生人数受第一产业和第二产业的影响，其占比将呈现下降趋势。在表 7–3 中，人文类学科在校生比重（X_1）与产业结构的回归模型的 R^2 为 0.7156，调整的 R^2 为 0.6750，模型的 F 检验结果显示 P 值为 0，对回归系数进行的 t 检验也在 1% 的水平上显著，表明总体方程回归有效，可得到有效方程：X_1=18.4896–0.4949S_1+0.2042S_2，且第一产业的显著负向相关系数明显大于第二产业的正向相关，但第三产业并未进入回归方程中，表明人文类本科在校生与第三产业人才需求的契合性还不强。依据产业产值变化来看，第一产业产值变动幅度较小，而第二产业比重逐年下降，由此可见人文类本科专业比重可能下降。相关性分析还发现，第三产业产值占比与人文类学科专业在校生人数占比为弱正相关。因此，未来几年我国人文类学科在校生占比可能下降，应适当淘汰一批专业，并不断优化人文类本科专业培养方案，促进人才培养更趋专业化，以实现人文类学科专业结构与产业结构的良性互动。

二是经管类本科专业在校生人数变动主要归因于第一产业发展，且随着第一产业产值下降专业人才比重逐渐上升。在表 7–3 中，经管类学科在校生比重（X_2）与产业结构的回归模型的 R^2 为 0.6961，回归方程的调整 R^2 为 0.6758，F 检验结果为 34.35 且在 1% 的水平上显著，回归系数的 t 检验均在 1% 的水平上显著，可得到有效回归方程：$X_2=29.683-20.7274S_1$，即第一产业显著负向影响经管类本科在校生规模，这表明第一产业比重下降将最终引起经管类学科学生占比的上升。但第三产业未进入回归模型，一定程度上说明经管类学科与第三产业的适应性尚不强，其服务经济产业发展的功能尚未充分得到释放。由此可见，当前我国加快产业结构调整，注重改造传统农业格局的同时不断加快信息、科技、金融等新兴产业布局，能够促进经管类本科在校生比重的增长，进而影响经管类本科专业布点。因此在学科建设上，应促进本科院校明确定位与学科特色，培养具有更强应用性的经管类本科专业型人才。

三是理工类本科专业在校生比重受第一产业的影响最大，第二产业对理工类学生的就业吸纳力减弱，但理工类学生需求仍将呈现上升趋势。由表 7–3 可知，理工类在校生比重（X_3）与三次产业的回归模型的调整 R^2 为 0.8583，F 检验的 P 值为 0.0000，回归系数均通过 1% 的显著性检验，说明总体回归方程有效，得到方程：$X_3=36.7498+1.0505S_1-0.1163S_2$，即理工类学科专业在校生比重与第一产业显著正向相关，与第二产业负相关但不具统计学意义。这表明随着产业结构向高级化、高效化演进，将减少农业产业比重，同时不断加大对智能制造、“互联网 + 制造”等布局，对专业化的理工类人才需求增长，尽管第三产业并未进入回归模型，但这并不影响未来理工类专业在校学生比重将呈现持续上升的趋势。因此，必须加快新工科本科教育改革，适度增加专业布点和交叉学科布局，以适应新一轮产业和技术革命对于理工类高素质、专业化人才的需求。

四是教育学类学科专业在校生比重与第二产业产值比重显著负相关，

与第一产业、第三产业契合性明显不足，未来仍将呈上涨趋势。教育类学科专业在校生比重与三次产业结构比重的回归方程仅有第二产业进入模型中，且 F 值为 20.45 且在 1% 水平上显著，回归系数的 t 检验均在 1% 水平上显著，因此可得到回归方程：$X_4=5.9711-0.0529S_2$，即第二产业产值比重每下降 1 个单位，教育学类专业在校生比重增加 0.0529 个单位，这表明随着产业结构调整不断加快，第二产业比重的下降将引起教育类学科专业规模结构的小幅上涨。此外，尽管第一产业与第三产业没有进入回归方程，但我国产业结构已由“二三一”向“三二一”演变，对于教育类本科在校生的需求量将持续增长。且随着经济发展动力由要素驱动向创新驱动转变，高等教育在 GDP 增长中扮演着重要角色。因此，为适应这一发展趋势，应不断优化教育类专业人才的培养，提高教育人才的专业化、应用化价值。

五是医学类学科专业在校生比重变化主要受第二产业和第三产业产值变动的影响，但第二产业的负向影响更大，该类学生需求总量将呈上升趋势。在表 7–3 中，医学类学科专业与三次产业结构的回归模型的 R^2 为 0.7428，F 检验的 P 值为 0.0000，回归系数均通过 1% 的显著性检验，可得到方程：$X_5=28.3798-0.2965S_2-0.1714S_3$，即医学类在校生比重与第二产业、第三产业比重呈显著负向相关。根据普通高等院校类别来看，医学类本科院校占院校总数的比例由 2003 年的 11.80% 变动到 2019 年的 8.46%，但在校生数所占比重由 6.02% 上升到 6.74%，且产业结构已转为“三二一”的演进态势，表明医学类的学科在校生占比将呈现上升趋势。因此，应适当增加医学类本科专业布点和招生人数，加快培养更趋专业化、应用化的本科人才，提升医学类院校本科教育质量的同时，实现学科专业结构与产业结构协同发展。

六是农学类学科专业在校生比重主要受第一产业和第二产业产值变动的影响，其中第一产业的影响更大，农学类专业需求量总体呈现小幅上升趋势。以三次结构比重为自变量的回归发现，调整的 R^2 为 0.8947，即农学在校生人数的 89.47% 与第一产业、第二产业产值变动有关；模型 F 检验的 P 值为 0.0000，回归系数均通过 1% 的显著性检验，可得到有效方程：$X_6=1.7846+0.1521S_1-0.0308S_2$，即农学类学科专业在校生比重与第二产业比重显著负相关，与第一产业比重显著正相关，且第一产业比重变动 1 单位将引起农学在校生比重变动 0.1521 个单位，这与我国逐渐改变农业发展格局、促进农业现代化的现实情境相吻合。近年来，我国不断加快农业现代化建设，推进新型农业经营体系构建，加紧与乡村振兴战略衔接，一定程度上增加了对农学类在校生需求，使得农学类在校生需求规模由数量扩张向质量提升转变，倒逼高等本科院校对农学类专业人才的培养更趋专业化、技能化。

综合上述分析发现，人文类、经管类均与第一产业比重负相关但与第三产业的契合性不强，理工类专业与第一产业比重显著正相关但其在第二产业的就业吸纳力开始减弱，教育类、医学类专业与第二产业比重显著负向相关且与其他产业结构的适应性均不强，农学类专业与第一产业比重正向相关但对人才的专业化要求增高。这在一定程度上表明，各学科专业并不一定与其所服务的主导产业呈现严格的一一对应关系，当前六大学科专业均与第三产业结构的相关性不强，未来本科专业动态调整应大力推广多学科融合交叉模式，以培养更趋专业化、多元化的复合型本科专业人才。

7.2　三次产业产值占比预测

本部分利用我国 2003—2019 年三次产业生产总值作为原始数据，分别建立 ARIMA（p, d, q）时序模型，在得到 2020—2025 年我国三次产业产值预估值的基础上，为后续预估三次产业比例变动及加快普通本科院校专业调整提供依据。

一般来说，时间序列主要利用随机变量依照一定的时间单元（如年、月）来反映其随时间变化的数值情况，如 GDP、价值指数等都是与人们生活息息相关的随机变量，在这里主要是历年三次产业产值。时间序列分析则是借由多种统计方法，分析各随机变量的内在变化规律，从而为下一时段随机变量可能出现的取值范围进行预估。ARIMA（p, d, q）又称为自回归移动平均模型，其中 d 代表的序列差分的阶数；p 代表序列自身的滞后数，也称 AR 自回归项；q 代表采用预测模型对预测误差的滞后阶数，也称 MA 项。具体的操作流程包括：①数据平稳性处理：利用散点图、自相关和偏自相关系数判断时间序列是否平稳，若非平稳则进行差分处理。②模型的识别与定阶：利用 ADF 单位根对非平稳序列的差分次数及滞后阶数进行判断，直到多次处理后序列的自相关和偏自相关系数成为平稳的时间序列，得到最佳的阶层 p 和阶数 q。③参数估计：通过对不同模型进行曲线拟合，依据 R^2 调整 R^2、SSE、AIC、SC、DW 等值来选择最佳的 ARIMA 模型形式，并且参数估计的个数越少越好，以降低模型估计中的错误概率。其中，R^2 和调整 R^2 值越大越好，表明模型较好地提取了数据的有效信息，模型拟合的参数估计系数应显著；SSE、AIC 和 SC 须越小越好，DW 值须接近 2 为界限判定残差序列是否存在自相关性；④模型的适用性检验：检验参数估计的显著性，并利用自相关函数图来检验残差序列的随机性，最终确定预测模型的具体形式。

7.2.1 第一产业产值预测

鉴于产业产值的变动较大，为更好地反映其变化规律，首先对第一产业产值进行取对数处理。根据第一产业产值的散点图发现，第一产业具有明显的随时间增长的趋势。图 7-1 显示，第一产业产值的自相关系数在第 3 阶时才落入 2 倍标准差范围内，并伴有震荡增长的形式出现，因此是典型的具有单调趋势的时间序列形式，且每个 Q 统计量的 P 值都小于 0.05，说明第一产业产值序列是白噪声序列的原假设不成立，即至少存在 k 个滞后期使自相关系数通过显著性检验。因此，对原始序列需进行一阶差分处理，处理后序列的 ADF 统计值的 P 值为 0.0109 通过显著性检验，表明一阶差分后的第一产业产值序列平稳。随后，利用不同的 ARIMA 模型拟合曲线，综合考察 R^2 等几个参考标志判定选择最优模型。基于上述步骤，第一产业产值的 ARIMA（1, 1, 1）模型拟合结果如表 7-4 所示。

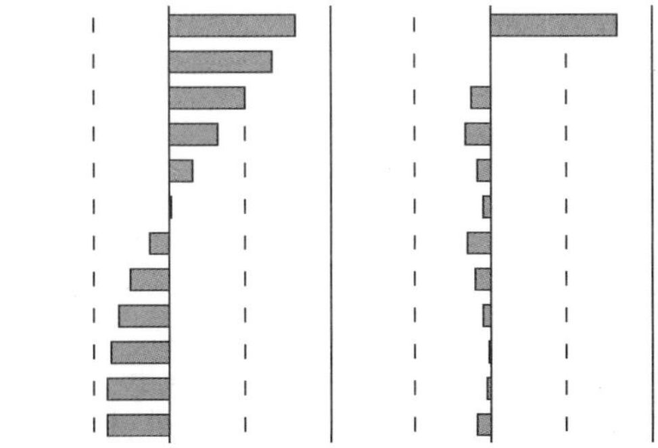

Sample: 2003 2025
Included observations: 17

Autocorrelation	Partial Correlation		AC	PAC	Q-Stat	Prob
		1	0.815	0.815	13.420	0.000
		2	0.664	-0.002	22.921	0.000
		3	0.499	-0.126	28.665	0.000
		4	0.319	-0.162	31.186	0.000
		5	0.154	-0.094	31.827	0.000
		6	0.016	-0.050	31.835	0.000
		7	-0.130	-0.152	32.382	0.000
		8	-0.252	-0.103	34.659	0.000
		9	-0.335	-0.042	39.200	0.000
		10	-0.382	-0.016	45.948	0.000
		11	-0.396	-0.019	54.392	0.000
		12	-0.400	-0.088	64.729	0.000

图 7-1　第一产业产值的自相关和偏自相关图

在表 7-4 中，R^2、Adjusted R^2 都在 0.75 以上，AIC 和 SC 相对较小，DW 值为 1.5488，参数估计的 T 统计量均在 1% 的水平上显著，且模型的 F 统计量的 P 值为 0.0000，因此应选择 ARIMA（1, 1, 1）模型对第一产业产值进行建模。此外，对模型拟合后的残差序列进行白噪声检验，得到自相关图（图 7-2），发现残差序列的自相关（AC）和偏自相关（PAC）都在第一阶时落在 2 倍标准差内，说明残差序列是一个随机序列，即数据中的全部信息得到提取，依据 ARIMA(1, 1, 1) 对第一产业产值进行模型预测有效。

表 7-4　全国第一产业 GDP 时间序列建模系数表

Sample (adjusted): 2005 2019				
Included observations: 14 after adjustments				
Convergence achieved after 3 iterations				
Variable	Coefficient	Std. Error	t-Statistic	Prob.
C	0.0914	0.0146	6.2381	0.0000
AR(1)	−0.2564	0.1037	−2.4735	0.0293
MR(1)	2.1990	0.7058	3.1158	0.0089
R−squared	0.8174	Mean dependent var		0.0811
Adjusted R−squared	0.7870	S.D. dependent var		0.0520
S.E. of regression	0.0240	Akaike info criterion		−4.4451

续表

Variable	Coefficient	Std. Error	t-Statistic	Prob.
Sum squared resid	0.0069	Schwarz criterion		-4.3035
Log likelihood	36.3385	Hannan-Quinn criter.		-4.4466
F-statistic	26.8655	Durbin-Watson stat		1.5488
Prob(F-statistic)	0.0000			

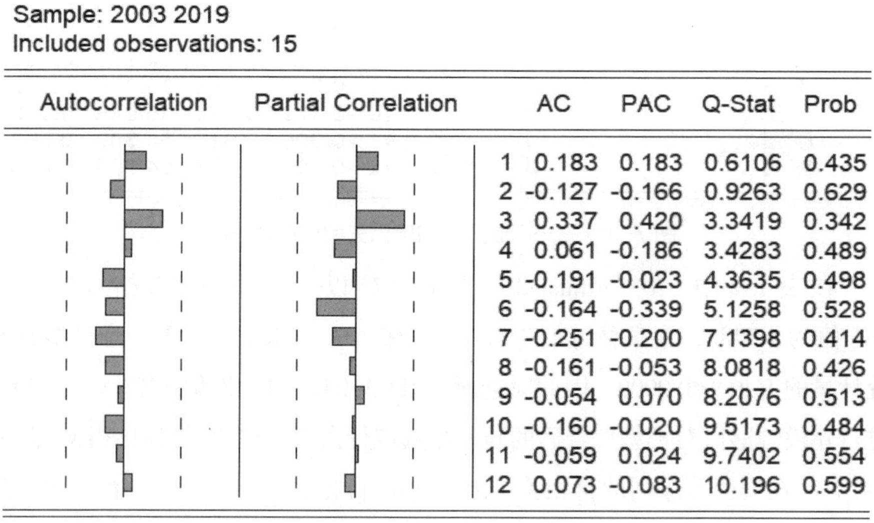

图 7-2　第一产业产值模型拟合后残差随机性检验分析图

因此，利用上述拟合模型并借助 Eviews8.0 工具，可得到 2020—2025 年我国第一产业产值的预测值，如表 7-5 所示。在表 7-5 中，2020 年第一产业产值的真实值为 77 754 亿元，实际预测值为 77 319.88 亿元，估计误差为（77 754 － 77 319.88）/77 754 × 100% = 0.058%。由此可见，此预测模型具有较高的理论意义。

表 7-5　2020-2025 年全国第一产业 GDP 增加值（亿元）

	2020	2021	2022	2023	2024	2025
GDP	77 319.88	84 687.00	92 798.88	101 675.7	111 405.10	122 064.5

7.2.2　第二产业产值预测

依照上述 ARIMA 模型的操作流程，发现第二产业产值随时间呈现波动上升趋势，为非平稳序列。经过取对数和二阶差分处理后，其 ADF 值的 P

值不显著，且自相关和偏自相关系数显著性非 0，并经由不同的模型拟合曲线，第二产业产值应选择 ARIMA（0, 2, 1）模型进行建模，模型拟合结果如表 7–6。其中，R^2、调整的 R^2 都在 0.35 以上，回归直线对观测值的拟合程度较好；AIC 和 SC 的值在不同模型拟合值最小，且模型的 F 值在 1% 水平上显著，表明拟合回归方程有效，利用此模型进行第二产业产值预测具有一定的可靠度。且对于模型拟合后残差序列的随机性检验结果显示，发现残差序列的自相关（AC）和偏自相关（PAC）都在第一阶时落在 2 倍标准差内，说明残差序列是一个随机序列，即数据中的全部信息得到提取，依据 ARIMA(0, 2, 1) 进行模型预测有效。

表 7–6　全国第二产业 GDP 时间序列建模系数表

Sample (adjusted): 2005 2019				
Included observations: 15 after adjustments				
Convergence achieved after 3 iterations				
Variable	Coefficient	Std. Error	t–Statistic	Prob.
C	–0.0087	0.0016	–5.4573	0.0001
MA(1)	–0.9998	0.1303	–7.6744	0.0000
R–squared	0.4023	Mean dependent var		–0.0078
Adjusted R–squared	0.3563	S.D. dependent var		0.0540
S.E. of regression	0.0432	Akaike info criterion		–3.3184
Sum squared resid	0.0244	Schwarz criterion		–3.2240
Log likelihood	26.8880	Hannan–Quinn criter.		–3.3194
F–statistic	8.7506	Durbin–Watson stat		1.6709
Prob(F–statistic)	0.0111			

利用上述拟合模型并借助 Eviews8.0 工具，可得到 2020—2025 年我国第二产业增加值（表 7–7）。其中，2020 年第二产业 GDP 为 384 255 亿元，预测值为 403 444.80 亿元，估计误差为 (403 444.80 – 384 255)/384 255 × 100%=4.99%。由此可见，此预测模型具有较高的理论意义。

表 7–7　2020—2025 年全国第二产业 GDP 增加值（亿元）

	2020	2021	2022	2023	2024	2025
GDP	403 444.80	417 858.00	429 049.20	436 736.20	440 722.30	440 904.60

7.2.3 第三产业产值预测

依照第三产业增加值的散点图可知，序列为非平稳的且具有明显的指数增长趋势的时间序列。观察其自相关和偏自相关系数在第二阶才进入两倍标准差范围内，且具有震荡增长的形式，而每个统计Q值的P值都为0，表明至少存在k个滞后阶数使得自相关系数的显著性非零，并采用一阶差分处理得到平稳序列。经由不同的模型拟合曲线，R^2、调整的R^2都在0.27以上，AIC和SC的值在不同模型拟合值相对最小，且模型的F值在1%水平上显著，表明拟合回归方程有效，应选择ARIMA（1, 1, 0）模型进行建模，模型拟合结果如表7–8。且对于模型拟合后残差序列的随机性检验结果显示，自相关（AC）和偏自相关（PAC）都在第一阶时落在2倍标准差内，且任一Q统计量的P值都大于0.1，说明残差序列是一个随机序列，即数据中的全部信息得到提取。因此，依据ARIMA(1, 1, 0)进行模型预测有效。

表7–8 全国第三产业GDP时间序列建模系数表

Sample (adjusted): 2005 2019				
Included observations: 15 after adjustments				
Convergence achieved after 3 iterations				
Variable	Coefficient	Std. Error	t–Statistic	Prob.
C	0.1373	0.0193	7.1257	0.0000
AR(1)	0.5707	0.2286	2.4965	0.0268
R–squared	0.3241	Mean dependent var		0.1387
Adjusted R–squared	0.2721	S.D. dependent var		0.0375
S.E. of regression	0.0320	Akaike info criterion		–3.9250
Sum squared resid	0.0133	Schwarz criterion		–3.8306
Log likelihood	31.4376	Hannan–Quinn criter.		–3.9260
F–statistic	6.2325	Durbin–Watson stat		1.8727
Prob(F–statistic)	0.0268			

借助上述拟合模型和Eviews8.0分析工具，可得到2020—2025年我国第三产业增加值（表7–9）。其中，2020年第三产业GDP为481 544.26亿元，实际值为553 977亿元，估计误差为（609 676.5 – 553 977）/553 977 × 100%=10.05%。这与新冠疫情在全国范围内蔓延有关，新冠肺炎期间全国三次产业均有不同程

度的同比下滑，尤其在第三产业变动幅度较大，受到的影响更大，引起了较大误差。总体上来说，此预测模型具有一定的理论价值。

表 7-9　2020—2025 年全国第三产业 GDP 增加值（亿元）

	2020	2021	2022	2023	2024	2025
GDP	609 676.50	697 330.00	798 603.00	915 249.60	1 049 370.00	1 203 429.00

7.2.4　三次产业产值占比预测

通过对我国三次产业进行 ARIMA 时间序列建模，能够预测得到 2020—2025 年我国三次产业产值情况，即能估算出三次产业产值占 GDP 比重的预测值（表 7-10）。在表 7-10 中，2020 年三次产业产值占比分别为 7.09%、37.00%、55.91%，其实际数值分别为 7.7%、37.8%、54.5%，其估计误差分别为 7.91%、2.12%、2.59%，估计值有一定的代表性。且 2020—2025 年三次产业的平均值分别为 7.01%、31.14%、61.85%，呈现第一产业比重有所下降，第二产业比重持续下降，第三产业比重逐年上升的变化趋势。这说明当前我国正处于工业化中后期阶段，农业和工业现代化不断发展，服务业、旅游业等第三产业发展加快，使得经济增长方式发生改变，产业结构进入"三二一"的发展模式，未来也将继续保持这一态势。

表 7-10 2020—2025 年全国三次产业 GDP 比重预测表

	2020	2021	2022	2023	2024	2025	平均
第一产业比率 (%)	7.09	7.06	7.03	6.99	6.96	6.91	7.01
第二产业比率 (%)	37.00	34.83	32.49	30.04	27.52	24.96	31.14
第三产业比率 (%)	55.91	58.12	60.48	62.96	65.52	68.13	61.85

7.3　本科专业在校生比率预测

7.3.1 分六大学科专业占比预测

基于前述三次产业产值占 GDP 比重，并结合第一节内容得到的六大学科专业在校生率与三次产业比重的回归方程，可以得到 2020—2025 年我国六大学科专业在校生比重（表 7-11）及其比重的变化趋势（图 7-3）。由表 7-11、图 7-3 可知，预计到"十四五"期末，我国除人文类本科在校生比重略有下降外，经管类、教育类科在校生比重均小范围上升，医学类和理工类的本科在校生比重则呈快速上升趋势，农学类在校生比重由下降转为上升趋势。这进一步表明，随着“四新”建设的推进，医学类和农学类的学生规模将一定程度上扩大，而经管类、教育类、理工类等专业将由规模扩张向质量提升转变。

表 7-11　2020—2025 年全国六大学科专业在校生比重预测表

	2020	2021	2022	2023	2024	2025	平均
X_1	22.5362	22.1079	21.6449	21.1644	20.6647	20.1667	21.3808
X_2	24.5259	24.5478	24.5696	24.5987	24.6205	24.6569	24.5866
X_3	39.8947	40.1156	40.3562	40.5991	40.8607	41.1059	40.4887
X_4	4.0138	4.1286	4.2524	4.3820	4.5153	4.6507	4.3238
X_5	7.8263	8.0909	8.3802	8.6816	8.9900	9.3017	8.5451
X_6	1.7234	1.7857	1.8532	1.9225	1.9956	2.0668	1.8912

比较全国 2019 年、2020 年、2025 年各学科本科在校生数比重发现，2025 年理工类本科在校生数占比仍在六大学科中占据首位为 41.1059%，相比 2019 年的 40.3879% 略有上升；而经管类在校生比重仅次于理工类，从 2020 年的 24.5259% 上升到 2025 年的 24.6569%，是六大学科在校生比重增幅最小的学科；教育类和农学类学科在校生比重相较于 2019 年变动幅度较小，且在“十四五”期间仍保持低速增长；医学类在校生占比将由 2019 年的 7.7120% 上升到 2025 年的 9.3017%，这与中国着力打造“健康中国”推进新医药建设密切相关，尤其新冠疫情以来我国医药研发和医药产业发展展现了大国担当，专业布点相应增加，将推动医药专业建设进入新台阶。可见，未来我国着力推进现代工业化和服务业发展，对于理工类、医学类等本科专业型人才的需求将会持续上涨，对于人文类学科的人才需求将有所降低，这与前文分析产业结构与专业结构的关系大体一致。根据这一预测结果，未来可以对本科专业结构进行适时调整。

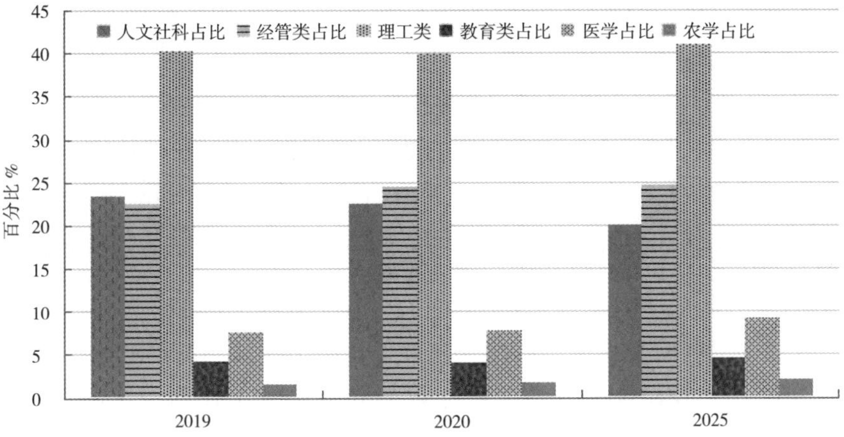

图 7-3　全国 2019、2020、2025 年各学科本科在校生比重比较图

注：其中 2019 年为实际我国六大学科本科在校生比重，2020 年和 2025 年都为预测值。

7.3.2　分“四新”学科在校生占比预测

通过前述的分析，可以发现分人文类、经管类等六大学科的本科专业结构与第三产业结构的因果关系并不凸显，其中的原因可能有两个方面：一是本科专业的调整与第三产业本身的契合性不足，二是可能因为这六大类别存在一定的重叠交叉等问题。考虑到“四新”建设是“十四五”时期实现高等教育内涵式发展的核心任务。因此，这里重点关注 2003—2019 年我国医科、文科、工科和农科与三次产业结构的关系，并对 2020—2025 年“四新”本科专业学生数进行合理预测。其中，以“哲 + 文 + 史 + 经 + 管 + 法 + 艺术 + 教育”八大学科在校生占比衡量新文科（B_1），而新工科、新医科及新农科在前述部分对应理工学类一部分、医学类、农学类，但新工科尚无清晰的学科界限。因此这里仅以理工学类进行大致的区分，并囿于篇幅不再赘述其预测过程。

根据 Person 相关性分析可知，文科与三次产业结构变动比重的相关系数分别为 –0.8836、–0.4982、0.6820，均在 1% 水平上显著，即文科与第一产业存在极强负相关性，与第二产业存在中等负相关性，而与第三产业存在强正相关性。由此可初步认为，随着产业结构逐渐向高级化演进，新文科在校学生占比将呈现上升趋势。进一步利用逐步回归方法，得到文科与三次产业结构的回归方程为：$B_1=50.2152-1.3778S_1+0.2732S_2$。其中，模型的 R^2 为 0.8515，即文科在校学生占比的 85.15% 与第一产业和第二产业结构变动相关，且模型的 F 检验和变量的回归系数 t 检验都通过了 1% 的显著性检验，表明文科对产业结构变迁的适应性总体回归方程有效。由方程可知，文科在校学生占比与第一产业显著负向相关，与第二产业显著正向相关，但第一产业的负向提升作用更强，因此亦可预测新文科学科专业规模结构将持续扩大。

因此，根据前文预测得到的三次产业比重值及文科的产业结构适应性回归方程，可得到 2020—2025 年文科的在校学生占比情况（图 7–4）。从图 7–4 可知，2019 年文科的在校生占比为 50.2171%，到 2020 年上升到 50.5550%，随后呈现下降的趋势，但 2020—2025 年的年均占比为 49.0689%，约占总学科门类的一半。这一变化趋势表明，自 2018 年在全国教育大会上首次提出“新文科”这一概念以来，新文科建设逐渐凸显其在新一轮本科教育改革中的基础性地位，在迎来规模总量新一轮提升之后，将逐渐转为追求高质量、内涵式发展。

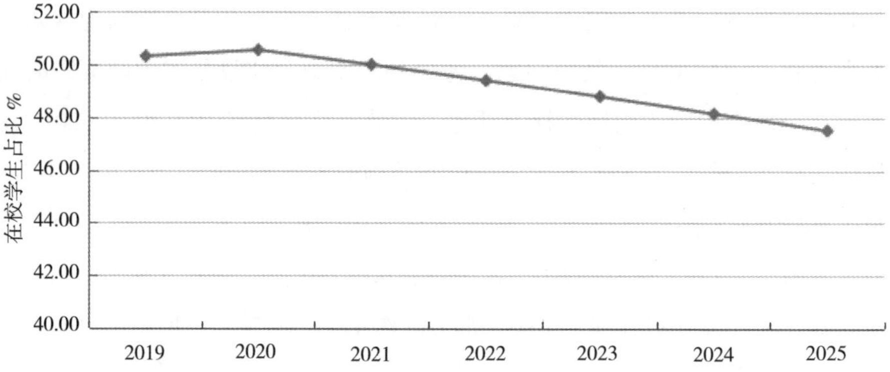

图 7–4 全国 2019—2025 年文科本科在校生比重变化图

注：其中 2019 年为实际值，2020—2025 年为预测值。

7.4 小结

为进一步深入推进本科专业调整与产业结构演进耦合协同发展，本章通过构建六大学科专业结构与产业结构的回归方程，预测了我国 2020—2025 年本科专业结构和产业结构比重值，为未来本科专业结构调整提供了方向。本部分首先基于相关系数和回归分析判断六大学科本科在校生比重与三次产业结构的因果关系，得到各学科专业与产业结构的有效方程；随后，基于 2003—2019 年我国三次产业增加值构建 ARIMA（p, d, q）时序模型，得到 2020—2025 年三次产业增加值占 GDP 比重预估值；最后，基于回归方程和已知的三次产业结构比重，估算 2020—2025 年分六大学科及分“四新”类别的本科专业在校生比重。主要研究发现如下：

随着产业结构调整步伐不断加快，各学科专业并不一定与其服务的产业表现出极强的相关性，且六大学科专业在校生比重与第三产业比重的契合性均不足。其中，农学相比其他学科具有更好的产业适应性，理工类学科专业与其所服务的第二产业相关性减弱，此外，经管类、人文类、教育类学科、医学类专业与产业结构的相关性还较弱。由此可见，新医科、新文科与产业结构的联系有待加强。

随着产业结构不断向“三二一”演进，地区经济逐渐向高质量发展转变，未来几年我国对于人文类的人才需求将有所下降，对于经管类和教育类的人才需求将趋于稳定，而理工类和医学类人才需求将持续上升，对于农学类人才需求的专业要求将不断提高。从“四新”建设来看，高质量新文科人才培养的空间巨大。

因此，我国普通高等院校应加强本科教育改革，通过适当增加理工类和医学类专业布点和招生人数，不断优化调整经管类和教育类专业设置结构，淘汰停止部分人文类专业招生，鼓励学科交叉和特色化专业建设集群，推进“四新”建设，进而提升本科专业与产业结构的社会需求契合性，这为我国加快本科专业调整提供了基本方向遵循。

第八章

本科专业调整与产业结构演进耦合协同发展典型案例分析

在本科专业调整进程中，由于普通本科院校类别和区域性的组别差异较大，会依据自身经济发展水平、历史文化传承、政策体制等特征因素，不断探索调整，逐渐形成与本地经济发展、产业结构优化升级相适应的独具特色的本科教育发展模式。湖南省地处我国中部、长江中游地区，在经济社会发展和高等教育等方面处于承东启西的位置，更是全国首批产教融合建设试点区域。2020 年 9 月，习近平总书记考察湖南时更是赋予湖南“三高四新”重大历史使命。基于“点—面”的分析思路，本章拟从两个层面进行案例分析。一是对湖南省本科专业调整和产业结构演进进行省级层面的分析；二是结合具体案例高校来探究学科专业的动态调整，以期更好地总结其中的一般经验，为构建更为科学合理的本科专业动态调整机制提供参考。

8.1 湖南省本科专业调整与产业结构演进现状

作为中部崛起战略的实践大省，2019 年湖南 GDP 总值 39 752.1 亿元，占全国的 4.01%，增速 7.6% 略高于全国平均水平，人均 GDP 总值 57 540 元，在全国 31 个省份中处于 16 位。湖南省拥有本科院校 51 所，约占全国本科院校总数的 4.1%，比全省经济的排位高 5 位。由此可见，湖南省经济与本科教育都处于全国中等水平，具有较大的发展潜力。近年来，湖南省依据当地经济发展水平、历史文化传承、政策体制等特征因素不断探索调整，逐渐形成了与本地经济发展、产业结构优化升级相适应的独具特色的本科教育发展模式。为实现教育强省战略目标，先后出台了《关于深化产教融合的实施意见》（湘政办发〔2018〕82 号），强调“不断深化产教融合，对接产业调整优化学科和专业结构，建立健全学科专业建设动态调整机制”。

为此，本章选取湖南省这一特殊省份作为典型地区进行研究，在深入分析本科专业建设与产业结构演进现状的基础上，利用前文的耦合协同评价体系探究湖南省本科专业调整与产业结构演进耦合协同发展特征，以期为解决本科专业调整与产业结构演进的区域不均衡问题提供参考。

8.1.1 本科专业调整概况

根据湖南省教育厅《普通高等学校本科专业目录（2020 年版）》统计，湖南省普通本科专业门类齐全，覆盖了哲学、经济学、法学等全部 12 个学科门类，其中工学类专业布点占比最高为 34.64%，其次为管理学 15.68%，历史学和哲学占比较低，分别为 0.4%、0.16%。就高校布局来看，专业设置数量最多的高校是中南大学（106 个），最小的是湖南警察学院（14 个）；学科门类覆盖较为齐全的高校则是湖南师范大学和湘潭大学，均涉及了 11 个门类，最少的是湖南医学院，仅有医学、教育学和管理学 3 个门类。由此可见，湖南省本科专业调整依据高校专业设置基础和产业需求，取得了一定的成效，专业建设逐渐从规模扩张的外延式发展向以质量提升为核心的内涵式发展转变。但整体来看，湖南省本科专业调整还存在一些突出问题。

（1）本科专业种类齐全，部分专业与行业需求不相适应

一是本科专业种类齐全，专业覆盖面相对较宽。截至 2020 年底，湖南省本科专业覆盖了哲学、经济学、法学等 12 个学科门类，设有 77 个一级学科专业，约占一级学科专业总数（92 个一级学科门类）的 78.57%。湖南省本科专业共有 287 个，占专业总数的 45.56%，实际目录内专业 239 个，占总数的 66.95%，并开创特设专业 48 个，约为 269 个总特设专业的 17.84%。比较各学科专业覆盖率来看，教育学的专业覆盖率最高达到 80%，艺术学、农学、管理学的覆盖率都在 60% 以上，其他学科如哲学等的专业种数覆盖率高于 10%，表明湖南省当前的普通本科专业覆盖面相对较广但仍有拓宽空间（表 8-1）。二是专业结构与产业结构契合性不高，随着“制造强省”战略的实施，以“制造业”为主的工业依然是湖南省经济快速增长的主要力量，2019 年占 GDP 比重为 29.26%，同时，湖南省肩负保障国家粮食安全重任，也肩负发展现代化农业的示范性重担。因此，湖南省亟需理、工、农学类等高科技人才，但在湖南省普通高校本科专业中，理学、工学、农学、

医学等理工类专业平均布点明显低于哲学、经济学等人文类专业平均布点，工学布点占比最高为 34.64%，但专业种数覆盖率（54.73%）明显低于教育学（80%）、农学（68.79%）、理学（57.50%）。此外，农学专业布点占比仅为 2.04%，但专业种数覆盖率高于工学，这类状况不能满足湖南省产业结构向“三二一”优化升级的要求，尚不能完全满足区域经济社会发展的需要。

表 8-1　湖南省普通高等学校本科专业设置情况表

类别	哲学	经济学	法学	教育学	文学	历史学	理学	工学	农学	医学	管理学	艺术学
各学科门类数	1	4	6	2	3	1	12	31	7	11	9	5
实际门类数	1	4	3	2	3	1	8	30	7	4	9	5
专业种数	4	22	37	20	117	7	40	201	29	56	54	43
实际专业种数	1	3	11	16	19	1	23	110	20	22	33	28
基本目录内专业	1	2	9	14	16	1	22	85	16	16	32	25
特设目录内专业	0	1	2	2	3	0	1	25	4	6	1	3
覆盖率（%）	25.00	13.64	29.73	80.00	16.24	14.29	57.50	54.73	68.97	39.29	61.11	65.12
专业布点数	4	119	80	93	246	11	233	864	51	115	391	287
占比（%）	0.16	4.77	3.21	3.73	9.86	0.44	9.34	34.64	2.04	4.61	15.68	11.51
平均布点数	4.00	39.67	7.27	5.81	12.95	11.00	10.13	7.85	2.55	5.23	11.85	10.25

注：根据湖南历年来普通本科专业招生目录和教育部公布的《普通高等学校本科专业目录》的专业情况整理得到；专业种数覆盖率是湖南已设专业总数占修订版本专业总数的比例。

（2）专业结构不断优化升级，专业设置尚不合理

一是本科专业结构不断优化，这主要体现在专业布局和科类结构两方面。1999—2019 年，工学类专业、文学类专业占比一直较高，但工学类专业呈现波动下降的趋势，这是因为湖南省加快产业结构调整使得传统工科类人才需求量有所调整，而教育学、医学类专业占比近年来呈现上升趋势（表 8-3），这表明随着专业动态调整的深入，“新文科、新医科”建设逐步取得成效，但新农科、新工科建设任重道远。若按照应用学科和基础学科比较来看①，包括哲学、历史学、文学、理学等在内的基础学科专业约占总布点

① 基础学科在于利用基础理论知识培养学术研究型人才，按照徐东波（2020）的分类方法，基础学科主要包括这些、文学、历史学和理学，生产型学科包括工学和农学，服务型学科涵盖经济学、管理学、法学、医学、教育和艺术学，应用型学科 = 生产型学科 + 服务型学科。

数的 16.79%，而平均布点数的前 5 有文学和历史学，这些基础学科建设时间长、水平高，且绝大部分具有博士或硕士学位授予权，有利于在此基础上建设应用性学科；应用性学科（工、农、管）约占总布点数的 52.37%，其中工学专业布点最多，且在专业布点前 12 中，工学、管理学等一些专业发展较快，这表明湖南省的基础学科专业实力增强，应用学科专业发展加快。二是专业布点不够优化，重复设置较为严重。

截至 2020 年 3 月，湖南省 51 所本科院校共设有本科专业点 2 494 个，平均布点数的前五位分别是经济学、文学、管理学、历史学和理学，相比工学类专业，这类专业无需投入大量实验仪器设备，投入少、成本低的特性使得各类高校纷纷布局并扩大招生规模，导致教育学、文学等方面人才出现“结构性”过剩，而工、农、医行业人才略显不足。此外，观察专业布点最多的前 12 个专业分布情况可以发现，12 个专业均有 30 个以上的专业布点，并主要集中在文、工、经、管等学科门类，其中英语有 44 个高校设点，计算机科学与技术 43 个学校设点，国际经济与贸易和视觉传达设计有 39 个学校布点（表 8-2），过多的专业设置在某种程度上容易造成教育资源的浪费，增大人才培养成本，影响学生就业质量，同时，新兴学科、交叉学科等应用型本科专业学生的增长较为缓慢。

表 8-2　湖南省普通高等学校本科专业布点前十二的专业情况

序号	专业名称	布点数	专业类别	序号	专业名称	布点数	专业类别
1	英语	44	文学	7	环境设计	36	艺术学
2	计算机科学与技术	43	工学	8	会计学	36	管理学
3	国际经济与贸易	39	经济学	9	法学	35	法学
4	视觉传达设计	39	艺术学	10	机械设计制造及其自动化	33	工学
5	电子信息工程	38	工学	11	通信工程	32	工学
6	市场营销	38	管理学	12	汉语言文学	32	文学

注：依据湖南省教育厅公布的《湖南省直属普通本科高等学校 2020 年招生专业目录》、湖南大学和中南大学官网发布的招生专业目录进行整理统计得到。

表 8-3 湖南省普通本科院校分学科招生数、在校生、毕业生结构（单位：%）

	毕业生占比				招生数占比				在校生占比			
	1999	2003	2013	2019	1999	2003	2013	2019	1999	2003	2013	2019
哲 学	0.1767	0.1352	0.0549	0.0576	0.1800	0.0253	0.0610	0.0617	0.1641	0.0391	0.0442	0.0510
经济学	19.4523	5.3724	5.7410	5.1586	12.9239	6.4876	6.0682	4.9769	15.9560	5.8948	5.9846	5.1727
法 学	2.2909	4.2007	2.8762	3.3608	4.8163	4.1531	3.3007	3.2624	4.8373	4.9380	3.0514	3.2340
教育学	1.5018	2.6044	3.3803	3.7323	4.1431	5.2133	4.4548	3.7960	4.3816	5.0054	3.7415	3.7991
文 学	11.1013	18.7002	12.0798	10.3261	17.9305	17.4442	10.0033	10.7487	1.9611	16.8389	9.9483	10.5164
历史学	1.7314	0.8254	0.2464	0.2952	0.9620	0.1703	0.3007	0.3836	1.3825	0.2619	0.2627	0.3204
理 学	11.1366	12.7751	6.6359	6.3652	10.5105	7.5442	6.2933	7.4215	12.8421	7.8932	5.9136	7.0100
工 学	40.5359	35.1708	33.9583	32.4635	37.6892	33.7094	33.8815	33.9285	45.1356	34.3282	33.4173	33.0942
农 学	4.1991	2.5190	1.5067	1.3081	2.9274	1.4337	1.3255	1.3799	3.8340	1.6446	1.3728	1.3208
医 学	7.8740	5.4459	8.1504	8.3328	7.9172	7.9002	7.9196	8.9300	9.5058	8.5777	9.4053	9.8086
管理学	——	12.2509	16.5676	18.4903	——	15.9186	18.9171	15.1379	——	14.5782	17.6410	15.8987
艺术学	——	——	8.8024	10.1095	——	——	7.4743	9.9728	——	——	9.2172	9.7739

注：根据湖南统计年鉴《2000—2020》和湖南高等教育事业统计年鉴整理计算得到。

（3）新兴专业得以初步发展，专业建设特色不够显著

随着湖南省开放经济的崛起，为提高高等教育人才的适应能力，一大批新兴学科、交叉学科专业涌现。2015—2020 年，湖南省新建专业均保持在 50 种以上（表 8-4），这些新建本科专业如人工智能、数据科学与大数据技术、数字经济等均与经济社会发展密切相关，且大部分专业在交叉学科的基础上产生，使得新兴产业得到初步发展，具有较强的交叉性和前瞻性，但这类新兴产业相关的专业布点占总布点数的比率相对较低，由于经济发展水平等的限制，人才外流严重，新兴产业要获得进一步的发展存在一定的局限性。与此同时，湖南省普通本科院校新建专业主要集中在工学、艺术学等学科门类，其中，2019 年工学新建专业约占总新增专业的 47.54%（表 8-4），且专业布点前 12 位也集中在文学、工学、管理学、艺术学等学科门类，致使专业布局“同质化”严重。另外，“十三五”以来，湖南省将高端装备、新材料、生物、新一代信息技术、绿色低碳、数字创意等六大产业领域作为战略新兴产业，努力为经济健康发展提供新动能，2019 年战略性新兴产

业增加值占 GDP 比重达到 8.6%，但毕业生人数占比最大的专业大类是工商管理类，电子信息科学类占比最低，为 0.01%[①]，尚不能满足专业化、高技能化人才需求的新兴产业发展，未来应该结合湖南省自身资源和产业优势，加快将传统的机械工业变为智能装备等行业，提升应用型人才培养质量。

表 8-4　2015—2020 年湖南省本科院校新建专业数情况

	哲学	经济学	法学	教育学	历史学	理学	工学	农学	医学	管理学	艺术学	合计
2015	0	8	0	4	0	8	28	2	1	5	11	73
2016	0	8	0	4	0	7	29	2	3	7	12	78
2017	1	5	2	3	0	9	24	0	1	3	11	65
2018	0	4	3	2	0	4	22	1	1	6	8	53
2019	0	1	2	1	1	10	29	1	2	5	5	61
2020	0	7	0	2	1	5	28	1	4	4	2	59

注：数据统计于教育部公布的《普通高等学校本科专业备案和审批结果（2015—2020）》湖南省的部分，新建专业是新增备案专业和审批专业的总和。

8.1.2　产业结构演进特征

改革开放以来，全国经济得到大幅发展，国民收入不断提高，产业结构逐渐向合理化和高度化转型。湖南省也大体相似，经过长期的结构调整，逐渐形成以第三产业为主导、第一产业和第二产业为支撑的产业发展格局，但与沿海地区相比，无论是经济总量还是发展速度，湖南省都明显感觉不足。本质上来说，湖南省依然是农业为主的大省，除水稻以外，农业的科技含量和品质仍没有占据绝对优势地位；以轨道交通和装备制造为名片的工业发展[②]，尚未形成一个拥有绝对优势的主导产业引领区域经济整体发展；第三产业发展速度趋缓，但高新技术产业发展还存在一定的差距。

（1）三大产业经济总量跨越，增速放缓

在表 8-5 中，湖南省三次产业产值总量不断扩大，21 年来三次产业分别增长了 4.69 倍、11.52 倍、16.92 倍，略快于全国平均增幅（4.84、9.40、15.29），且第三产业发展迅猛，增速持续快于第二产业，其增加值由 1999

① 数据来源于湖南省普通高校 2018 届毕业生就业质量年度报告。
② 资料来源：40 年，湖南工业实现万亿大跨越——改革开放 40 年湖南工业发展综述。

年的 1 250.76 亿元增长到 2019 年的 21 158.19 亿元，年均增长 15.19%，高于全省生产总值增速 1.98 个百分点。此外，三次产业贡献率分别由 1999 年的 9.7%、48.7%、41.6% 上升到 2019 年的 3.6%、44.4%、52%，第三产业逐渐发展成为地区经济增长的主导动力。这表明，湖南省在不断增强农业产业基础性地位的前提下，大力推进第二产业，加快提升第三产业，已逐步形成了以农业为基础，以机械、石化、钢铁、烟草、电子信息、汽车、建筑业为主体的二产业和生产性服务业、生活性服务业全面发展的产业发展新格局。与此同时，观察各产业增速发现，“十三五”以来二、三产业增速放缓，第一产业发展尚不稳定。2016—2019 年，第二、三产业增速均呈下降趋势，但第三产业产值变化相对平缓，第一产业则表现为波动上升趋势，由 2016 年的 7.41% 上升到 18.27%，这与湖南省加快产业结构调整、推动精细农业发展之路密切相关。由此可见，全面推进湖南省“五化”同步、“三量”齐升仍面临严峻考验。

表 8-5　1999—2019 年湖南省三次产业产值及增速情况（单位：亿元，%）

年份	第一产业			第二产业			第三产业		
	产值	增速	贡献率	产值	增速	贡献率	产值	增速	贡献率
1999	828.31	-6.04	9.70	1297.74	0.28	48.70	1250.76	14.86	41.60
2003	886.47	4.63	7.00	1794.21	3.28	49.70	1958.05	11.48	43.30
2011	2768.03	19.03	4.40	9361.99	27.49	60.10	7539.54	18.37	35.50
2012	3004.21	8.53	3.10	10506.42	12.22	53.70	8643.60	14.64	43.20
2013	3099.23	3.16	3.00	11517.35	9.62	52.00	9885.09	14.36	45.00
2014	3148.75	1.60	5.00	12482.06	8.38	48.30	11406.51	15.39	46.70
2015	3331.62	5.81	4.20	12810.82	2.63	42.70	12759.77	11.86	53.10
2016	3578.37	7.41	3.90	13341.17	4.14	37.70	14631.83	14.67	58.40
2017	2998.40	−16.21	4.20	14145.49	6.03	38.00	16759.07	14.54	57.80
2018	3083.59	2.84	4.00	14453.54	2.18	40.70	18888.65	12.71	55.30
2019	3646.95	18.27	3.60	14946.98	3.41	44.40	21158.19	12.02	52.00

数据来源：湖南省统计局整理得到。

（2）产业结构不断升级，新型工业化进程缓慢

改革开放以来，湖南省加快产业结构调整，总体呈现由低级向高级演

进，逐步由“一二三”发展成为“二三一”再向“三二一”产业结构演变。1999—2019 年，第一产业增加值占 GDP 比重持续下滑，约降低了 14.22 个百分点；第二产业和第三产业则交替发展，第二产业占比由 1999 年的 39.91% 上升到 2011 年的峰值 47.60%，再下降到 37.6%；而第三产业占比则发展迅猛，到 2019 年上升到 53.2%，21 年增长了近 15.6 个百分点。值得注意的是，2006、2016 年分别为湖南省产业结构变迁的分水岭。2006 年，湖南省加快以制造业为主的重化工业转型升级，使得第二产业赶超第三产业，步入“二三一”的产业发展格局。随着湖南省逐步进入工业化中后期，受地区产业发展环境等的影响，三一重工总部搬迁而大批生产性服务业企业崛起，在 2016 年第三产业又逐渐赶超第二产业，转变为“三二一”产业结构发展规律。另外，湖南省产业结构演变进程略滞后于全国平均水平，相比全国在 2012 年由“二三一”转为“三二一”产业格局，而湖南省则在 2016 年第三产业比重才高于第二产业，这表明由于地区工业化进程的不同，其产业结构变迁与全国存在局部差异，在这里，湖南省新型工业化进程明显落后于全国平均水平。

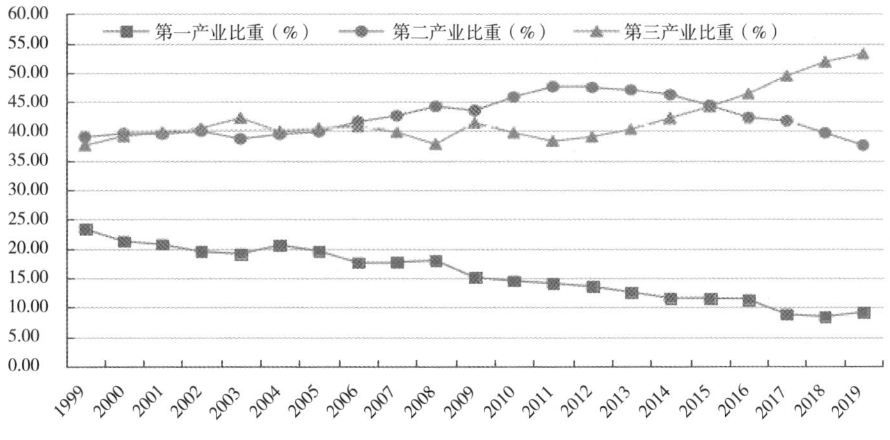

图 8-1　1999—2019 湖南省三次产业结构占 GDP 比重变化情况

数据来源：湖南统计年鉴（2000—2020）

（3）产业需求与人才结构尚不均衡，产业结构效益有待提升

为进一步分析探讨产业结构优化升级效益，利用某一产业的就业比重与产业比重同 1 的差代表的产业偏离度系数来进行衡量，并以三次产业偏

离度的绝对值之和来度量总体产业结构效应，其中偏离度越高则产业结构效益越低，产业需求与人才结构越不均衡（表 8-6）。就总体产业结构偏离度来看，尽管偏离系数由 1999 年的 2.7909 下降到 1.8103，表明“八五”以来湖南省产业结构效益明显得到提升，但 2012 年以后产业结构总偏离度开始上升，意味着产业结构调整面临效益降低的风险，有必要兼顾产业结构调整的速度与质量。分产业来看，第三产业产值比重和就业比重均呈上升趋势，尽管第一产业和第二产业的产值比重、就业比重均逐年下降，但第一产业就业比重仍然占据主导地位；1999—2019 年，第一产业结构偏离度系数由－0.6127 变动到 2019 年的－0.7606，对总偏度的贡献率由 21.9530% 上升到 42.0162%，表明第一产业吸纳劳动力潜力较大；第二产业结构偏离度由 1999 年的 1.6755 下降到 0.7019，表明相比其他产业，第二产业转型升级速度较快，能够吸纳较高素质的劳动力，但其对总偏离度的贡献率由 60.0356% 变动到 38.7708%，人才结构与第二产业需求之间仍存在较大的不协调性；第三产业的产业结构偏离度经历“上升—下降—上升”的波动上涨趋势，其对总偏离度的贡献率由 18.0114% 上升到 19.2130%，表明湖南省第三产业的人才结构与产业需求处于不均衡状态，但吸纳劳动力的能力逐渐增强。因此，湖南省亟须进一步优化产业结构升级，促进产业需求与人才结构的动态均衡。

表 8-6　1999—2019 年湖南省产业结构效益情况

年份	产业结构（%）			就业结构（%）			产业结构偏离度			
	第一产业	第二产业	第三产业	第一产业	第二产业	第三产业	第一产业	第二产业	第三产业	总偏离度
1999	23.39	39.01	37.60	60.40	14.58	25.02	–0.6127	1.6755	0.5027	2.7909
2003	19.11	38.68	42.21	57.37	15.55	27.08	–0.6669	1.4874	0.5587	2.7130
2011	14.10	47.60	38.30	41.95	23.29	34.77	–0.6639	1.0438	0.1015	1.8092
2012	13.56	47.42	39.02	41.52	23.61	34.87	–0.6734	1.0086	0.1189	1.8009
2013	12.60	47.00	40.30	41.03	23.90	35.08	–0.6929	0.9665	0.1488	1.8082
2014	11.60	46.20	42.20	40.83	23.68	35.48	–0.7159	0.9510	0.1894	1.8563
2015	11.53	44.32	44.15	40.67	23.51	35.82	–0.7166	0.8854	0.2325	1.8344
2016	11.34	42.28	46.37	40.49	23.27	36.24	–0.7199	0.8173	0.2795	1.8167

续表

年份	产业结构（%）			就业结构（%）			产业结构偏离度			
	第一产业	第二产业	第三产业	第一产业	第二产业	第三产业	第一产业	第二产业	第三产业	总偏离度
2017	8.84	41.72	49.43	39.70	22.80	37.50	–0.7772	0.8300	0.3182	1.9254
2018	8.47	39.68	51.80	39.10	22.40	38.50	–0.7834	0.7714	0.3455	1.9003
2019	9.20	37.60	53.20	38.44	39.47	22.09	–0.7606	0.7019	0.3478	1.8103

数据来源：根据湖南统计年鉴（2000—2020）整理计算得到。

8.2 指标体系构建、研究方法描述与数据来源说明

8.2.1 指标体系构建

依据教育内外部关系规律理论，高校具有资源配置与经济实体融合的特性，其与所处的社会系统存在紧密的互动关系。高校本科专业调整与产业结构演进隶属于社会大系统中的两个子系统：一方面，产业结构优化是影响本科专业调整的决定性因素，产业结构向合理化、高级化和高效化演进，将引起各部门人才需求结构的变动，促使高校对本科教育规模结构、类型和配套设施等优化调整，进而提升本科教育质量和水平；另一方面，本科专业调整对产业结构演进具有支撑作用，本科专业的合理化调整足以提高人才资本质量，为产业发展输送各类复合型、专业型人才，并提供科研和技术支撑，影响着产业结构演进的成效。但由于本科教育调整时滞性的存在，产业结构也受到内外部多重因素的影响，两者较难实现完全的同步发展，所以本科专业调整适度超前产业结构演进，可对社会需求进行预判并及时调整。因此，本科专业调整与产业结构演进的协同发展是动态适应的过程，两者相互促进，又相互制约，实现两者的协同发展是高等教育高质量发展的客观要求。

在开启全面建设社会主义现代化国家新征程的第一个五年，习近平总书记高瞻远瞩为湖南省提出“三高四新”战略，这是“十四五”时期乃至未来奋力建设现代化新湖南的行动纲领，更是实现湖南省高质量发展的有力实践和总要求。在这一背景下，加快本科专业调整与产业结构演进高质量协同，不仅能建设一批服务性更强的学科专业，培养更多“高精尖”和高技能人才，为区域高质量发展提供强有力的人力资本支撑；也有助于发挥教育的先导

性和基础性作用，引领湖南省产业结构提质升级，促进教育资源优化配置，进而为推动中部崛起贡献更大的高等教育力量。反之，则不利于促进区域产业结构和经济的可持续发展，难以获得与之相匹配的教育资源，甚至可能出现高等教育“中部塌陷”的困境。因此，区别于以往产教融合指数的一般性讨论，本文聚焦本科教育发展层次，坚持“以学生为中心、以成果产出为导向、持续改善培养质量”的融合发展理念，研究重点不仅是本科专业调整与产业结构演进双系统的一般协同水平测度，更侧重讨论产教系统融合过程中如何实现教育资源配置最优、如何达成优质协同的目标。

基于此，根据目的性、可比性、可操作性等原则，本文提出从规模结构、成果产出和资源配置力等 3 个维度 12 项指标对本科专业调整进行测度；产业结构演进则在高远东研究的基础上，提出从合理化、高级化和高效化等 3 个维度 6 项基本指标进行综合评价，并依据改进的熵权法确定指标权重，形成最终的评价指标体系（表 8–7）。

表 8–7　本科专业调整与产业结构演进协同发展系统

目标层	准则层	指标层	符号	单位	类型	权重
本科专业调整系统	规模结构	本科招生数	x11	人	正	0.0406
		学科结构	x12	%	正	0.3421
		学科经费总投入	x13	%	正	0.0584
	成果产出	R&D 项目课题数	x21	项	正	0.0670
		发表科技论文	x22	篇	正	0.0446
		申请专利数	x23	件	正	0.0999
		技术转让合同数	x24	项	正	0.0641
	资源配置力	教师硕士以上学历所占比例	x31	%	正	0.0654
		教授	x32	位	正	0.0441
		生均固定资产总数	x33	万元	正	0.0485
		生均校舍面积	x34	平方米 / 百人	正	0.0773
		图书资料	x35	万册	正	0.0515
产业结构演进系统	合理化	泰尔指数 TL[1]	y11	/	逆	0.1060
		二元对比系数 R	y11	/	正	0.1293

续表

目标层	准则层	指标层	符号	单位	类型	权重
产业结构演进系统	高级化	产业层次系数 TS	y21	/	正	0.0947
		高技术产业新产品销售收入 /GDP	y22	‰	正	0.2137
	高效化	效率水平 = 全员劳动生产率	y31	万元 / 人	正	0.1715
		节能水平 = 单位电耗经济产出	y32	亿元 / 千瓦时	正	0.1851
		环保水平 = 城市园区绿化面积 / 国土面积	y33	公顷 / 万平方公里	正	0.0996

（1）本科专业调整系统

本科专业调整是在优化各类教育资源配置的基础上，实现本科专业的动态调整，实现结构改进、成果产出增加。其中，①规模结构主要体现专业调整实效，主要测度指标：学科专业结构（人文社科类（哲学、法学、文学、历史学、艺术学）、经管类、理工类、教育类、农学类和医学类六大学科毕业生数占总毕业生数）、本科招生数、学科经费总投入（普通高校教育经费占地区财政支出的比重）。②成果产出则是本科专业调整的主要目标，主要测度指标有科学研究课题数、发表科技论文数、技术转让合同数、专利申请数。③资源配置力在本科教育发展中起到基础作用，主要测度指标有教授数、教师硕士以上学历占总教师数比例、平均每生校舍面积、平均每生图书资料、平均每生教学固定资产。

（2）产业结构演进系统

产业结构演进主要指经济结构的优化，也包含产业经济效益的提升，即产业结构日趋合理化和高级化，结构效益日渐高效化。①产业结构合理化，重点体现要素投入结构和产出结构的耦合程度，本研究采用被重新定义的二元对比系数和泰尔指数来综合度量产业合理化指数。②产业结构高级化，通常意味着产业之间比重的动态改变和调整，本研究选择产业层次系数、高技术产业新产品销售收入占 GDP 比重刻画产业结构逐渐由低级向高级形态演进，其中产业结构层级指数 $TS=\sum_{i=1}^{3}A_i\times q_i(i=1,2,3)$，$q_i$ 为三次产值占 GDP 比重，若 TS 越大表明产业层级越高，产业结构越高级。③产业结构高效化，一方面体现了产业经济效益提高；另一方面体现资源配置更加高效合理，具有较高的环保和节能水平。本研究主要从效率、节能和环保等三个方面进行测度。

8.2.2 研究方法描述

（1）熵权法

熵值法是最常用的综合指标测度方法之一，该方法主要考虑的是指标自身特性，不涉及指标的相互作用关系，能够尽可能避免主观意愿在权重确定过程中的影响。根据熵值法的原理和计算步骤，首先对湖南省1999—2019年本科专业调整与产业结构演进指标数据进行标准化处理，标准化公式：$X_{ij}^{'} = X_j / X_{j\max}$；在此基础上构建标准化矩阵：$Y = \{y_{ij}\} m \times n$，$y_{ij} = X_{ij}^{'} / \sum X_{ij}^{'}$；求得熵值 $e_j = (-1/\ln m)\sum y_{ij} \ln y_{ij}$ 及差异性系数 $g_j = 1 - e_j$，权重 $w_i = g_j / \sum g_j$；最终利用 $U_i = w_i \times X_{ij}^{'}$ 计算各个时期湖南省产业结构演进（U_y）和本科专业调整（U_x）综合发展水平。

（2）协同度模型

基于协同学理论，协同度是用来衡量系统或要素之间协同状况的定量指标，因此借鉴已有研究做法，构建本科专业调整与产业结构演进耦合度 C false 和协同度 D false 模型定量测度两者协同水平，计算方法如下：

$$C = \left[(U_x \times U_y)(\frac{U_x + U_y}{2})^{-2} \right]^k \qquad 公式（8–1）$$

公式（8–1）中，C 的取值范围为[0,1]，趋于1则两系统处于优质耦合状态，趋于0则表明本科专业调整与产业结构演进系统动态耦合关系较弱；k 为调节系数，$k \geq 2$，这里 $k = 2$。

$$D = \sqrt{C \times T} \qquad T = (\alpha U_x + \beta U_y) \qquad 公式（8–2）$$

公式（8–2）中，D 为耦合协同度，在[0,1]之间取值；T 为两系统的综合发展水平指数；U_x 为本科专业调整水平，U_y 为产业结构调整水平；α、β 为要素或系统权重，在推进地区产教融合发展中，产业动力与教育活力同等重要，因此将 α 和 β 都设定为0.5。

（3）相对发展度模型

协同度模型仅揭示了本科专业调整与产业结构演进的协同发展关系，无法展示其相对发展程度。因此，以 U_x 与 U_y 的差值计算的相对发展指数来表示不同时点两系统的状态耦合互动关系。借鉴现有分类标准，并综合协同度和相对发展度结果，将本科专业调整与产业结构演进的协同发展阶段、类型及特征总结如表 8-8 所示。参考吴小节等学者的做法，当本科专业调整与产业结构演进的协同发展处于Ⅷ型，两系统实现了同步发展，是产教系统趋于协同的最优阶段。

表 8-8　协同发展阶段及类型划分

协同度 D	发展阶段	相对发展度 β	主要特征	类型
0.00~0.40	低层次（无序）	$\beta < -0.1$	本科专业调整滞后型，制约产业结构演进，二者无序发展，系统趋于退化。	Ⅰ
		$\lvert\beta\rvert \leq 0.1$	基本同步型，推动产业结构演进，二者低度无序发展，系统趋于优化。	Ⅱ
		$\beta > 0.1$	本科专业调整超前型，影响产业结构演进，二者无序发展，系统趋于退化。	Ⅲ
0.40~0.70	中层次（磨合）	$\beta < -0.1$	本科专业调整滞后型，制约产业结构演进，二者高度磨合，系统趋于退化。	Ⅳ
		$\lvert\beta\rvert \leq 0.1$	基本同步型，推动产业结构演进，二者低度磨合，系统趋于优化。	Ⅴ
		$\beta > 0.1$	本科专业调整超前型，影响产业结构演进，二者高度磨合，系统趋于退化。	Ⅵ
0.70~1.00	高层次（协同）	$\beta < -0.1$	本科专业调整滞后型，制约产业结构演进，二者低度协同，系统趋于退化。	Ⅶ
		$\lvert\beta\rvert \leq 0.1$	基本同步型，推动产业结构演进，二者高度协同，系统趋于优化。	Ⅷ
		$\beta > 0.1$	本科专业调整超前型，影响产业结构演进，二者低度协同，系统趋于退化。	Ⅸ

（4）核密度分析

Kernel 密度分析的目的在于获得可近似表示数据分布的密度函数每点估计值，不仅展示了协同度的整体形态，同时也分析了样本分布的动态演化特征。其计算公式如下：

$$f(y) = \frac{1}{nh}\sum_{i=1}^{n}(\frac{y-y_i}{h}) \qquad \text{公式（8-3）}$$

其中，h>0 表示核估计带宽，i 表示样本下标，$k(\cdot)$ 表示标准正态分布核函数，$(y-y_i)$表示带宽范围内带估算中心点到样本点i的距离。

8.2.3 数据来源说明

考虑数据的可得性和可操作性，本部分数据来源于《中国教育年鉴（1999—2019）》《中国高等学校科技统计资料汇编（1999—2019）》《湖南统计年鉴（2000—2020）》及湖南省、山西省、安徽省、江西省、河南省和湖北省高等教育事业统计年鉴、教育部关于高等学校本科专业设置备案表或审批相关文件等，个别缺失数据采用线性回归方法补齐。

8.3 耦合协同实证分析

8.3.1 整体时序发展分析

依据公式（8–1）和公式（8–2）及耦合协同类型划分标准，利用湖南省本科专业调整与产业结构演进的相关数据，计算得到1999—2019年湖南省本科专业调整和产业结构演进的综合发展水平及协同度，绘制出两者耦合协同发展趋势图（图8–2）

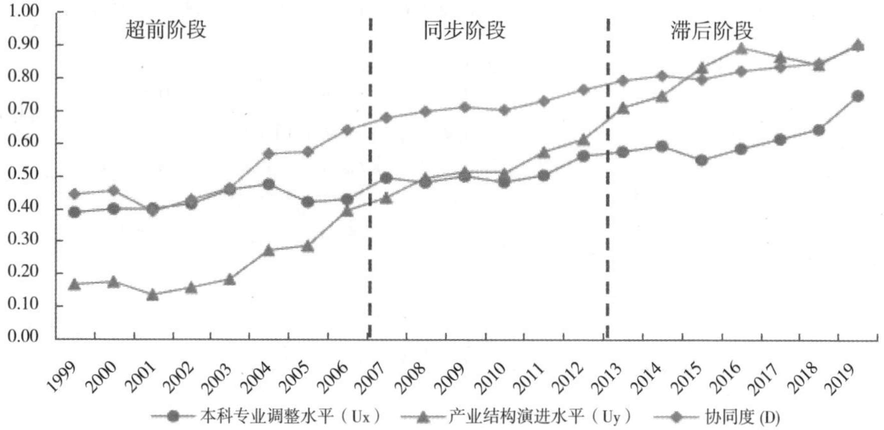

图8–2 1999—2019年湖南省本科专业调整与产业结构演进及其协同度变化

由图8–2可知，湖南省产业结构演进整体呈现快速上升趋势，而本科专业调整则在波动中提升，两者间差距经历先缩小再扩大的趋势。具体来说：

从时间性协同看，时间性协同是系统耦合协同的重要内容，其内涵是指两个系统在同一时间内出现彼此间不分离而各自相向发展的现象。实证表明，1999—2019年，湖南省产业结构演进总体上呈现相对陡峭的增长态势，而本科专业调整则在波动中呈现上升趋势，两者出现反向背离发展轨迹，其中，1999—2008年，两者的综合指数差异逐渐缩小，2008年以后，两者的发展差距逐渐加大，甚至出现逆向背离现象。由此可认为，在1999—2019时间期内，本科专业调整与产业结构演进的发展轨迹尚不具有较好的协同性。观察两系统的变化趋势发现，2008年为两系统关系发生转变的关键节点，且两者之间的差距由收敛趋向扩散。

从速度性协同看，湖南省本科专业调整与产业结构演进耦合协同发展出现了较好势头，协同度不断提高，但两系统的增长速度并不同步。1999—2019年，产业结构演进水平从0.1662上升到0.9051，实现了质的飞跃，年均增速达8.84%；而本科专业调整水平则从0.3870变化为0.7481，21年来平均增速仅为3.35%，产业结构演进增速快于本科专业调整，说明本科专业调整较产业结构演进速度慢，两者在系统演变速度上不协同。究其原因：受金融危机影响，湖南省加大了经济结构调整力度，促使产业结构和就业结构发生较大改变，特别是战略新兴产业的发展，对于高素质的应用型人才需求增多，但本科教育的时滞性导致人才缺口，产业结构演进指数明显高于本科专业调整指数。此外，2008年以前产业结构演进与协同度变化趋势一致，之后则是本科专业调整与其一致，这在一定程度上说明，本科专业调整适度超前于产业结构演进，并在动态适应的过程中实现良性互动并进，是推动本科教育高质量发展和区域经济一体化发展的长远战略。

从结构功能性协同看，实证结果显示，耦合协同度从1999年的0.4421到2019年的0.9010，21年来耦合协同指数均值为0.67，协同度年均增速仅为3.62%，尤其2017—2019的年均增速为2.58%，增速明显放缓。这说明两者互动性不强，整体功能未能充分发挥，耦合协同度相对偏低，尚处于初级协同阶段。随着“一化三基”“四化两型”等战略的推进，以“制造业”为核心的先进制造业逐渐成为湖南省经济增长的关键动力，湖南省产业结构不断向高级化演进，从而为本科专业调整提供了参考，但受制于本科应用型人才培养的滞后性、流动性及“就业难”等问题的影响，湖南省本科专业调整质量并不亮眼，本科毕业生就业市场供需不匹配，两系统间的耦合协同度水平还有待提升，对湖南经济崛起的促进作用还有待挖掘，突出表现为2020年湖南省本科就业质量在全国31个省份中排在第18位①。

从动态性协同看，系统耦合协同发展的内涵就是指系统内各子系统从“失调—协调”的动态优化过程。湖南省本科专业调整与产业结构演进两个系统经历了从“中度失调”到“优质协同”的发展过程，耦合度和协同度呈现波动提升趋势，且两系统间的滞后类型在2008年出现置换，但之后产业结构演进水平长期高于本科专业调整水平，其差距也愈来愈大。因此，现阶段两系统间要实现良性循环的压力较大，人才结构难以满足产业结构优化升级需要的矛盾日益严峻，突出表现在理、工、农学类等专业的平均布点明显低于人文类专业②，其中，工学类专业布点占比最高（34.64%），但专业种数覆盖率（54.73%）低于教育学类专业（80%），农学类专业布点占比仅为2.04%，在一定程度上影响了湖南省本科专业调整与产业结构演进协同发展水平的整体提升。因此，现阶段湖南省要实现本科专业调整与产业结构演进系统间的良性循环具有较大的压力。

8.3.2 阶段性演变特征

依据相对发展度指数和协同类型判定标准，可将两者相对发展状态分为本科专业调整超前、同步、滞后于产业结构演进三类(以下简称超前、同步、滞后)，其中，超前和滞后均不利于实现产教融合系统最优。表8–9揭示了湖南省本科专业调整与产业结构演进的协同度和相对发展度的变化情况。从中可知，研究期内湖南省本科专业与产业结构系统经历了“本科专业调整超前—基本同步—本科专业调整滞后”的阶段性演变特征，协同发展类型呈现“Ⅵ–Ⅴ–Ⅷ–Ⅸ”的演变趋势，系统整体有趋于退化的特征。

---

① 数据来源：中国管理科学研究院《中国大学评价》课题组组长武书连2020年中国大学本科生就业质量排行榜。

② 数据来源：湖南历年来普通本科专业招生目录和教育部公布的《普通高等学校本科专业目录》的专业情况整理得到；专业种数覆盖率是湖南省已设专业总数占修订版本专业总数的比例。

表 8-9　1999—2019 年湖南省本科专业调整与产业结构演进的协同度结果

时间	D	β	基本特征	类型	时间	D	β	基本特征	类型
1999	0.4421	0.2208	高度磨合—超前	VI	2010	0.7023	-0.0263	高度协同—同步	VIII
2000	0.4532	0.2236	高度磨合—超前	VI	2011	0.7298	-0.0713	高度协同—同步	VIII
2001	0.3904	0.2640	高度磨合—超前	VI	2012	0.7645	-0.0509	高度协同—同步	VIII
2002	0.4261	0.2566	高度磨合—超前	VI	2013	0.7924	-0.1360	低度协同—滞后	IX
2003	0.4612	0.2747	高度磨合—超前	VI	2014	0.8068	-0.1546	低度协同—滞后	IX
2004	0.5661	0.2009	高度磨合—超前	VI	2015	0.7962	-0.2836	低度协同—滞后	IX
2005	0.5725	0.1335	高度磨合—超前	VI	2016	0.8216	-0.3098	低度协同—滞后	IX
2006	0.6397	0.0338	低度磨合—同步	V	2017	0.8347	-0.2532	低度协同—滞后	IX
2007	0.6778	0.0604	低度磨合—同步	V	2018	0.8463	-0.1987	低度协同—滞后	IX
2008	0.6973	-0.0133	低度磨合—同步	V	2019	0.9010	-0.1570	低度协同—滞后	IX
2009	0.7107	-0.0127	高度协同—同步	VIII					

（1）第一阶段（1999—2005 年）：超前主导，处于磨合走高的协同期

这一阶段协同度在 0.4421~0.5725 波动，年均增速达 4.4%。尽管本科专业调整与产业结构演进相对发展度变化趋势不大，但本科专业调整始终高于产业结构演进水平。这源于本科专业规模快速扩张，2005 年湖南省普通本科院校在校学生数增长到 37.0507 万人，年均增速达到 22.70%，占中部地区的 17.11%，且《普通高等学校学生管理规定》允许各学校自主决定学生调整专业、学习年限等，对各学科专业的人数变动也产生了较大影响。与此同时，湖南省产业结构正处于第二、三产业交替变化的不稳定期，其转型升级效应不如本科教育规模扩张的效应，故而呈现较低水平的协同，甚至存在伪协同现象。

（2）第二阶段（2006—2012 年）：同步赶超，协同度持续提升

这一时期，协同度介于 0.6397~0.7645 波动，且相对发展度在 −0.1~0.1 范围内，实现了较高层次的同步发展。这一时期湖南省加快以制造业为主的重工业转型升级，加快电子信息、新材料、生物医药等高技术产业发展，

促使产业进入“二三一”的高级化发展阶段，产业结构升级提速明显。本科教育自2007年开始启动“质量工程项目”建设以来，高质量发展成为焦点。伴随而来的财政性教育经费支出、师资队伍建设等系列政策优先向东部地区、发达地区倾斜，惠及湖南的政策红利比较有限，一定程度上使得本科专业规模扩张步伐减慢。其中，医科专业建设引起关注，其毕业生占比由4.56%上升到7.68%，而农科和理工科专业结构比重呈下降趋势。同时，地方政府不断完善高等学校毕业生就业政策体系，强化人才需求预测和跟踪反馈机制，提升了本科毕业生就业市场与产业需求市场的匹配度，利于实现本科专业与产业结构的同步发展。

（3）第三阶段（2013—2019）：滞后相随，进入高层次低水平的系统协同阶段

这一时期协同度由0.7924上升到0.9010，年均增速为2.16%，但相对发展度始终小于–0.1且有扩大倾向，这表明未来一段时间内湖南省仍将处于本科专业滞后于产业结构演进的境况，实现本科教育高质量发展任重道远。这主要是因为：“十二五”以来，湖南省坚持新型工业化道路，加快了高端装备、新材料、生物等战略性新兴产业布局，尤其是2016年提出“创新引领，开放崛起”战略，加速了传统制造业向“智能制造”转型，使得战略性新兴产业成为湖南省新的经济增长极，但与其相关的新兴专业如人工智能等则布点较少，传统专业“同质化”建设较为严重。据2021年最新数据显示①，湖南省普通本科院校专业布点数最多的前5位分别是英语、计算机科学与技术、国际经济与贸易、视觉传达设计、机械设计制造及其自动化，且超过30个布点数的17种专业多集中在文学、理学、管理学等传统优势门类；本科毕业生人数占比最大的专业大类是工商管理大类，电子信息科学类则占比最低，仅为0.01%②，尚不能完全匹配专业化、高技能化人才需求的新兴产业发展。值得注意的是，近年来，湖南省医学专业发展较快，人才培养与产业发展实现了较高水平的融合成长，到2020年，医学

① 数据来源：依据湖南省教育厅公布的《湖南省直属普通本科高等学校2020年招生专业目录》、湖南大学和中南大学官网发布的招生专业目录进行统计得到。

② 数据来源：湖南省普通高校2018届毕业生就业质量年度报告。

专业覆盖率达到 39.39%，同时，药械化生产企业达 1 066 家，增长 52%[①]，不仅拥有可孚医疗、安邦制药、九芝堂等一批头部企业，还有长沙高新区、浏阳经开区、金霞经开区医药物流、望城经开区铜官原辅料药产业园等医药产业集聚区，有效促进了湖南省医药产业发展，在全国疫情防控阻击战中充分展现了湖南力量。

8.3.3 分产业比较

产业结构演进趋势是本科专业进行动态调整的现实依据。为进一步探索湖南省产业结构与高等本科教育专业人才的匹配情况，参考李玉栋等（2018）的做法，假定农学人才主要服务于第一产业，理工科人才主要服务于第二产业，人文社科及医学学科等的人才主要服务于第三产业，将学科专业划分为第一产业学科专业、第二产业学科专业、第三产业学科专业，利用改进熵值法和耦合协同度模型计算各学科类别对应的产业结构的耦合协同度，计算结果如表 8–10 所示。

（1）耦合度：耦合度波动提升但耦合状况欠佳

依据表 8–10，可将两系统耦合度演化过程分为震荡下滑阶段（1999—2004）和平稳过渡阶段（2005—2019）。第一阶段耦合度变化幅度较大，其中，第二、三产业学科专业的耦合度分别降低了 9.62%、17.05%，第一产业有升有降，但第三产业的耦合度一直高于一二产业。这是因为在此期间内，第三产业贡献率相比其他产业更低，但其对应的人文社医类毕业生人数占比却在逐年增长，到 2003 年已接近 50%，而第一产业和第二产业毕业生占比则在逐年降低，与第二产业比重占主导的现实不同步，因此这一时期，随着时序演变，三次产业间的耦合度差异拉大。第二阶段耦合度变化幅度相对平稳，三次产业的耦合度基本围绕 0.91~0.99，产业间差异明显缩小。值得注意的是，“十三五”以后，湖南省从“四化”向“五化”发展战略调整，绿色化对于产业结构清洁化要求提升，这对于农业、工业发展所需的环保人才需求提升，导致第一产业及第二产业学科专业调整指数增长放缓，进

① 数据来源：湖南医药产业迎来发展黄金期，https://hunan.voc.com.cn/article/202103/202103251025112314.html

而使得两者的耦合度降低。综上所述，1999—2019年湖南省分三次产业与之对应的学科专业系统耦合度逐渐趋于平稳，受地区经济产业结构调整的影响，第三产业结构与人才结构耦合性较好，第一产业和第二产业相对较差，这可能与本科教育结构对经济产业需求的调整存在互动的时滞期有关，第三产业关联的专业多为应用性服务型学科，如经济、管理等学科，各类知识更容易在交流互动中溢出，并能更好地满足产业发展所需技能，2013—2019年，服务型学科比例由41.5178%上升到49.1842%，而工学和农学学科比重均明显下降，但第一产业结构比重变动幅度较大，且农学专业型、创新型人才相对欠缺，导致本科专业与产业需求不能较好适配。

表8-10 1999—2019年湖南省分三次产业类别的本科专业与产业结构耦合协同度情况

	本科专业调整指数（Ux）			耦合度（C）			协同度（D）		
	第一产业类学科	第二产业类学科	第三产业类学科	第一产业类学科	第二产业类学科	第三产业类学科	第一产业类学科	第二产业类学科	第三产业类学科
1999	0.3224	0.2743	0.1846	0.7379	0.8237	0.9736	0.4159	0.4163	0.4014
2000	0.3217	0.3032	0.2197	0.9055	0.9278	0.9978	0.4886	0.4859	0.4606
2001	0.3206	0.3104	0.2335	0.6681	0.6866	0.8392	0.3874	0.3882	0.3898
2002	0.3552	0.3549	0.2980	0.7218	0.7223	0.8161	0.4298	0.4298	0.4308
2003	0.4334	0.4563	0.4189	0.6827	0.6533	0.7019	0.4570	0.4553	0.4578
2004	0.4340	0.4913	0.4366	0.8107	0.7445	0.8076	0.5171	0.5167	0.5172
2005	0.3804	0.4266	0.3953	0.9679	0.9341	0.9578	0.5716	0.5804	0.5748
2006	0.3897	0.4507	0.4281	0.9963	0.9737	0.9839	0.6101	0.6273	0.6217
2007	0.4727	0.5291	0.5284	0.9911	0.9701	0.9704	0.6626	0.6761	0.6760
2008	0.4498	0.5103	0.5216	0.9997	0.9947	0.9922	0.6745	0.6948	0.6980
2009	0.4697	0.5195	0.5417	0.9859	0.9977	0.9997	0.7111	0.7325	0.7408
2010	0.4373	0.4818	0.5083	0.9785	0.9938	0.9983	0.6910	0.7121	0.7229
2011	0.4538	0.4860	0.5233	0.9609	0.9773	0.9902	0.7123	0.7292	0.7465
2012	0.5263	0.5651	0.6022	0.9834	0.9938	0.9988	0.7546	0.7712	0.7851
2013	0.5382	0.5718	0.6212	0.9749	0.9865	0.9966	0.7688	0.7840	0.8035
2014	0.5515	0.5809	0.6406	0.9576	0.9710	0.9895	0.7866	0.8010	0.8267

续表

	本科专业调整指数（Ux）			耦合度（C）			协同度（D）		
	第一产业类学科	第二产业类学科	第三产业类学科	第一产业类学科	第二产业类学科	第三产业类学科	第一产业类学科	第二产业类学科	第三产业类学科
2015	0.4941	0.5252	0.5804	0.9097	0.9322	0.9628	0.7567	0.7754	0.8047
2016	0.5414	0.5683	0.6382	0.9132	0.9310	0.9660	0.7914	0.8069	0.8423
2017	0.5704	0.5995	0.6787	0.8963	0.9160	0.9572	0.8153	0.8322	0.8727
2018	0.6139	0.6426	0.7163	0.9140	0.9308	0.9640	0.8426	0.8581	0.8933
2019	0.7544	0.8000	0.8765	0.9720	0.9840	0.9961	0.9122	0.9299	0.9558

（2）耦合协同度：“三二一”产业分异格局逐步形成。

表 8-10 显示，在产业结构演进指数不变的情况下，湖南分三次产业的本科专业与产业结构耦合协同度波动较大，差异显著，根据协同度演化趋势可将分产业类别的协同度分为两个阶段。

波动收敛阶段（1999—2006），这一时期内三次产业的耦合协同度基本围绕 0.38~0.63 变化，产业间差异逐渐缩小，这与三次产业对应的学科专业调整水平交替演变有关。在此期限内，湖南三次产业结构比处于频繁变动期，为适应这一产业变化，本科专业设置及招生规模都将进行调整，使得本科专业与产业结构两系统都发生变动，有望实现同步发展。

震荡扩散阶段（2006—2019），耦合协同度波动较大，三次产业与专业结构的系统耦合协同度层次差异更明显。第三产业继续保持领先地位，由 0.6760 上升到 0.9558；第二产业的耦合协同度也不断上升，但随着时序演化，其与第三产业的协同度越来越大，由 2008 年的 0.0032 增长到 2019 年的 0.0259；第一产业初始值最低，随后快速增长至 0.9122，年均增长 2.55%，但其与第三产业间差距由 0.0235 上升到 0.0436；由于第一产业人才结构与产业需求偏离较大，而第二产业的不均衡状况逐渐改善，第一、二产业的耦合协同度差异保持在 0.010~0.022 变动。综合来看，与湖南省各产业对应学科专业的耦合度不同，耦合协同度存在明显的层次性，且各产业间差距呈扩大趋势。

8.3.4 省际差异比较

作为全国产教融合示范区、振兴中西部教育的重要试验区，湖南省在推动中部地区高质量发展方面具有十分重要的支撑作用。在探讨湖南省本科教育高质量发展过程中，有必要考虑邻近地区教育溢出的影响。基于数据的可得性和可比较性，选择2003—2019年山西、安徽、江西、河南、湖北、湖南形成中部地区面板数据，进一步考察湖南省本科专业与产业结构的协同度在更大区域范围的发展情况（见图8–3）。

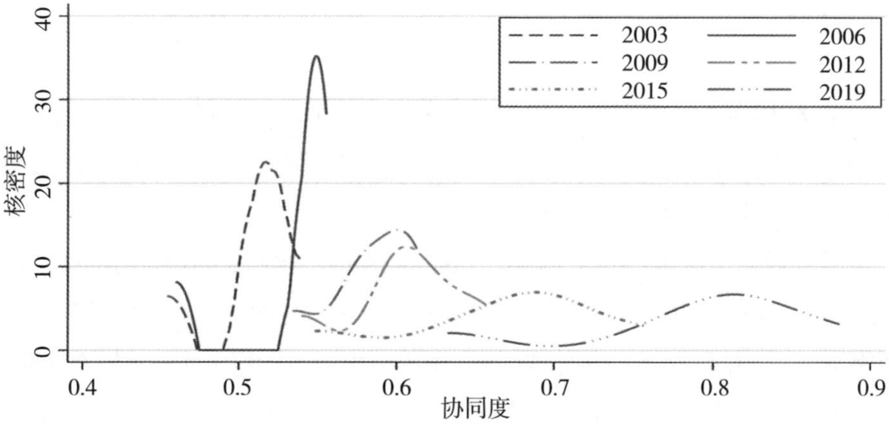

图8–3　2003—2019年中部地区协同度的分布演进趋势

（1）中部地区协同度整体提升但区域内部差距扩大

图8–3是中部地区本科专业调整与产业结构演进协同度分时段的kernel密度估计情况。整体来看，本科专业调整与产业结构演进协同度的kernel密度函数中心及变化区间均逐渐右移，且时段性明显；核密度曲线由2003年的相对陡峭变为2019年的相对平缓分布形态，2012、2015、2019三条曲线右移幅度明显增大，表明中部地区整体协同度在不断提高，这与湖南省典型化特征事实结论相一致。与此同时，曲线的主峰高度逐渐下降，曲线宽度大幅增大，说明中部地区本科专业调整与产业结构演进协同度的绝对差异在扩大。分时间段来看，2006年kernel密度函数的峰度最高，随后峰值呈现逐渐下滑趋势；2012年以后曲线右移及延展性拓宽趋势显著，同时右拖尾面积增大；2019年核密度曲线的变化区间明显增大，意味着在中部地区本科专业与产业结构的协同发展存在显著内部差异。如何实现本科教育

与产业结构的空间协同，是未来推进中部地区高质量发展的重要一环。

（2）湖南省本科专业调整与产业结构演进的协同度提升空间大，但尚处于第二梯队

研究结果显示，2003—2019 年湖南省两系统的协同度均值仅为 0.6177，略高于中部地区的 0.6120。此外，三变量的时序变化曲线均在中部平均水平上下波动，这进一步证实了湖南省是中部地区的重要空间单元，具有中部地区产教融合的共性特征，提升湖南省本科专业调整与产业结构演进的协同度进而推广到中部地区高质量发展具有重要现实意义。

综合两系统的发展水平和协同度，整个中部地区产教协同度大致可分为三个梯队，其中，第一梯队为河南和湖北（高于中部平均），第二梯队为安徽和湖南（上下波动），第三梯队为江西和山西（低于中部平均），这一特征与中部地区经济发展水平相符。具体来看（见表 8-11），2003—2019 年，湖北省始终处于本科专业调整超前发展阶段，是中部地区协同度最高的省份；河南省本科专业调整由 0.2954 上升到 0.7240，年均增速位居中部地区首位达 5.76%，促使协同度增长 63.70%，始终处于中部地区第一梯队；而湖南省则由超前变为滞后的协同发展类型，协同度指数值和增幅均处于中部地区的中间位置，说明湖南省的本科教育先导作用有待进一步发挥；江西和山西的协同类型与湖南相一致，但两系统间的绝对差异显著扩大，导致两省协同度较低，上述发现证实了本科教育适度超前的产教融合策略更符合当前高质量发展需要，这与季忆等的研究结论一致。

表 8-11　2003、2019 年中部六省本科专业与产业结构协同度比较情况

	协同度 (D)		本科专业调整（U_x）		产业结构演进（U_y）	
	2003	2019	2003	2019	2003	2019
湖南	0.5167	0.8083	0.2944	0.6391	0.2476	0.6690
湖北	0.5403	0.8804	0.3678	0.7791	0.2558	0.7713
河南	0.5094	0.8339	0.2954	0.7240	0.2366	0.6708
江西	0.5136	0.7650	0.2651	0.5076	0.2625	0.7649
安徽	0.5280	0.8093	0.2855	0.6111	0.2725	0.7151
山西	0.4542	0.6326	0.2309	0.3634	0.1898	0.4593

中部地区	0.5104	0.7883	0.2899	0.6041	0.2441	0.6751

综上所述，在我国高等教育进入普及化发展阶段，实现教育资源配置优化、学科专业与产业结构深度协同、发展质量全面提升是高质量发展时期高等教育发展的总方向和总要求。通过构建多维系统评价指标体系，利用协同度、核密度分析等方法，从整体时序、阶段性演变再到局部区域“以点带面”探讨湖南省本科专业调整与产业结构演进协同发展的时序特征及演化规律，得到以下基本结论：

① 1999—2019 年，湖南省产业结构经历了“一二三”向“二三一”再向“三二一”的转变，促使本科专业调整取得了一定实效，但产业结构与就业结构的总偏离度较大，其中第一产业的“产业 – 就业”结构偏离度最大，第二产业劳动吸纳能力下降而第三产业逐步提升的现实差异，本科专业调整存在与行业需求不相适应、与产业结构契合性不足、专业设置不合理、新兴专业同质化竞争等难点，产业需求与就业结构之间的不均衡性将影响地区经济发展。

② 1999—2019 年，湖南省本科专业调整与产业结构演进水平均呈波动上升但趋势不一，历经本科专业“领先 – 滞后”产业结构的态势，本科专业调整由规模扩张向高质量发展转变，本科专业调整较产业结构演进速度慢；两系统间差距逐渐扩大，经历了超前主导（1999—2005 年）、同步赶超（2006—2012 年）和滞后相随（2013—2019 年）三个阶段，呈现“Ⅵ – Ⅴ – Ⅷ – Ⅸ”的演变趋势，距高水平优质协同“Ⅷ”还有一定差距。具体表现为：时间上，两者出现反向背离发展轨迹；速度上，产业结构演进增速快于本科专业调整，两者在系统演变速度上不协同；结构功能上，互动性不强，整体功能未充分发挥，耦合协同度相对偏低；动态协同上，两系统耦合协同发展呈现较好势头，耦合协同发展水平逐渐向优质协同提升，但发展滞后类型没有出现交替循环变化，且两者间差距越来越大，要实现两系统良性循环发展难度较大。

③分产业类别来看，湖南省三次产业的耦合度和耦合协同度时序演化阶段性特征显著，逐步形成“三二一”的分异格局，层次明显。其中，耦合度的产业间差异由扩大转变为缩小，而协同度的差异则从趋于收敛向扩

散发展，产业间耦合协同度的差异由三次产业对应的学科专业综合指数变化引起；第三产业的本科专业与产业结构耦合度、协同度都得到较大提升，第一产业的耦合协同度虽低于其他产业但其耦合作用较强。

④从中部地区六省比较看，中部地区整体协同度的差异在扩大。作为中部地区的典型空间单元，湖南省整体协同度略高于中部平均水平，但增幅较小且以本科专业调整滞后为主，尚处于第二梯队，加快实现湖南省高质量产教融合之路任重道远，未来湖南省更应该强调本科专业与产业结构动态调整，加快实现湖南省高质量产教融合之路任重道远。

8.4 A 大学专业调整实践

8.4.1 学校基本概况

某大学（以下简称为A大学）始建于1949年，是一所以经济学、管理学、工学、理学、法学、文学、艺术学、交叉学科等学科相互支撑、协调发展、特色鲜明的综合性大学，是湖南省本科一批招生高校、教育部本科教学工作水平评估优秀高校、博士学位授予立项建设单位、“十三五”国家产教融合发展工程应用型本科高校、全国首批百强“深化创新创业教育改革示范高校”、全国高校实践育人创新创业基地、全国创新创业典型经验50强高校。1999年开始研究生培养工作。6个一级学科连续两年入选上海软科发布的“中国最好学科排名”，其中管理科学与工程全国排名进入前10%，分别居省内高校第1、2位。

截至2022年3月，学校校园占地1 432.08亩，建筑面积55万余平方米。现有总值1.8亿余元的教学、科研仪器设备，200万余册的图书馆藏书。设有23个二级学院、115个科研机构。有普通全日制在校学生2万余人。有4个立项建设博士学位授权点，11个一级学科硕士学位授权点、15个硕士专业学位授权点，有2个省级“双一流”学科；1个国家基础科学中心，1个国家重点实验室（培育），4个省级重点实验室，1个长沙市重大科技创新平台长沙市人工智能社会实验室，2个省级2011协同创新中心，2个省级工程研究中心，1个省级国际科技创新合作基地，1个省级专业特色智库，1个院士工作站，7个省级社科研究基地，4个省普通高等学校哲学社会科学重点研究基地，1个省高校产学研合作示范基地，1个省级教育科学研究基地，2个省社会科学创新研究基地，1个省社科普及基地，2个省高校科技创新团队，1个省级铸牢中华民族共同体意识研究基地，1个省级党的创新理论研究基地。有67个本科专业，其中，19个国家级一流本科专业建设点，14个省级一流本科专业建设点，2个教育部高等学校“第一类特色专业建设点”，1个“第二类特色专业建设点”，1个国家级专业综合改革试点项目，5个省级专业综合改革试点项目，5个省级重点专业，2个省级资助建设专业，9个省级特色专业。获国家级教学成果二等奖1项，有1个教育部“人才培养模式创新实验区”建设项目，3门国家级一流课程，2门国家级精品课程，1门国家级精品资源共享课，80门省级一流课程，2门省级课程思政示范课，10门省级精品课程，4个省级教学团队；36个省级实践教学平台，8个省级优秀教学实习基地。2016年与湖南湘江新区开展全面合作试点。

学校有教职工1 780人，专任教师1 316人，其中，具有正高职称者153人，具有副高职称者279人，具有博士学位者609人，国家级教师团队1个，中国工程院院士1人，全国政协委员1人，国家自然科学基金委全委会委员1人，国务院学位委员会管理科学与工程学科评议组召集人1人，教育部社会科学委员会委员1人，教育部科学技术委员会管理学部委员1人，全球前2%顶尖科学家1人，湖南省科学技术协会副主席1人，全国优秀教师3人，全国师德先进个人1人，全国“三八红旗手”1人，国家自然科学基金委创新研究群体首席教授1人，“长江学者创新团队”首席教授1人，复旦管理学杰出贡献奖获得者1人，国家杰出青年科学基金获得者1人，首届中国杰出社会科学家1人，“国家高层次人才特殊支持计划”领军人才2人，全国文化名家暨“四个一批”人才2人，“百千万人才工程”第一、二层次国家级人选1人，全国宣传思想文化青年英才1人，教育部高等学校教学指导委员会副主任委员1人，教育部高等学校教学指导委员会委员3人，享受国务院政府特殊津贴的专家11人，教育部“高校青年教师奖”获得者1人，教育部“新世纪优秀人才支持计划人选”2人，“芙蓉学者计划”首届特聘教授1人并荣获“芙蓉学者”贡献奖，湖南省优秀专家1人，湖南省“徐特立教育奖”1人，湖南省优秀社会科学专家2人，湖南省“芙蓉学者奖励计划”特聘教授 1 人、讲座教授 1 人、青年学者 6 人，湖南省新型智库领军人才 2 人，湖南省教学名师 3 人，湖南省优秀教师 5 人，享受湖南省政府特殊津贴的专家 3 人，湖南省宣传文化系统“五个一批”人才 1 人，湖南省“思想政治教育中青年杰出人才支持计划”人选 1 人，“湖湘青年英才”1 人，湖南省新世纪“121 人才工程”人选 26 人。

近 5 年来共承担各级各类科研项目 2 202 项，其中，国家级项目 153 项，包括：国家自然科学基金重大项目 4 项、重大研究计划集成项目 1 项，教育部重大攻关项目 2 项，科技部国家重点研发计划 3 项，中国工程院重大咨询项目 3 项，尤其是学校教师牵头获批的“数字经济时代的资源环境管理理论与应用”国家基础科学中心，实现我省国家基础科学中心零的突破。国家级、省部级课题数量在湖南省属高校中名列前茅。公开发表论文 2362 篇，其中，在 Nature、《管理世界》《中国科学》《经济研究》《管理科学学报》等国内外权威期刊上发表学术论文 600 余篇；ESI 前 1% 高被引论文 80 余篇；公开出版专著 222 部；与企事业单位合作项目 265 项。

近 10 年来共获得省级以上科研获奖 50 项，其中，国家科技进步二等奖 1 项，教育部人文社会科学优秀成果奖一等奖、二等奖、三等奖各 1 项，是教育部人文社会科学优秀成果奖大满贯高校，中国高校科学技术一等奖 1 项、复旦管理学杰出贡献奖 1 项、湖南省光召科技奖 1 项，湖南省科技进步一等奖 1 项，湖南省社科优秀成果奖一等奖 3 项，湖南省科技进步奖二、三等奖、湖南省自然科学奖二、三等奖、湖南省社科优秀成果奖二、三等奖以及其他省部级奖 39 项。

8.4.2 专业结构现状

学校始终坚持立德树人根本任务，以习近平总书记关于高等教育的重要论述为指导，全面贯彻落实党和国家教育方针，遵循高等教育育人规律，实施“卓越育人”工程，坚持“价值塑造、能力培养、知识传授”的教育理念，牢牢把握“转型升级、提质增效”两大关键词，强化“新工科 + 新商科 + 新文科”与理科融合发展的人才培养特色，努力培养更多具有全球视野、家国情怀、专业素养、仁爱之心的“高品位、高素质”德智体美劳全面发展的创新型、创业型、应用型、复合型高级专门人才。近年来，围绕专业建设与改革做了大量工作。

（1）专业布局日趋合理。

到目前为止，学校设有67个本科专业，覆盖经济学、管理学、工学、理学、法学、文学、艺术学等7个学科门类。其中，经济学类12个，管理学类22个，法学类2个，文学类7个，理学类4个，工学类15个，艺术学类5个。专业布局基本情况见表8-12。

表8-12　A大学现设本科专业基本情况一览表

序号	学科门类	专业类代码	专业类名称	专业名称	备注
1	经济学	0201	经济学类	经济学	国家级一流本科专业建设点、国家第二类特色专业建设点、省级特色专业、省级综合改革试点专业
2				经济统计学	省级一流本科专业建设点
3		0202	财政学类	财政学	省级一流本科专业建设点
4				税收学	
5		0203	金融学类	金融学	国家级一流本科专业建设点、省级特色专业、省级综合改革试点专业
6				保险学	国家级一流本科专业建设点
7				投资学	
8				金融数学	
9				金融科技	
10				金融工程	
11		0204	经济与贸易类	国际经济与贸易	国家第一类特色专业建设点、省级一流本科专业建设点、省级特色专业、省级重点专业
12				贸易经济	国家级一流本科专业建设点

续表

序号	学科门类	专业类代码	专业类名称	专业名称	备注
13	管理学	1201	管理科学与工程类	信息管理与信息系统	国家级一流本科专业建设点、省级特色专业，2017年授予学位由管理学调整为工学
14		1201	管理科学与工程类	工程管理	国家级一流本科专业建设点、2017年授予学位由管理学调整为工学
15				大数据管理与应用	
16				应急管理	
17		1202	工商管理类	工商管理	国家级一流本科专业建设点、省级重点专业
18				市场营销	国家级一流本科专业建设点、国家第一类特色专业建设点、省级特色专业、省级重点专业
19				人力资源管理	省级一流本科专业建设点
20				会计学	国家级一流本科专业建设点、省级特色专业、省级综合改革试点专业
21				财务管理	国家级一流本科专业建设点、省级特色专业、省级重点专业
22				审计学	国家级一流本科专业建设点
23				国际商务	
24		1204	公共管理类	行政管理	国家级一流本科专业建设点
25				城市管理	
26				土地资源管理	
27				健康服务与管理	

续表

序号	学科门类	专业类代码	专业类名称	专业名称	备注
28	管理学	1206	物流管理与工程类	物流管理	国家级一流本科专业建设点、国家级、省级综合改革试点专业、省级资助建设专业
29		1206	物流管理与工程类	供应链管理	
30		1208	电子商务类	电子商务	省级一流本科专业建设点
31				跨境电子商务	
32		1209	旅游管理类	旅游管理	省级一流本科专业建设点、省级重点专业、国家级人才培养模式创新实验区主要依托专业
33				会展经济与管理	
34				酒店管理	国家级一流本科专业建设点
35	法学	0301	法学类	法学	国家级一流本科专业建设点、省级特色专业
36		0303	社会学类	社会工作	省级一流本科专业建设点
37	文学	0501	中国语言文学类	汉语言文学	省级一流本科专业建设点
38				秘书学	
39		0502	外国语言文学类	英语	省级一流本科专业建设点
40				商务英语	国家级一流本科专业建设点
41				法语	
42		0503	新闻传播学类	新闻学	省级一流本科专业建设点
43				广告学	
44	理学	0701	数学类	数学与应用数学	省级一流本科专业建设点

续表

序号	学科门类	专业类代码	专业类名称	专业名称	备注
45	理学	0701	数学类	信息与计算科学	省级一流本科专业建设点
46		0702	物理学类	应用物理学	
47		0705	地理科学类	人文地理与城乡规划	
48	工学	0802	机械类	工业设计	
49				智能制造工程	
50		0807	电子信息类	电子信息工程	省级一流本科专业建设点、省资助建设专业
51				人工智能	
52				通信工程	
53		0808	自动化类	机器人工程	
54				工业智能	
55		0809	计算机类	计算机科学与技术	国家级一流本科专业建设点
56				软件工程	国家级一流本科专业建设点
57				物联网工程	
58				数据科学与大数据技术	
59				智能科学与技术	

续表

序号	学科门类	专业类代码	专业类名称	专业名称	备注
60	工学	0809	计算机类	网络空间安全	
61		0810	土木类	建筑环境与能源应用工程	
62		0825	环境科学与工程类	资源环境科学	
63	艺术学	1303	戏剧与影视学类	动画	
64		1305	设计学类	视觉传达设计	国家级一流本科专业建设点、省级特色专业，原艺术设计专业分离。
65				环境设计	省级一流本科专业建设点、省级特色专业，原艺术设计专业分离。
66				服装与服饰设计	
67		1302	音乐与舞蹈学类	音乐表演	

（2）专业结构不断优化

学校按照“存量升级，增量优化，余量消减”的原则，着力构建适应经济社会发展，与招生、培养、就业联动的专业动态调整机制。大力培育新增新工科专业，新增与现代科技与服务融合发展的新兴专业，进一步优化专业结构（见表 8-13）。学校近 5 年新增数据科学与大数据技术、人工智能、机器人工程、工业智能、网络空间安全、大数据管理与应用、应急管理等本科专业，进一步优化了专业发展布局。

表 8-13　各学科门类专业结构变化情况

学科门类	2016 年		2022 年		新增	撤销
	专业数	占比 %	专业数	占比 %		
经济学	10	20.41	12	17.91	金融工程、金融科技	

续表

学科门类	2016 年		2022 年		新增	撤销
	专业数	占比 %	专业数	占比 %		
管理学	18	36.73	22	32.84	大数据管理与应用、应急管理、土地资源管理、健康服务与管理、跨境电子商务、供应链管理	公共事业管理、文化产业管理
法学	2	4.08	2	2.99		
文学	8	16.33	7	10.45		编辑出版学
理学	2	4.08	4	5.97	应用物理学、人文地理与城乡规划	
工学	5	10.20	15	22.39	工业设计、智能制造工程、通信工程、机器人工程、工业智能、网络空间安全、数据科学与大数据技术、智能科学与技术、人工智能、资源环境科学	
艺术学	4	8.16	5	7.46	音乐表演	
合 计	49	100	67	100		

8.4.3 主要调整举措

学校以满足区域经济社会发展需求和培养应用型人才为目标，在保留传统商科专业特色的基础上，不断加强新工科专业建设，逐步形成了“工商交叉、工商融合”的良好发展态势，形成了独特的办学特色。

（1）注重专业交叉融合

以创新思维重新谋划学科专业布局，加速传统学院重组和专业改造。按照“专业建设强特色、优势专业求卓越”的发展思路，主动打破传统专业学科壁垒，摈弃专业偏见，强化专业深度交叉融合，助推专业内涵式发展。构建“新工科 + 新商科 + 新文科”“技术 + 商业”的“大工商”格局，推进文理结合、理工结合、工管结合，形成场景化、数字化、智能化、系统化、平台化的专业集群；主动服务国家战略和产业发展，新增反映人工智能、互联网、物联网、数字货币等为背景的一批交叉专业，超前部署国家战略性新兴产业发展和改善民生急需的专业；按照优势专业 + 新兴技术的路径进行专业升级改造，淘汰不适应社会需求的专业；推动课程教学与前沿接轨，重构有利于复合型人才培养的知识体系，培养科学、技术、工程、数学人才，即“STEM”人才；推行多维度融合体系，强化校地合作、校企合作，积极推进校际资源共享，拓展国际合作育人，优化协同育人，建立起有利于高素质人才培养的创新、交叉、开放、共享的运行模式与机制，适应新技术、新产业、新业态、新模式的发展需求，结合学校发展实际，整体提升人才的创新创业能力和跨界整合能力。加强一流专业建设，对标产业需求和国家标准，积极参加国际专业认证。

（2）不断深化专业内涵建设

学校在 2016 年和 2019 年，分别按照国家政策、社会需求及学校办学定位对本科生人才培养方案进行了两次修订，在借鉴国内外一流大学人才培养经验基础上，坚持以立德树人为根本任务，强化因材施教、育人为本的教育理念，主动回应新技术、新产业、新业态、新模式对人才培养的新要求，将创新创业融入人才培养全过程，系统优化人才培养模式，着力为地方经济社会发展培养人格健全、基础扎实、素质全面、追求卓越的创新性、创业型、应用型高级专门人才。按照办学定位与人才培养目标，学校以经济学类、管理学类专业建设为主体，联动法学类、艺术学类、工学类、语言文学类、理学类专业协调发展，加快推进新工科、新文科建设。

（3）积极创新人才培养模式。

逐步扩大大类招生、按需分流的模式，鼓励各学院根据不同专业情况，构建“1+X”“2+X”等多元化人才培养模式。根据学生个性化、多元化成长需求，构建多维发展空间，使学生既可以在本专业纵深学习，鼓励和引导考研或参与各类创新创业实践；落实卓越人才培养计划。2018 年开办智慧管理院士卓越人才班、数字经济院士卓越人才班，凸显多学科交叉、多专业融合，培养复合型应用型人才。强化协同育人机制。大力推进校企联合培养，实现学校与行业企业共同制订培养方案，共同开发课程资源，共同实施培养过程，共同评价培养质量。拓宽国际合作和校际学生交流的渠道，创造条件让更多的本科学生有“第二校园经历”。推进辅修专业制度改革，积极开办辅修学士学位班，支持学有余力的全日制本科学生辅修其他本科专业。

（4）培育品牌特色专业优势

“十二五”期间，学校获批 3 个国家级特色专业（经济学、国际经济与贸易、市场营销），1 个国家级综合改革试点专业（物流管理）；2 个省级专业综合改革试点项目（物流管理、经济学）；9个省级特色专业（国际经济与贸易、会计学、经济学、设计艺术、市场营销、财务管理、金融学、法学、信息系统与信息管理）；2个省级资助建设专业（物流管理、电子信息工程）；12个校级综合改革试点项目（法学、金融学、国际经济与贸易、会计学、计算机科学与技术、旅游管理、工商管理、汉语言文学、视觉传达设计、信息与计算科学、英语、金融学合作办学）。“十三五”期间，2016年学校获批3个省级综合改革试点专业（会计学、金融学、物流管理）；近3年学校获批19个国家级一流专业（工商管理、物流管理、金融学、经济学、贸易经济、计算机科学与技术、软件工程、工程管理、会计学、酒店管理、市场营销、商务英语、法学、财务管理、审计学、视觉传达设计、保险学、信息管理与信息系统、行政管理），14个省级一流专业（英语、旅游管理、信息与计算科学、国际经济与贸易、数学与应用数学，财政学、汉语言文学、社会工作、新闻学、经济统计学、环境设计、人力资源管理、电子商务）。立项总数在省属院校中名列前茅，实现了品牌专业的再次突破和升级发展。

（5）大力提升课程建设质量

凸显“互联网+”时代的融合创新理念，推进融合式教学。加大“金课”建设力度，打造大批新的国家级、省级一流本科课程，培养一批国家级、省级优秀教学团队。推进通识教育课提质扩容，构建涵括文史经典与文化传承、哲学智慧与批判思维、人文与自然科学、社会研究与当代中国、生态环境与生命科学、文明对话与世界视野等通识教育课程体系，升级建设“六大核心素养和能力课程模块”；加强专业核心课程赋能，扎实开足专业核心课程，把科研前沿探索成果转化到课程建设、课堂教学中来，鼓励学院组织对课程设置及其课程教学与人才培养目标的匹配情况和人才培养方案进行评估，降低“软课”占比，提升“硬核”内涵，每个专业扎实开足4~6门专业核心课程，体现专、新、深、透，突出特色和拳头；稳步推进前沿交叉课程开发，组建若干虚拟教研室，搭建跨学科、跨专业课程开发团队；加大课堂教学革命，打造系列“智慧课堂”，推动混合式教学，促进新技术在教学中的应用，广泛开展探究式、个性化、参与式教学，推广翻转课堂、混合式教学等新型教学模式，推进融合式教育，构建智慧教育大平台。

（6）持续改善实践教学条件

不断强化学校实践和“双创”教育育人特色，创新实践教育体系。将创新精神有机融合到理论教学与实践教学中，增加综合性、设计性实验，确保有综合性和设计性实验的课程占实验课程总数的85%以上；新增一批国家级、省级实践教学平台，打造“智能+”系列交叉实验教学平台，突出“新工科+新商科”等学科交叉的特色，推进实验室全天候开放，推动教学资源共享，加强校内外实践教学条件建设，推进融不同专业于一体的综合实习实训基地，促进不同专业学生的实习与交流，加强校内实验实习实训体系与场所建设；全面实施双导师制，逐步实施校内导师+企业导师制度，把校内导师学术和理论的优势跟校外导师企业家的优势匹配起来，以产教融合推进专业骨干教师挂职锻炼，并引进企业技术骨干担任实践教学指导教师，按照专家型、授课型和指导型进行分类管理。协同打造“创新创业校内基地+创投基金+创客孵化学院”三位一体的创新创业人才培养链，以校内虚拟仿真技能训练为核心建设创客书院、创意坊等创新创业孵化实践基地和体系齐全的校内实验实训实践基地，新零售虚拟现实技术实验室、实践教学示范中心、大学生创新训练中心等10余个实验室（基地）被确定为省级实验实训实践平台，同时，以应用能力提升为重点建设校外创新创业实践孵化基地，该校与湘江新区（中部地区首个国家级新区）、步步高等多家政府和企事业单位开展政产学研合作，高质量推进产教融合协同育人。

（7）不断优化师资队伍结构

健全新入职教师岗前培训体系，加强课程思政、课堂互动、课程教学设计等培训，要求教师严守教育教学纪律和学术规范，把师德师风建设真正落实到教书育人的实践中去，承担起传播知识、传播思想、传播真理，塑造灵魂、塑造生命、塑造人的时代重任。依托教师发展中心，构建研究、培训、咨询、评价、服务一体化的教学服务平台，满足教师个性化发展需求。组织“院士教学奖”、教学名师评选，加强教学技能竞赛组织，不断提升教师教育教学能力。着力打造高素质的“双师型”队伍，推进专业骨干教师挂职锻炼，做到带着问题和任务下企业，带着方案和成果回学校，带着案例和经验进课堂；企业技术骨干兼任实践教学指导教师，按照不同类型分类管理，承担实践教学任务。学校教师队伍总量趋于合理，职称、年龄、学历和学源等整体结构进一步优化，教师队伍的教学能力、科研水平、社会服务能力有了较大提高，博士化、国际化程度有了较大改善，高层次人才队伍建设呈现良好的发展态势。

（8）完善教学评价与管理体系

从宏观上树立更加科学务实的教育评价理念，强化学生中心、产出导向和持续改进的评价理念，克服“唯分数、唯升学、唯论文、唯帽子”僵化的评价体系，加快建立多维、多元、多主体的教学质量评价与反馈体系，探索构建课程评估、专业评估、学院评估和学校评估“四层次、全覆盖”的内部质量保障体系。发挥好教学督导评价考核的作用，有效对接新一轮审核评估，做好毕业生就业质量跟踪反馈，综合应用评估结果及时调整专业设置和课程体系。加强教师绩效考核，落实教师本科教学质量评价，提升教学质量评价对于改进教学效果的引导作用。完善教学激励机制，不断调动教师投入本科教学的积极性。完善学分制管理相关制度体系，推进教学管理信息化进程，不断提升学校教学管理水平。

8.5 小结

为总结本科专业调整与产业结构演进耦合协同发展的经验与启示，本章基于“点—面”的逻辑对典型地区和特定本科院校的专业调整进行分析。其中：

一是对湖南省本科专业调整情况进行分析与总结，发现湖南省本科专业调整已取得初步成效，但依然存在专业覆盖面不广、专业与产业结构契合性不足、专业同质化建设等问题；鉴于湖南省产业结构逐渐向“三二一”演进、产业结构偏离度系数扩大的现实，湖南省本科专业调整与产业结构演进步调不完全一致，导致两者耦合协同度整体呈上升趋势但增速减缓，本科专业调整更是成为了耦合协同发展的“短板”。

二是针对 A 大学这一案例，简要剖析了本科专业建设与调整的基本举措与成效，阐述了学校在“新工科 + 新商科 + 新文科”与理科融合发展理念下，积极调整专业布局、创新人才培养模式、打造一流本科专业等方面的基本做法，为相关高校深化专业内涵建设、推进专业动态调整提供相应的借鉴与参考。

第九章

推动本科专业调整与产业结构演进耦合协同发展路径探讨

本科教育是高等教育的根和本。当今世界正经历百年未有之大变局，新一轮科技革命和产业变革快速推进，国家大力实施创新驱动发展战略、全面深化新时代教育评价改革。基于前述分析，本科专业调整与产业结构演进具有十分密切的关系，构建两者动态耦合机制既是实现经济高质量发展、充分释放经济效应的需要，亦是高等教育资源有效配置、推进内涵式发展的客观要求。如何科学推进两者的协同发展，本章就结合前述分析，重点围绕发展路径进行探讨。

9.1 明确动态耦合协同发展方向

9.1.1 优化动态调整基本原则

（1）坚持新发展理念为引领

习近平总书记在清华大学考察时指出，党和国家事业发展对高等教育的需要，对科学知识和优秀人才的需要，比以往任何时候都更为迫切。坚持分类建设一流大学和一流学科，围绕创新链、产业链布局学科链、人才链、政策链、资金链，积极引导和推动高校调整优化学科专业布局、构建与高质量发展相适应的学科专业体系，让创新、协调、绿色、开放、共享的发展理念进一步贯彻落实。其中，改革创新是本科教育高质量发展的根本动力，协调则要求学校、家庭、社会等多元协同育人，绿色是按高等教育规律办学育人，实现本科教育教学可持续发展，开放则要求教育面向世界，实现中国教育“由大向强”的转变，共享则是通过全方位、深层次的供给实现高质量的公平发展。

（2）坚持适度超前与自主调整相统一

当前，国家在立德树人、“双一流”建设、教育评价改革等方面提出了系列举措，为着力构建高质量高等教育体系、全面深化高等教育改革擘画了新的蓝图。产业演进是本科专业设置和调整的引导性因素，面对新形势，相较于经济、科技等系统，以更加前瞻性的视角，适度超前加快本科教育的发展，及时反映和满足社会对人才的需求。当然，本科院校在对专业结构进行调整时要以市场为导向，从不同类型、不同层次、不同条件的学校实际出发，做出合理的决策。绝对不能忽视市场需求与自身条件对热门专业一哄而上，这样才能有效释放本科教育对产业发展的有效支撑，更好地服务国家和地方经济社会发展。

（3）坚持政府宏观调控和社会促进相结合

客观上说，随着我国高等教育的不断发展壮大，高校之间的竞争日趋激烈，本着实现更好发展的冲动，各高校都有“追新”的冲动，容易造成一哄而上的“专业过热”风险，也有可能出现调整过快的冲动，因此，本科专业调整既要有预见性，认真调研产业发展的新趋势，顺应高新技术产业发展趋势，分析研判技术进步对人才培养提出的新要求，及时优化本科专业建设规划，提高专业建设的前瞻性、科学性和可行性，同时，又要考虑到产业结构不断升级和调整的需要，结合社会发展反馈的最新变化，不断优化本科人才培养方案。换句话说，适当的宏观政策引导更有利于高校实现科学发展、内涵式建设，实现高等教育的快速健康发展。

（4）坚持分类推进与系统协同

当前高等教育进入普及化发展阶段，特色和质量成为高校竞争的关键。大力推进高校分层、分类发展，加强特色培养与凝练，鼓励高校在各自层次类别中办出品牌，不断提升社会适应性，从扩规模、上层次、争资源转向分层分类、特色发展、质量发展。同时，专业调整是系统性工程，需要正确处理好政府、市场、高校、区域的相关关系，健全区域协调机制，不断推进高等教育的均衡发展。

9.1.2 锚定动态耦合调整重点

（1）面向产业需求

从产业发展的趋势出发，以加强紧缺人才培养为突破口，深入开展新工科、新医科、新农科、新文科建设，引领带动高校专业结构调整优化和内涵提升，建设一批校内外共建的产业学院和未来技术学院、产业急需的新兴专业、体现产业和技术最新发展的新课程。高校在确立人才培养目标时应立足地方、依托地方、科学定位，根据产业发展重点领域需求，围绕智能装备、新能源、新材料、电子信息等战略性新兴产业培育及现代服务和现代农业创新发展特色优势本科专业，整合教育资源，加快产业发展所需人才培养，培养区域所需的各类应用型人才，从而更好地服务地方。

（2）面向基础地位

利用区域产业优势打造一流专业，对接区域产业群建设优势专业群。一流专业建设不仅仅是一个结果，更是一个建设过程。通过一流专业的申报、建设，部分解决本科院校和区域产业脱节的现象，解决本科院校人才培养与区域市场脱节、结构性失衡等问题，解决本科院校盲目发展与定位不准的问题。专业特色建设既要结合地区产业现有及潜在优势，如区域、产业、地缘等优势，又要紧密结合时代特征，在发挥自身专业原有特色和优势的基础之后，充分融合多方优势，并最终形成具有时代和地域特征的人才培养方案和目标。

（3）面向未来变革

在招生计划安排中贯彻专业结构调整的需求。产业发展需要大批受过高等教育与训练的专业人才，同时专业人才的结构一定要合理，如果培养人数大于需求人数则造成高等教育资源浪费，如果小于需求人数则不能满足产业发展的要求。产业需求和本科专业教育结合的适配水平随着时代不断变换，实现本科毕业生和人才需求的有效对接，要根据区域产业发展的方向、规模和结构变化，对各专业人才数量进行科学预测，从而为本科院校各专业结构调整提供科学依据。

（4）面向均衡发展

教育非均衡性发展是一个客观存在的问题，这就需要兼顾高校与产业间的发展差异，坚持补偿性原则不断提升教育资源配置效率，通过人才环流、联合人才培养、科学研究等多方协作，不断推进跨区域高校合作办学、产学研协同育人创新发展，为提升本科教育质量、更好地发挥教育对经济贡献的科技支撑和智力支持。

9.1.3 创新动态协同调整策略

（1）学科专业调整常态化

本科专业调整与产业结构演进是社会大系统的两个子系统，两者存在动态互动关系。本科教育系统的发展必然伴随内部学科专业不断分化，优胜劣汰不合时宜的学科专业；受系统外部经济社会发展涌现的新行业、新职业，对本科教育提出了新的功能需求，激发了大量应用型、创新型人才需求。因此，随着创新引领下经济快速发展，产业结构逐渐向高级化、高效化演进，本科专业调整必然会形成“常态化”的发展机制，以此建立科学合理、目标明确的本科教育体系，适应社会系统需求的快速发展。

（2）学科专业建设特色化

根据科技强国、制造强国建设任务，立足产业发展重点领域，依托学校自身办学特色和专业发展实力，做大做强一批满足智能装备、新能源、新材料、电子信息等战略性新兴产业及现代服务业、农业创新发展的特色优势本科专业集群。同时，我们也要看到，大学的资源有限，专业动态调整优化过程中也要立足自身基础与经济发展需求，在优化专业结构时，应当注意主干学科与自身定位的一致，在此基础上发展相关的其他学科。

（3）专业结构布局科学化

遵循专业建设规律，对在人才培养过程中起支撑作用的弱势学科，统筹进行布局，并给予一定的政策倾斜。同时，基于产业发展升级与调整的影响，根据市场需求变化适时转型发展一大批应用型专业，不断健全对学科专业的多元评价和监测，撤销一批质量差、脱离经济发展需求的专业，健全学科专业退出机制，严守本科专业建设质量底线。

9.2 提升两者耦合协同发展水平

9.2.1 健全需求引领调整机制

（1）加大专业发展信息披露

建立区域人才需求预测大数据应用平台，利用大数据、人工智能等现代信息技术和统计分析工具，科学预测未来区域产业需求数量，及时向社会和高校发布专业建设年度相关数据，让数据不再“沉默”；认真贯彻落实本科专业类教学质量国家标准，严守本科专业建设质量底线，加大专业退出机制运用，撤销办学水平不佳、不能适应经济社会发展需求的专业，降低结构性过剩风险；建立健全招生、培养、就业等联动的专业动态调整机制，以此作为政策制定、资源配置等工作的重要决策参考。

（2）增强专业设置布局引导

坚持以立德树人为根本任务，根据创新型国家建设与战略性产业发展，立足各地产业发展重点领域，利用大数据、人工智能等现代信息技术和统计分析工具，加强对本科毕业生就业规模、就业流向、就业质量等情况的统计分析，完善本科专业正面清单（急需紧缺专业名单）制度和负面清单（暂缓、停办本科专业名单）；发布高校人才培养与产业发展蓝皮书；高水平编制专业建设规划，引领新办专业发展方向，控制部分布点数量过多的专业，占领新兴学科专业制高点。

（3）做强优势特色专业集群

鼓励学校依托自身办学特色和专业发展实力，适度超前布局、做大做强一批国家急需、社会需要的特色优势本科专业，依据市场需求变化转型发展一批应用型专业，集中建设一流本科专业集群；破除专业设置“唯数据论”，以实现高质量发展为基本遵循，以“提升学生能力”为落脚点，加快推进专业评估认证与结果应用。

9.2.2　推动供需融合精准对接

（1）创新产教融合制度设计

依据产业偏离度和产业结构发展现状找准校企双方的利益共同点，高质量做好产教融合专项规划和顶层设计，完善政策法规制度支撑，给予产教融合成效显著的企业和高校相应政策支持，分类推进各学科人才培养，从制度层面激发“协同”发展意愿和质量，缩短学生在行业企业的适应时间与距离，营造政府、高校和社会等相关利益主体共同参与人才培养的良好生态和政策体系，建立和完善校企合作的持续发展机制。

（2）提升产教融合发展层次

根据战略性新兴产业发展趋势和区域人才需求变化，定期发布重点支持的学科专业清单，从创新型国家的高度支持分类推进基础学科、应用学科、哲学社会科学的建设与发展。支持高校在重要产业集聚与创新园区布局培育科研创新平台，加强技术创新中心、高水平实验室建设，积极探索政、校、企共建科研创新平台的体制机制。支持和促进高校和大中型企业联合办学，共建紧缺和急需人才培养培训基地。

（3）拓展产教融合合作领域

加快建设一批示范性现代产业学院，鼓励行业龙头企业与高校共建研究院、微专业，积极推广“订单式”人才培养模式，推动建设产学研协同创新联盟，把发展本科教育的积极性向加强内涵建设转变，大力发展与智能物流、跨境电商、数字经济等紧密相关的订单式现代服务配套专业，培养产业发展急需人才。通过人才环流、联合人才培养、科学研究等打造“合纵连横”的战略架构格局，提升产学研协同育人创新发展水平，不断完善科技成果转化机制，实现互惠互利、合作共赢，科学发展。

9.2.3 打造内涵提质创新引擎

（1）推动专业交叉融合发展

顺应智能经济发展和多维场景复合对人才培养的新要求，不断增强服务国家战略和经济高质量发展的行动自觉，坚持“突出重点、发挥优势，打造特色”的原则，积极探索跨院、跨学科的交叉融合建设机制，构建与本校办学定位、特色与优势相匹配的学科专业体系。构建专业基础训练、研究能力训练、自主创新训练组成的递进式、交叉融合综合实践能力培养体系，着力培养“知识广博、技能精湛”的创新型、创业型、应用型、复合型人才。依据产业偏离度和整体经济发展现状，尤其随着“四新”建设的推进，借助现代信息科技手段对传统医学、工学、农学和文科专业产业进行改造升级，加快人工智能等相关新兴专业发展。

（2）培育一批优质金课

以促进高质量发展为基本遵循，以“提升学生能力”为落脚点，加强课程育人载体建设，推进课程教学改革创新，积极推动课程思政与专业教育的有机融合，同向发展，有效提升课程育人的效果。完善学校、企业、行业专家等共同参与的课程开发动态机制，新增业界一线前沿课程，加快课程内容更新步伐。推动课程体系、教学内容与教学模式的综合一体化改革，打造创新性、综合性、挑战性的“金课”，实现人才培养规格（标准）与产业需求的紧密衔接。健全课程质量综合评价体系，将“建一流课程、育时代新人”内化为全校教师的共同价值追求和自觉行为。

（3）加大卓越拔尖人才培养

坚持因校制宜、分类培养，结合学校专业特点有选择地推进富有特色的卓越人才培养，加快落实国家“六卓越一拔尖”计划。加强智慧育人环境建设，提升线上线下教学模式融合的力度和水平，持续推进现代信息技术与教育教学深度融合，及时将业界新知识、新理论和新技术反映到课堂，探索以问题驱动、课题引领和能力培养为核心的开放式、互动式教学模式改革。持续探索多元人才培养模式改革，推动专业人才成为新兴领域的开拓者、领路者，助推区域产业结构合理化、高级化、高效化。

9.3 健全耦合协同长效保障体系

9.3.1 加强耦合协同政策引导

（1）明确责任职责

政府与教育主管部门是本科专业调整的顶层设计者，通过健全政策法规保障、强化专业建设顶层设计、搭建专业信息大数据平台、优化资源配置等举措对本科专业动态调整进行有效引导。不断健全高校专业调整的自主权，加快新建本科院校向应用型本科转变，提高人才培养和社会需求的契合度。高校作为专业调整的实施主体，应结合自身基础条件，明确自身功能定位、制定特色办学规划，主动适应国家和地区社会经济发展需求，支持特色学科、优势学科和交叉学科发展，培养应用性、高素质和创新型人才。积极发挥行业协会和第三方组织的服务、协调、促进功能，加快政府职能转变，赋予行业协会一定的法律地位，让其充分发挥服务高等教育发展的作用。

（2）科学落实政策

本科院校专业调整是一个系统工程，政府、教育主管部门、本科院校、行业协会及第三方组织在其中承担的角色和分配的任务各有不同，客观上要求高度重视政策的协同，形成合力，从单一的行政规定过渡为法律、经济等多手段并存，妥善解决整个专业调整过程中本科院校专业设置主体利益不分、职责不清等问题，明确政府与本科院校的权利与义务。政府职能部门应加强所在地区高校的统筹规划与管理，对不同层次、科类和隶属关系的学校进行综合考虑，把高校发展纳入地方产业、经济发展的整体战略中去，引导各个学校科学定位，凝聚成发展地方经济的合力，为促进地方经济发展提供有力支撑。

（3）注意政策差异

统筹考虑本科教育内部不同类别、不同层次、数量扩大与质量提高、眼前和长远、规模发展与增加投入等之间的关系，统筹考虑本科专业调整与产业结构演进的关系，不仅要顺应本科专业自身发展需要与产业结构演进的需求，也要考虑本科专业调整与产业结构演进的协调发展。统筹兼顾经济发达地区和经济欠发达地区的需要，把产业结构演进作为本科专业结构优化的重要出发点，努力促进本科专业均衡发展，结合实际需求，培养差异化的多层次人才，形成与产业结构相适应的人才培养结构。

9.3.2　加大人才培养经费支持

（1）优化财政支出结构

建立基于专业大类和经济社会发展需求的差异化拨款制度，建立健全支持高校改革发展、服务国家重大战略的资金保障机制。对与前沿科技、工业优势产业链、民生发展等紧密相关以及在人才培养、产业发展中起支撑作用的学科专业，上浮核拨一定比例的生均经费，并给予一定的其他政策倾斜。

（2）提高资金使用效率

加强资金绩效考核分配，对资金投入实行差异性分配管理，提高资源合理分配率，引导财政资金使用向内涵式发展倾斜。支持高校建设好一批与电子信息、先进制造、新材料等新兴产业相适应的教育创新基地，培养产业发展需要的高层次创新人才。

（3）建立多元经费筹措机制

构建产学合作协同育人项目三级实施体系，打造产教融合、校企合作的良好生态。鼓励行业龙头企业与高校共建研究院和试点班，建设产学研协同创新联盟，加大经费投入与支持力度，联合培养紧缺专业人才，提升专业建设参与度和积极性。

9.3.3 优化专业评价质量体系

（1）推进完全学分制改革

加快以弹性学制、专业选择制、主辅修学位制、学分互认制、学业预警制等综合改革，推动大类培养、联合培养、交叉培养。值得注意的是，部分院校过于迎合产业结构的一般性层面需求，过于强调培养学生应用专业知识的“基本能力”，有可能陷入狭隘的专业教育，忽略了本科学生扎实专业基础的需要，对学生批判性思维、创新性能力、多样化技能以及社会责任感和领导力造成一定的影响，换句话说，专业结构调整既要努力适应地方产业发展需求，但也要注意产业结构变化绝对不是影响专业结构调整的唯一要素，否则，本科院校与高职院校的人才培养目标将陷于同构化境地，导致人才培养失衡。

（2）推进 OBE 理念引导下的质量评价

坚持 OBE 理念引导，反向设计专业发展规划和人才培养目标，提升各环节之间的科学衔接，实现培养链条的完整，拓宽传统专业发展空间，积极推动科研成果进教材、进课堂、进头脑。值得注意的是，推动专业动态调整与产业结构演进的协同发展不是将学生仅仅培养成为应用能力强的技术工人，而应该是具有较高综合素养的综合人才。

（3）充分发挥第三方作用

不可否认地是，部分高校过分追求“数量与规模”，政府和高校并未达成“思想与步调”的一致，影响高等教育质量的提升，积极推动第三方参与本科专业动态调整的咨询、评价和监督作用，结合不同层次高校差异引导学校发展方向，提升教育资源配置效率，以“提升学生能力”为落脚点，以促进“高等教育高质量”发展为基本遵循，营造政府、高校和社会等相关利益主体共建共享的氛围。

9.3.4 建设潜心育人师资队伍

（1）深化教育评价改革

全面贯彻党的教育方针，落实立德树人的根本任务，系统推进教育评价改革，引导全社会树立科学的教育发展观、人才成长观、选人用人观，破除“五唯”顽瘴痼疾，扭转不科学的教育评价导向。进一步改革教学评价、绩效考核、职务（职称）评聘制度，探索以教学工作量和教学效果为导向的分配办法，坚持突出教学业绩评价，增强教师提高实践能力的主动性、积极性。建立科学的、符合时代要求的教育评价制度和机制，健全以成果和贡献为基础的人才激励政策，重奖热爱教学、忠诚教学、教学成效显著的教师，让老师有获得感、成就感、满足感。

（2）建设高素质教学团队

聚焦前沿领域，支持遴选建设高水平的创新团队，培养、引进一批具有学术影响的学科领军人物，培养、选拔一批优秀中青年学术带头人和骨干教师。组建校外教学指导委员会、实施双导师制，建立一支满足学校人才培养、本校教师为主体、知名学者、企业精英、政府官员等外聘教师组成的、知识能力互补型教学团队。创新共享共用、柔性引才等政策方式，建强培优基层教学组织，全面推进高水平专业师资建设。

（3）健全队伍培训机制

以定编定岗和人事分配制度改革为契机，完善教师分类管理，健全“双师双能”型教师传帮带机制。坚持以青年教师培养、骨干教师培训、教学管理队伍建设等为重点，通过组织多样化的技能培训，包括但不限于教学沙龙、教学咨询、教研互助、挂职锻炼、海外访学等，实现多样化平台与形式助力教师成长。同时，加大岗位业务及技能培训的常态化培养，打造“双师双能”型教师队伍，建立教师成长的长效发展机制。

9.4 小结

本科专业调整和产业结构演进作为地区经济增长的重要影响因素，两者协同发展可以实现“1+1>2”的作用，促进区域经济显著增长。基于前述分析与研究，借鉴国内外本科专业调整和产业结构演进协同发展的经验与启示，从优化专业动态调整基本原则、锚定耦合动态调整重点、创新动态协同调整策略等方面明确动态协同发展方向，从健全需求引领动态调整机制、推动融合升级供需精准对接、打造内涵提质协同创新引擎等方面提升两者耦合协同发展水平，从加强耦合协同政策引导、加大人才培养经费支持、优化专业评价质量体系、建设潜心育人师资队伍等方面健全耦合协同长效保障体系，以期为提升本科专业调整和产业结构演进提供参考。

第十章

结论与展望

10.1 研究结论

实现本科教育内涵式发展是“十四五”期间的重大战略任务，其核心是要抓好“根本质量（人才培养）、整体质量（区域均衡）、成熟质量（教育治理）、服务质量（支撑引领社会经济）”，推进“双一流”建设，建设高等教育强国。本科专业调整与产业结构演进之间存在相互影响、相互制约的关系。合理的专业结构推动产业结构升级与优化，以实现产业结构高级化、高效化。产业结构的优化升级有利于本科院校高素质创新型人才的培养。两者耦合协同发展促进人力资本供需平衡、资源禀赋合理配置，进一步推动区域经济增长。首先在借鉴国内外相关研究的基础上，本研究综合考察本科专业结构调整、产业结构演进轨迹以及两者耦合协同发展面临的机遇与挑战，并结合教育内外部理论、人力资本理论、产业结构演进理论及结构功能主义等经典理论，阐述了本科专业调整与产业结构演进动态耦合的理论机理；其次，基于本科专业调整、产业结构演进两个系统进行评价指标设计，并引入耦合协调度模型、信息熵、空间变异系数、空间ESDA、趋势面分析及标准差椭圆分析等方法对本科专业调整与产业结构演进耦合协调水平的时空特征进行评价；再次，基于服务地方经济高质量发展的目标，建立面板数据模型和空间计量模型探讨本科专业调整与产业结构演进耦合协同发展的经济效应及其空间溢出效应，并在初步探究六大学科本科在校生比重与产业结构比重的关系上，构建ARIMA（p, d, q）模型预测我国2020—2025三次产业产值占比情况，最终得到各类别本科在校生占比的变化值，为未来我国加快本科专业调整提供方向指引，依照“湖南省、A大学”层层递进的分析方法，“以点带面”提炼并总结我国本科专业调整与产业结构演进动态调整的微观经验与启示，为深化产教融合、加快构建本科教育高质量发展体系提供现实参考；最后，结合本科专业调整与产业结构演进协同发展的理论和实证分析，从明确动态耦合协同发展方向、提升两者耦合协同发展水平、健全耦合协同长效保障体系等方面提出了具体行动路径。通过系统的理论与实证研究，得到的主要结论如下。

10.1.1 本科专业调整与产业结构演进存在动态耦合协同关系

①本科专业调整与产业结构演进并不是简单的适应匹配关系，两者围绕人力资本供给与需求的平衡形成静态的耦合协同关系，具体表现为：产业作为专业人才的需求方，其产业结构演进需与人力资本规模结构相匹配，并利用产业资源配置合理化和高效化实现本科教育内涵式发展；本科院校作为专业设置供给方，通过影响人力资本规模结构和资源的配置效率，不断提高科技创新水平，进而依靠技术进步提高技术产业和清洁产业比重，促进产业结构转型升级。②由于本科教育调整的时滞性、预测偏差及经济不确定性的影响，本科专业调整与产业结构演进动态耦合是多方主体博弈的结果。③基于我国高等教育内涵式发展和地区经济高质量增长的双赢目标，重点阐述本科专业调整与产业结构演进动态耦合产生的规模经济和溢出效应对地区经济增长的协同经济效应，即形成“本科专业调整与产业结构演进耦合协同发展—生产效率—经济增长”和“本科专业与产业结构耦合协同发展—创新能力—经济增长”的经济“量”与“质”的双重增长路径。随着高等教育即将进入普及化发展阶段，本科专业人才培养过程中仍然存在专业布局不合理、学科专业结构失衡等问题，面临产教融合步伐加快、“双一流”建设快速推进、区域产业结构不断升级的发展机遇与结构性失业、机制不健全等挑战并存的局面。

10.1.2 我国本科专业调整与产业结构演进耦合协同发展水平总体呈现波动上升趋势但区域空间异质性明显

①从总体时序特征来看，2003—2019 年，本科专业调整由规模扩张向高质量发展转变，产业结构演进明显较快，但两系统耦合互动性不强；耦合协同水平呈上升趋势，尚处于初级耦合协同阶段，且本科专业调整明显滞后于产业结构调整，处于Ⅶ型耦合协同发展，距Ⅷ型类别（系统最优）

还有一定距离。按照耦合协同阶段划分标准，本科专业调整与产业结构演进耦合协同呈现外延式发展、过渡式发展和内涵式发展的显著阶段性特征；②分产业而言，三次产业的耦合协同度均呈上升趋势也具有一定阶段性特征，但第三产业发展最快且产业间差距拉大，第一产业是产业结构与本科专业协同互动发展的薄弱点；③就区域比较来看，本科专业调整与产业结构演进耦合协同发展水平呈现“东中西”梯度差异，但区域内差异趋向扩大，第三产业和第二产业的耦合协同水平东西差异更趋明显；④从空间格局来看，耦合协同度具有显著的空间集聚特征，总体上呈现“东高西低”的空间分异格局，Ⅴ型和Ⅵ型是区域耦合协同发展的主要类型；东部和北部是本科专业调整与产业结构演进耦合协同发展的优势区，且分三次产业学科的耦合协同度也具有“东北—西南”相对固化的空间分布格局。

10.1.3 本科专业调整与产业结构演进耦合协同发展具有显著经济增长效应

①相比于本科专业调整与产业结构的单一经济增长效应，两者耦合协同发展能够显著促进经济增长，且本科专业调整的先导效应在区域经济社会发展中得以体现，并呈现“西部 > 东部 > 中部”的协同经济增长弹性变化趋势；②分三次产业比较来看，三次产业学科的协同经济增长效应的区域异质性和产业异质性明显，表现为第二产业最大、第一产业最小的特征，且东部地区第一产业学科的耦合协同经济增长效应最强，中西部表现为“二一三”的协同经济增长变化趋势；③从空间溢出效应来看，我国本科专业调整和产业结构演进耦合协同度具有“集聚—分散—集聚”的空间循环过程，两者耦合协同发展对于经济增长具有显著正向的空间溢出效用，且间接效应大于间接效应，协同经济增长的空间涓滴效应有待加强；④从“四新”建设来看，当前我国新文科建设与产业结构演进的耦合协同发展正处于起步阶段，文科建设的教育经济引领作用当前在东部地区得以充分体现，对区域整体经济增长的促进作用及空间溢出效应还有待进一步释放。

10.1.4 六大学科专业结构与产业结构具有较强的因果关联，能够为未来本科专业调整提供方向性参考

①在探究学科专业结构与产业结构相关关系的基础上，通过构建回归方程判断六大学科本科在校生比重与三次产业结构的因果关系表明，各学科专业并不一定与其所服务的主导产业呈现一一匹配关系，未来多学科融合交叉的模式更有利于本科专业人才更好地满足产业结构优化升级需求；②基于2003—2019年我国三次产业增加值构建ARIMA（p, d, q）时序模型，得到2020—2025年三次产业增加值占GDP比重预估值，最终估算得到2020—2025年六大学科本科专业在校生比重，发现未来随着产业结构持续向“三二一”演进，地区经济逐渐向高质量发展转变，对于人文类的人才需求会相对下降，对于教育学类和经管类人才需求趋于稳定，而对理工类和医学类的专业人才需求会持续上涨，专业化的农业人才需求相应增长；③未来本科专业调整应统筹推进基础学科和应用学科协同发展，应适当增加在理工类和医学类专业布点和招生人数，不断优化调整经管类和教育类专业设置结构，淘汰停止部分不适应社会发展的人文类专业招生，鼓励学科交叉和特色化专业集群建设，加快推进“四新”建设，进而提升本科专业人才的专业化和技能化水平。

10.2 研究展望

本研究初步建立了本科专业调整与产业结构演进动态耦合协同发展理论框架，基于本科专业调整、产业结构演进两个系统进行评价指标设计，并引入了耦合协调度模型、信息熵、空间变异系数、空间分析方法等多种工具对我国本科专业调整与产业结构演进耦合协调的时空演化趋势进行测度与评价，建立了面板数据模型和空间计量模型探讨本科专业调整与产业结构演进耦合协同发展的经济效应及其空间溢出效应，构建了ARIMA（p, d, q）模型预测我国三次产业产值占比并得到2020—2025年本科专业在校生比重，并选取湖南省和特定高校作为典型研究案例提炼本科专业调整与产业结构演进的一般经验与启示，最后探讨了推动我国本科专业调整与产业演进动态耦合协同发展的具体路径。然不可否认地是，本科专业调整与产业结构演进是一个复杂而系统的动态过程，由于时间和水平所限，本研究还存在一定的局限性，有待今后进一步研究和思考。

10.2.1　理论机理有待进一步深入

本科专业调整与产业结构演进耦合协同发展是中国特有国情下的战略选择，是“十四五”时期高等教育高质量发展的重要内容。在百年未有之大变局下，对于本科专业调整与产业结构演进耦合协同发展具有更高的要求。本研究主要探讨产业结构变迁与本科专业调整的耦合互动关系，从耦合协同系统的内部结构与功能等方面进行系统要素的深入融合还有进一步讨论的空间。关于协同经济的增长效应，更多是从集聚经济的规模效应和溢出效应来分析，有关人力资本、技术创新等内在影响机制分析尚有较大空间。

10.2.2　实证方法有待进一步完善

一是由于数据限制，研究对象有待拓展。本科专业调整与产业结构演进动态耦合协同发展的过程是一个相对复杂的过程，而由于部分省域关于产业结构演进及本科专业调整的数据相对较少，能利用的长时间面板数据较少，对于区域异质性的分析不够系统全面。二是评价指标体系有待完善。目前尚未形成产业结构演进与本科专业调整耦合协同的系统性评价指标体系，且关于本科专业调整的评价多是基于高校学科建设、供给结构等指标，对学科特色化、新兴学科结构、外部环境等更为全面的指标选择还有空间。三是囿于数据的限制，主要利用面板数据模型与空间计量模型考察本科专业调整与产业结构演进耦合协同发展的经济增长及其空间溢出效应，但由于教育时滞性等特点，两者耦合协同发展的经济增长效应可能存在一定的滞后性，未来可尝试构建动态面板和空间动态面板模型来丰富耦合协同经济增长效应。

10.2.3　提升路径有待进一步深化

本研究基于我国本科专业调整与产业结构演进现状及两者适应性的现实情况进行考察，并从调整策略、提升机制和保障机制等方面提出了相应的对策建议，但产业结构演进尤其是与当地产业结构相适应的本科专业设置与调整有着一定的特殊性，如何有针对性地提出进一步科学和具体的举措，尤其是随着“四新”建设的快速推进，如何进一步发力促进不同学科的科学发展，对此类问题的思考在后续的研究中值得进一步深入讨论。

后 记

时光飞逝，不知不觉从事高校教学与管理工作已近20载。多年来，因为工作、研究兴趣等原因，我一直对高校办学定位与特色、本科专业建设与调整、区域产业布局与成长等保持着浓厚的兴趣，围绕本科专业调整与产业结构演进耦合协同发展等具体问题进行了持续的调研、观察和思考，努力让自己的认识更加深入和系统，这样不仅能为做好自己的工作提供更为科学、理性的认识，也力求为丰富相关研究提供一定的借鉴与参考。

本书主要是在我自己主持的中国博士后科学基金面上资助项目、湖南省普通高等学校本科教学改革研究委托项目等基础上整理而来。在本书的写作和研究过程中，我得到了很多人的关心和帮助，首先要特别感谢我的博士后合作导师——姚利民教授。正是姚老师当年的肯定和接纳，我才有幸开启自己人生中又一段难忘的学习与研究时光。姚老师为人谦和、爱生如子，在教学原理、管理心理、有效教学、研究性教学、教师教学发展、高等教育管理等方面均有很深的造诣。在这段十分珍贵的研究路上，姚老师总是用他科学、严谨的方法引导、鼓励我开展学术研究，并给予了极富针对性的指导，让我对当前高等教育管理、教学改革与创新中的热点、难点问题有了更加系统的认识和更深的思考。

其次，我要特别感谢自己的博士生导师陈治亚教授，以及在学业、工作上给予过我特别多指导和关心的柳思维教授，两位老师同样是我成长路上的“贵人”，真诚感谢他们的精心培养。我将始终铭记老师们反复教导的“天道酬勤”的信念，努力做顶天立地的学术研究，做一个温暖的人，在此的寥寥数语难以完全表达我对老师们的尊敬和感激，唯愿自己勤勉努力，用更加优异的成绩来感恩老师们的培养与关怀。

再次，我要感谢余小波教授、蒋家琼教授、钟毅平教授、阳荣威副教授、徐丹副教授、李震声老师、陈剑光老师、谭竞雄老师等专家和老师给予的悉心指导。感谢刘国权教授、张玲教授、刘导波教授、向国成教授、易松芝教授、陆杉教授、曾思亮副处长等领导和老师给予的倾力支持。感谢杨莉等同门兄弟姐妹的帮助和指导。感谢我的研究生王露、王展在数据整理、文字校对等方面给予的细心协助。感谢很多在学习、工作与研究过程中给予我指导、帮助的领导、老师和朋友，请谅解在此无法一一列明，你们带给我的支持与温暖让我有了更多前行的动力！此外，在本书的写作过程中，我参考了很多相关资料，这些资料为我的研究与思考提供了很多借鉴，在此向这些文献的作者表示衷心的感谢！

“如果你想闯出去，别人想挡也挡不了，如果你想躺下来，别人想管也管不了”。我无法忘记自己一路求学的艰辛与不易，忘不了自己出生与成长的那个四面环山、开门见山的小山村，父母的与人为善、勤勉朴实以及对我的无限信任与期待一直是我不断努力和进取的源动力，岳父母的悉心支持、宽容理解与毫无保留的帮助亦为我的前行提供了极大的帮助，特别感恩和幸运能成为你们的儿子！在求学与工作的路上，我还要特别感谢妻子多年来的辛勤付出，尤其在我从事博士后研究期间，二宝的平安诞生为家庭增添了更多喜悦，也让我感受到了更多为人父的责任！特别感谢弟弟给予的关心和鼓励，祝愿他和弟媳生活美好，一切顺意！特别感谢九江的大哥、大嫂给予的关怀和帮助，祝愿他们工作顺利，家庭幸福！

推进人才培养服务新时代人才强国战略，推进学科专业结构适应新发展格局需要，这是高等教育内涵式发展的客观要求，推进本科专业调整与产业结构演进动态耦合正是上述要求的具体实践和体现，我也将持续关注和深化相关研究。

虽然开展了大量的研究工作，但由于时间和水平所限，本研究肯定还存在一定的局限与不足，敬请各位专家批评、指正与谅解。

此刻，窗外的小鸟已经开始叽叽喳喳地叫起来了，太阳正在慢慢升起，新的一天，新的开始。

愿所有美好，都如期而至！

参考文献

[1] 山世亮，纪明 . 以供给侧结构性改革提升高等教育质量 [J]. 中国高等教育，2021（18）：43–44，64.

[2] 中华人民共和国中央人民政府网 . 中华人民共和国国民经济和社会发展第十四个五年规划和 2035 年远景目标纲要 [OL].（2021–03–13）.http：//www.gov.cn/xinwen/2021–03/13/content_5592681.htm.

[3] 杨林，陈书全，韩科技 . 新常态下高等教育学科专业结构与产业结构优化的协调性分析 [J]. 教育发展研究，2015，35（21）：45–51.

[4] 王桂月，孙志静，李新运，等. 我国高等教育对产业升级的贡献率测算研究 [J]. 现代教育管理，2017（9）：35–40.

[5] 刘懿，赵静 . 地方高校“双一流”建设的探索与实践——以 J 大学为例 [J]. 领导科学论坛，2018（9）：65–68.

[6] 中华人民共和国教育部网 . 深化本科教育教学改革 全面提高人才培养质量——教育部高等教育司负责人就《关于深化本科教育教学改革 全面提高人才培养质量的意见》答记者问 [OL].http：//www.moe.gov.cn/jyb_xwfb/s271/201910/t20191011_402636.html.

[7] 周月朋，丁兆明，李娜 . 城市型、应用型大学与“一流建设”探析 [J]. 北京联合大学学报，2018，32（3）：5–9.

[8] 中华人民共和国教育部政府门户网站 . 吴岩：构建高质量发展体系 建设高等教育强国 [OL].http：//www.moe.gov.cn/jyb_xwfb/moe_2082/zl_2020n/2020_zl61/202012/t20201208_504136.html.

[9] 季晶晶，涂宝军，房洁，等 . 地方应用型高校专业设置与地方产业互动发展研究——以淮海经济区 16 所应用型高校为例 [J]. 常州工学院学报（社科版），2018，36（5）：112–117.

[10] 周光礼，姚蕊 . 全球顶尖大学如何改革本科专业设置 [N]. 光明日报，2021–12–17（13）.

[11] 柳友荣，项桂娥，王剑程 . 应用型本科院校产教融合模式及其影响因素研究 [J]. 中国高教研究，2015（5）：64–68.

[12] 赵艳林，王文，徐建平，等. 地方工科院校专业设置与服务地方互动研究 [J]. 高等教育研究，2012，33（6）：66–70.

[13] 陈治亚，李建东 . 本科教育教学质量是一流大学建设的基础 [J]. 中国高校科技，2017（2）：11–13.

[14] 纪宝成 . 中国大学学科专业设置研究 [M]. 北京：中国人民大学出版社，2006.

[15] 钟秉林，王新凤 . 我国“双一流”建设成效评价的若干思考 [J]. 高校教育管理，2020，14（4）：1–6.

[16] 陈治亚，郝跃 . 行业特色型高校建设世界一流大学与学科的思考 [J]. 中国高校科技，2015（12）：4–6.

[17] 韩晶，孙雅雯，陈超凡，等 . 产业升级推动了中国城市绿色增长吗 ?[J]. 北京师范大学学报（社会科学版），2019（3）：139–151.

[18] 倪明明 . 中国金融结构调整与产业结构优化研究 [D]. 西安：西北大学，2015.

[19] 宗利永，孙绍荣，罗尧成，等. 本科专业重复设置的现状、成因及应对策略一以上海地区高等学校为例 [J]. 教育发展研究，2007（23）：29–33.

[20] 郭小宏 . 对地方高校专业设置滞后现象的思考 [J]. 重庆交通大学学报（社会科学版），2009，9（4）：111–115.

[21] 韩延明 . 论我国新建本科院校走出困境科学发展的战略战术 [J]. 中国高教研究，2011（6）：59–62.

[22] 张伟 . 新时期师范院校专业设置与调整研究 [D]. 重庆：西南大学，

2012.

[23] 何香仪 . 地方普通高校专业设置滞后问题探析 [J]. 黑龙江高教研究，2012（11）：164–165.

[24] 黄加文，陈胜祥 . 经济结构调整视角下高校人才培养模式改革探讨 [J]. 中国高等教育，2014（22）：26–29.

[25] 王志军 . 就业质量视域下高校专业设置问题及其审视——基于“应用技术大学（学院）联盟”中 34 所院校的分析 [J]. 黑龙江高教研究，2014（4）：88–93.

[26] 苏华 . 关于加快现代职业教育发展的八点建议 [J]. 中国科技产业，2015（5），15.

[27] 张彩云，赵冬 . 适应经济社会：专业设置滞后的学理审视 [J]. 黑龙江高教研究，2016（10）：36–38.

[28] 李俊义 . 新建本科院校专业设置的轨迹及调整路径 [J]. 黑龙江高教研究，2017（8）：62–65.

[29] 汪伟明 . 大学生专业选择与职业选择冲突研究 [D]. 桂林：广西师范大学，2018.

[30] 徐秋艳，房胜飞 . 高等教育供给结构与产业结构升级的耦合协调性分析 [J]. 统计与决策，2019，35（8）：56–59.

[31] 皇甫林晓，梁茜 . 新中国成立 70 年来高等教育办学体制改革的历史回顾与未来展望 [J]. 大学教育科学，2020（1）：73–79.

[32] 顾拓宇 . 地方本科师范院校专业设置：现状、问题与调整——以 112 所样本院校为例 [J]. 高教探索，2020（12）：22–28.

[33] 张万方 . 新时代地方高校办学定位的职业性导向 [J]. 黑龙江高教研究，2021，39（1）：36–39.

[34] 曹洪军 . 专业设置与大学生就业关系 [J]. 辽宁教育研究，2008（9）：119–121.

[35] 邬大光 . 重视本科教育：一流大学成熟的标志 [J]. 中国高教研究，2016（6）：5–10.

[36] 张大良 .“双一流”背景下江苏高教强省建设的策略选择 [J]. 江苏

高教，2017（7）：1–3.

[37] 曾庆伟 . 内涵发展：一流大学建设的必由之路 [J]. 教育发展研究，2016，36（Z1）：3.

[38] 倪亚红，王运来 ."双一流"战略背景下学科建设与人才培养的实践统一 [J]. 江苏高教，2017（2）：7–10，15.

[39]MICHELSEN S., VABØ A., KVILHAUGSVIK H., KVAM E. Higher Education Learning Outcomes and Their Ambiguous Relationship to Disciplines and Professions[J].European Journal of Education，2017，52（1)：56-67.

[40] 张存 . 湖南省普通高校学科专业结构与产业结构的适应性研究 [D]. 长沙：湖南师范大学，2018.

[41] 黄炳超 . 基于能力培养的应用型本科实践教学体系构建 [J]. 实验室研究与探索，2019，38（5）：164–168.

[42] 张纯坤，马青 . 地方高等院校专业结构问题的归因与启示 [J]. 黄冈师范学院学报，2020，40（1）：79–83.

[43] 刘自团，彭华安 ."双一流"建设高校教学质量现状及影响因素研究——基于江苏省 15 所高校的调查与分析 [J]. 中国高教研究，2020（8）：23–29.

[44] 张丽娜 . 普通高校本科专业结构调整优化建议 [J]. 中原工学院学报，2020，31（5）：86–90.

[45] 威廉・配第 . 政治算术 [M]. 马妍，译 . 北京：中国社会科学出版社，2010.

[46] 亚当・斯密 . 国民财富的性质和原因的研究 [M]. 郭大力，王亚楠，译 . 北京：商务印书馆，1972.

[47] 西蒙・库兹涅茨 . 各国的经济增长 [M]. 常勋，译 . 北京：商务印书馆，1999.

[48]DENISON, EDWARD F. Accounting for United Economic Growth 1929-1969[M]. Washington DC: Brooking Institution,1974.

[49] 阳荣威 . 高等学校专业设置与调控研究 [M]. 长沙：湖南大学出版社，2007.

[50]ZHOU F. Analysis on the Coordinated Development of Undergraduate Specialty Setting and Industrial Structure Optimization in Shaanxi Province[C]//4th International Conference on Education, Management, Arts, Economics and Social Science (ICEMAESS 2017). Atlantis Press, 2017: 88-91.

[51] 龚怡祖 . 大学专业设置模式探析 [J]. 教育发展研究，2001（11）：72–73.

[52]JUNG J H, CHOI K S. The Labor Market Structure of KnowLedge–Based Industries: A korean Case[J]. Joural of the Asia Paciftc Econoiny, 2006, 11（1）59–78.

[53] 伯顿，R. 克拉克 . 高等教育系统 [M]. 王承旭，译 . 杭州：杭州大学出版社，1994.

[54] 潘懋元 . 毕业分配引进市场机制之后的问题及对策 [J]. 福建论坛（经济社会版），1988（5）：58–59.

[55] 徐军，曹方 . 教育结构影响因素探析 [J]. 高教论坛，2005（2）：7–11.

[56] 任丽清，刘剑虹 . 高等学校专业设置的经济动机和行为选择模式 [J]. 教育发展研究，2011（9）：40–44.

[57] 张朋飞，段胜楠 . 我国高校专业设置政策的发展趋势 [J]. 高考（综合版），2015（9）：171.

[58] 张胤，温嫒嫒 . 行政推动、学术内生与市场引领——一流大学学科建设理论模型及其现实模式研究 [J]. 高教探索，2016（7）：57 — 61.

[59] 郭书剑 ."双一流" 建设理论研究与实践探索——《江苏高教》2018 年高层论坛综述 [J]. 江苏高教，2018（6）：1–5.

[60]XUE YINGZHEN. Analysis on the Influencing Factors of the Subject Professional Structure of Local Universities (C). 2019 2nd International Conference on Global Economy,Finance and Humanities Research(GEFHR 2019).

[61] 胡科 ."双一流" 建设背景下本科教育质量的影响因素研究 [J]. 黑龙江高教研究，2021，39（2）：1–6.

[62] 吕晓永 . 东莞应用型本科院校专业设置与地方产业对接研究 [J]. 湖

北开放职业学院学报，2020，33（22）：41–43.

[63] 郑小霞 . 基于区域产业结构演进的高校专业结构适应性调整研究 [J]. 黑龙江高教研究，2020（12）：155–160.

[64] 刘文社 . 江苏产业结构特点及应用型本科院校专业布局调整策略 [J]. 科技视界，2020（7）：1–2.

[65] 范涛，梁传杰，夏婉扬 . 世界一流学科建设模式改革——目标愿景、内涵特征与实施路径 [J]. 研究生教育研究，2021（2）：68–74.

[66] 刘国瑞 . 关于高等学校学科结构调整的再认识 [J]. 大学与学科，2021，2（1）：72–81.

[67]JOHNES G. Costs and Industrial Structure in Contemporary British Higher Education[J]. The Economic Journal, 1997, 107(442): 727-737.

[68]HONGJUAN S. How First-Class Undergraduate Education Reform in the United States Can Inform the Development of Double First Class Education in China[J].Chinese Education & Society,2018,51(4):282-293.

[69] 李鹏虎 . 美国高校提升本科教学质量：反思、实践与启示 [J]. 高等教育评论，2020，8（1）：121–133.

[70] 姚文杰，何斌 . 发达国家本科职业教育办学的特点、经验与启示——基于德国、美国和日本三国的分析 [J]. 教育与职业，2020（17）：81–88

[71] 董樊丽，聂文洁，张兵 . 美国高校学科交叉融合发展借鉴及启示——以斯坦福大学 Bio–X 计划为例 [J]. 科学管理研究，2020，38（5）：161–167.

[72] 贾明学 . 澳大利亚体育本科专业课程认证体系研究与启示 [J]. 武汉体育学院学报，2020，54（2）：80–86.

[73] 冯永刚，魏敏敏 . 美国高校通识教育的经验、挑战及启示 [J]. 当代教育科学，2020（3）：59–65.

[74] 张慧睿，马万华 . 日本大学参与对外援助及对高等教育国际化的影响 [J]. 教育学术月刊，2019（11）：19–25.

[75] 毛现桩 .“四个回归”背景下英国“教学卓越框架”对我国高等教育本科教学的启示 [J]. 商丘师范学院学报，2020，36（10）：94–99.

[76] 陆素菊 . 本科职业教育的日本道路——专门职大学制度的创立及其

实践课题 [J]. 外国教育研究，2021，48（1）：3–16.

[77] 易金生 . 关于中国学科专业分类调整的思考 [J]. 高教发展与评估，2015，31（6）：68–73，84.

[78] 曲绍卫 . 经济视野中的高等教育 [M]. 山东：中国海洋大学出版社，2006.

[79] 何光耀，黄家庆 . 论地方新建本科院校的转型发展——地方本科高校转型发展研究之二 [J]. 广西社会科学，2014（10）：207–211.

[80] 何兰英，龙大为 . 中美研究型大学专业设置与人才培养的差异及其启示 [J]. 思想战线，2004（4）：99–102.

[81] 柳贡慧 . 地方大学“双一流”建设的逻辑与途径 [J]. 中国高等教育，2017（18）：33–34.

[82] 吴敏良 .“双一流”建设背景下高职专业群动态调整机制建设 [J]. 当代教育论坛，2017（6）：18–23.

[83] 龙奋杰 . 新建本科院校“学科—专业—平台—团队”一体化建设的探索与实践 [J]. 国家教育行政学院学报，2018（3）：50–55.

[84] 王慧敏 .“双一流”背景下地方财经类院校学科品牌建设路径研究 [D]. 山西财经大学，2018.

[85] 王晓玲 . 高等学校专业动态调整机制研究 [D]. 大连：大连理工大学，2019.

[86] 刘宽亮 . 新建地方本科院校专业结构调整再认识 [J]. 运城学院学报，2020，38（4）：72–77.

[87] 张秀丽 . 理工类高校本科专业预警、退出机制现状与问题分析 [J]. 教育教学论坛，2019（49）：217–218.

[88] 孙明英 . 政府与省属大学规制关系生成逻辑的实证研究 [J]. 教育学术月刊，2020（12）：24–29，66.

[89] 汪旭晖，阙庆迎 . 产教融合背景下高等学校本科专业结构优化调整——以辽宁省为例 [J]. 现代教育管理，2021（2）：40–47.

[90] 刘振天，罗晶 . 高等教育评价“双刃剑”：何以兴利除弊 [J]. 大学教育科学，2021（1）：4–12.

[91] 杨莹莹 . 应用技术型高校专业设置研究述评 [J]. 河南科技学院学报，2021，41（4）：65–70.

[92] 苏志刚 . 本科层次职业教育的价值取向和路径选择 [J]. 职教论坛，2021，37（3）：31–35.

[93] 干春晖，王强 . 改革开放以来中国产业结构变迁：回顾与展望 [J]. 经济与管理研究，2018，39（8）：3–14.

[94] 成卓，金阳 . 新时期我国产业发展和结构变化趋势展望 [J]. 中国经贸导刊，2018（5）：57–60.

[95] 韩永强，王仙芝，南海 . 职业教育专业结构与产业结构协同度测量 [J]. 中国职业技术教育，2019（11）：47–52.

[96] 王晓通 . 产业结构对流动人口收入水平及分配的影响 [D]. 青岛大学，2020.

[97] 王弟海 . 三次产业增长和产业价格结构变化对中国经济增长的影响：1952—2019 年 [J]. 经济研究，2021，56（2）：22–38.

[98] 李凌汉，娄成武 . 政策性诱致：一个农村产业创新的解释框架——基于 S 省农村农产品创新现象的多案例扎根分析 [J]. 中国地质大学学报（社会科学版），2021，21（2）：103–118.

[99]MAZUMDAR J. Do Static Gains From Trade Lead to Medium-Run Growth?[J]. Journal of Political Economy, 1996, 104 （6） : 1328–1337.

[100]MICHAELY M. Exports and Growth: An Empirical Investigation[J]. Journal of Development Economics, 1977, 4 （1） : 49–53.

[101]GEREFFI G. International Trade and Industrial Upgrading in the Apparel Commodity chain[J]. Journal of International Economics, 1999, 48 (1) : 37–70.

[102]SCHMIZ H, KNORRINGA P. Learning from Global Buyers[J]. Journal of Development Studies, 2000, 37 (2) : 177–205.

[103]GEREFFI G, HUMPHREY J, STURGEONT. The Governance of Global Value Chains[J]. Review of International Political Economy, 2005, 12 （1） : 78–104.

[104] 赵进文，温宇静 . 中国经济结构变动的投入产出分析 [J]. 财经问题

研究，2004（4）：3–12.

[105] 储德银，建克成．财政政策与产业结构调整——基于总量与结构效应双重视角的实证分析 [J]. 经济学家，2014（2）：80–91.

[106]JABBOUR L.Determinants of International vertical Specialization and Implications on Technology Spillovers [J]. Geophysical Prospecting for Petroleum，2015,54 (2) :188 - 196.

[107] 孙绍勇．协同推进态势下“一带一路”发展机遇的辩证统一 [J]. 理论学刊，2017（5）： 87 –93.

[108] 韩永辉，黄亮雄，王贤彬．产业政策推动地方产业结构升级了吗？——基于发展型地方政府的理论解释与实证检验 [J]. 经济研究，2017，52（8）：33–48.

[109] 吴建江．消费视角下我国的产业结构转型升级研究 [D]. 南昌：江西财经大学，2020.

[110] 余长林，杨国歌，杜明月．产业政策与中国数字经济行业技术创新 [J]. 统计研究，2021，38（1）：51–64.

[111] 张双才，刘松林．我国先进制造业创新驱动要素供给机制的完善研究 [J]. 科学管理研究，2021，39 （1） ：69–75.

[112] 刘强，李泽锦．消费升级、产业结构与就业结构 [J]. 数理统计与管理，2021，40（6）：951–964.

[113] 左玉洁．新型城镇化对流通业高质量发展的影响及作用路径——基于消费和产业升级双重视角的实证检验 [J]. 商业经济研究，2021（7）：13–17.

[114] 罗斯托．经济增长的阶段 [M]. 北京：商务印书馆，1962.

[115] 钱纳里．结果变化与发展政策 [M]. 北京：经济科学出版社，1991.

[116] 袁富华．长期增长过程的“结构性加速”与“结构性减速”：一种解释 [J]. 经济研究，2012，47（3）：127–140.

[117] 李子联，华桂宏．新常态下的中国经济增长 [J]. 经济学家，2015（6）：14–21.

[118] 韩永辉，黄亮雄，邹建华．中国经济结构性减速时代的来临 [J]. 统

计研究，2016，33（5）：23–33.

[119] 郑晓 . 产业结构与经济增长 [D]. 北京：中共中央党校，2012.

[120] 肖尧，杨校美 . 垂直专业化分工、产业结构调整与中国工业经济增长方式转变 [J]. 经济经纬，2016（4）：86–91.

[121] 周克 . 产业结构变化对生产率增长及其波动趋势的影响——基于中国各省 1978—2016 年发展经验的分析 [J]. 宏观质量研究，2019（5）：43–59.

[122] 陈晓东 . 改革开放 40 年中国经济增长与产业结构变迁 [J]. 现代经济探讨，2019（2）：11–18.

[123] 何文海，张永姣 . 环境规制、产业结构调整与经济高质量发展——基于长江经济带 11 省市 PVAR 模型的分析 [J]. 统计与信息论坛，2021，36（4）：21–29.

[124]JACKSON R. Higher Education, Industry and the Economy[J]. The Vocational Aspect of Education, 1990, 42（112）：39-42.

[125]ETZKOWITZ H.Innovation in Innovation: The Triple Helix of University-Industry-Government Relations[J]. Social Science Information, 2003, 42（3）：293-337.

[126]潘懋元.教育的基本规律及其相互关系[J].高等教育研究,1988(3):6–12.

[127] 林蕙青 . 高等学校学科专业结构调整研究 [D]. 夏门：厦门大学，2006.

[128] 温晓慧，丁三青 . 论我国高校学科结构调整和优化——基于产业结构动态的视角 [J]. 湖北社会科学，2012（11）：186–189.

[129] 马廷奇 . 产业结构转型、专业结构调整与大学生就业促进 [J]. 中国高等教育，2013（Z3）：56–59.

[130] 王询，孟望生 . 中国省级人力资本水平度量与分析——基于多元综合法 [J]. 人口与经济，2014（4）：3–13.

[131] 王贺元，王伟宜 . 就业视野下的“学科专业漂移”与高校学科专业调整 [J]. 福建师范大学学报（哲学社会科学版），2016（3）：159–165，

172.

[132] 刘园园 . 安徽省高等院校学科专业结构与产业结构的适应性研究 [D]. 淮北：淮北师范大学，2016.

[133] 岳昌君 . 高等教育结构与产业结构的关系研究 [J]. 中国高教研究，2017（7）：31–36.

[134] 田贤鹏 . 高校学科专业动态调整：模式、困境与整合改进 [J]. 高校教育管理，2018，12（6）：44–50.

[135] 西奥多 .W. 舒尔茨 . 论人力资本投资 [M]. 吴珠华，等，译 . 北京：北京经济学院出版社，1990.

[136] 叶澜. 教育概论 [M]. 北京：人民教育出版社，2006.

[137] 张学敏，叶忠编著 . 教育经济学（第 2 版）[M]. 北京：高等教育出版社，2014.

[138] 高书国，李捷，石特 . 新时代中国高等教育结构调整的战略研究 [J]. 高校教育管理，2019，13（3）：1–9.

[139] 迟景明，李奇峰 . 我国区域产学研创新系统耦合协调度评价及时空特征分析 [J]. 国家教育行政学院学报，2020（3）：15–25.

[140] 陈万明，沈婷 . 高等教育结构与产业结构互动关系中的时滞性探究 [J]. 黑龙江高教研究，2012，30（1）：73–76.

[141] 何菊莲，李军，赵丹. 高等教育人力资本促进产业结构优化升级的实证研究 [J]. 教育经济，2013（2）：48–55.

[142] 杜传忠，刘忠京 . 我国高等教育结构与产业结构的适应性分析 [J]. 理论学刊，2014（9）：52–58.

[143] 吴雯雯，曾国华 . 高等教育学科结构与产业结构适配问题——以江西省为例 [J]. 教育学术月刊，2015（5）：37–45.

[144] 许春东，黄崴 . 产业结构调整背景下广东高校学科设置优化 [J]. 高教探索，2016（5）：44–49，68.

[145] 王成端，王石薇 . 区域高等教育学科结构与产业结构相关性分析：以四川省为例 [J]. 高等教育研究，2017，38（12）：51–55.

[146] 王志强，李盛兵 . 产业转型视角下本科院校学科专业结构优化探

析——以广东为例 [J]. 高等工程教育研究，2018（3）：105–110.

[147] 王晓玲，张德祥 .1949 年以来我国高校专业调整机制的演变——高校专业调整 70 年回顾与展望 [J]. 中国高教研究，2019（6）：33–39，47.

[148] 袁东敏 . 湖南省普通高校本科专业结构优化策略研究 [J]. 当代教育论坛，2020（1）：36–44.

[149] 王应密，韦瑞瑞 .21 世纪以来高等职业教育对经济增长贡献率的研究——基于中国省域面板数据的实证分析 [J]. 黑龙江高教研究，2021，39（4）：103–107.

[150] 刘新平，盂梅 . 新疆高校学科建设与产业结构调整的耦合关系分析 [J]. 中国高教研究，2010（8）：56–58.

[151] 李卉 . 本科专业设置与大学生就业问题研究 [D]. 南京：南京工业大学，2012.

[152] 杨宇轩 . 高等教育层次结构调整与经济增长的关系研究 [D]. 成都：西南财经大学，2012.

[153] 闵维方，蒋承 . 产业与人力资源结构双调整背景下的大学生就业——一个历史和比较的视角 [J]. 北京大学教育评论，2012，10（1）：2–12，187.

[154] 王志华，贝绍轶，董存田 . 我国产业结构与高校专业结构协调性分析——兼论大学生就业难与“技工荒”问题 [J]. 经济问题，2014（10）：14–20.

[155] 周伟，王秀芳 . 安徽高等教育学科专业结构与产业结构变迁的适应性研究 [J]. 科技管理研究，2014，34（16）：75–77.

[156] 霍影，姜颖，籍丹宁，于丹 . 人才结构调整与产业结构升级协同适配评价方法研究——高等教育智力支撑视角下以东北三省为例 [J]. 科技管理研究，2014（9）：59–63.

[157] 郭继强，郑程，姜俪 . 论教育—就业结构与就业—产业结构的双联动 [J]. 山东社会科学，2014（2）：71–76.

[158] 薛应珍，原朝阳 . 应用型本科高校专业调整与区域经济互动发展的对策——以陕西省应用型本科高校 A 学院为例 [J]. 中国成人教育，2015（3）：

31–33.

[159] 姜华，王晶，吴晓林 . 区域经济与高等教育协调发展的实证研究 [J]. 现代教育管理，2016（12）：7–12.

[160] 龚森. 福建高职教育专业结构与产业结构契合度实证研究 [J]. 教育评论，2016（11）：3–8.

[161] 闫广芬，张磊 . 高校专业结构地区治理需跨越“低水平发展陷阱”——基于专业设置与经济结构的耦合分析 [J]. 教育发展研究，2016，36（21）：8–14.

[162] 马力，张连城 . 高等教育结构与产业结构、就业结构的关系 [J]. 人口与经济，2017（2）：77–89.

[163] 周金堂 . 高校专业设置与人才培养、市场需求相关度研究——以江西省本科高校为例 [J]. 教育学术月刊，2018（1）：35–47.

[164] 姜璐，李玉清，董维春 . 我国高等教育结构与产业结构的互动与共变研究——基于系统耦合关系的视角 [J]. 教育科学，2018，34（3）：59–66.

[165] 陈惠敏 . 深度贫困地区经济结构优化与教育扶贫协同发展的对策 [J]. 广西社会科学，2018（10）：94–96.

[166] 陈霞，刘斌 . 高等教育投资对经济增长的影响分析——基于投资异质性视角 [J]. 当代教育论坛，2019（4）：41–49.

[167] 刘志林 . 高等教育层次结构与社会经济发展关系分析 [J]. 高等工程教育研究，2019（5）：120–126.

[168] 刘志民，胡顺顺，张松，等 . 高等教育结构与产业结构匹配吗？——以高等农业教育为例 [J]. 高等工程教育研究，2019（1）：114–120.

[169] 李良华，杨姗姗，李雪 . 人力资本积累、经济结构转型与高等教育发展 [J]. 财经科学，2020（11）：122–132.

[170] 张明广，茹宁 . 产业转型升级背景下高校毕业生就业的供需匹配研究 [J]. 高教探索，2020（9）：114–122.

[171] 杨伊，胡俊男，谭宁 . 高等教育投入、人力资本结构对区域经济增长影响的外溢性研究 [J]. 黑龙江高教研究，2021，39（9）：36–44.

[172] 陈春平，胡何琼 . 我国高等教育层次结构优化与经济发展的关系研究——基于 2000—2019 年的数据分析 [J]. 当代教育论坛，2021（3）：12–18.

[173]SCHULTE P. Extrabudgetary Funding and Institutional Relationships between Higher Education, Industry, and Social Partners[J]. Higher Education in Europe, 2003, 28(2): 189–194.

[174] 刘世清，田守花 . 区域产业结构调整与高校专业设置——以上海地区为例 [J]. 高等工程教育研究，2010（5）：88–91.

[175] 李战国，谢仁业 . 美国高校学科专业结构与产业结构的互动关系研究 [J]. 中国高教研究，2011（7）：46–49.

[176] 祁占勇 . 高等教育中介机构的法律诠释及其职能探究 [J]. 国家教育行政学院学报，2012（6）：22–27.

[177] 林春树 . 福建省高等教育学科（专业）布局与产业结构调整协同发展的研究 [J]. 宁德师范学院学报（哲学社会科学版），2014（3）：86–92.

[178] 陶威 . 甘肃省高等教育结构与产业结构耦合关系研究 [D]. 兰州：兰州大学，2017.

[179] 沈慧，张克荣 . 产业结构调整的地方高校专业优化机制研究 [J]. 宁波大学学报（教育科学版），2017，39（5）：48–51.

[180] 陈星 . 应用型高校产教融合动力研究 [D]. 重庆：西南大学，2017.

[181] 孙威，何熠 . 产业转型升级下高校专业结构优化与大学生就业协同关系研究 [J]. 黑龙江高教研究，2019，37（12）：120–125.

[182] 王伟舟 . 地方应用型本科高校专业设置与产业结构调整优化研究 [J]. 陕西教育（高教），2018（3）：39，45.

[183] 张晞，顾永安，张根华 . 地方应用型高校一流本科专业推进策略——基于江苏 20 所高校特色专业建设的调研 [J]. 中国高校科技，2019（11）：58–61.

[184] 吉文林，苏治国，王周锁，等 . 升级改造专业目录 精准服务乡村振兴——《职业教育专业目录（2021 年）》农林牧渔大类解析 [J]. 中国职业技术教育，2021（7）：15–19，40.

[185] 潘懋元，刘丽建，魏晓艳 . 潘懋元高等教育论述精要 [M]. 福州：福建教育出版社，2015.

[186] 潘懋元 . 中国高等教育大众化的结构与体系 [M]. 广州：广东高等教育出版社，2009.

[187] 徐东波 . 系统论视角下省域高等教育科类结构研究——以 A 省为例 [J]. 教育学术月刊，2020（8）：39–46.

[188] 柴如瑾，田宇欣 . 本科专业为何这样调整 [N]. 光明日报，2021-3-5（10）.

[189] 任元明，王小华 . 产业结构调整、城市化推进与城乡收入差距论析 [J]. 西南大学学报（社会科学版），2014，40（2）：77–84，182.

[190] 王建伟，娄自强 . 普通高等学校本科专业设置调整研究——基于 2013—2018 年教育部公开数据 [J]. 河南科技学院学报，2019，39（8）：47–53.

[191] 黄福涛 . 新阶段高等教育面临的挑战及其对策 [J]. 清华大学教育研究，2021，42（1）：10–12.

[192] 练晓荣 . 经济结构与高等教育结构的协同发展研究 [D]. 福州：福建师范大学，2009.

[193] 吴仁洪 . 资源再配置与经济体制 [J]. 经济研究，1990（2）：12–19.

[194] 张慧青 . 基于产业结构演进的高职专业结构调整研究 [D]. 上海：华东师范大学，2017.

[195] 张征 . 地方民族院校本科专业分布与调整研究 [J]. 民族教育研究，2013，24（3）：58–63.

[196] 周振华 . 产业结构优化理论 [M]. 上海：上海人民出版社，2014.

[197] 刘新智，沈方 . 人力资本积累与产业结构升级的耦合协调研究——以长江经济带为例 [J]. 西南大学学报（社会科学版），2021，47（3）：99–111，220–221.

[198] 杨丽君，邵军 . 中国区域产业结构优化的再估算 [J]. 数量经济技术经济研究，2018，35（10）：59–77.

[199] 韩文艳，熊永兰，李振涛 . 中国区域科技创新与产业结构优化的

耦合协调研究 [J]. 科技促进发展，2021，17（1）：15–24.

[200] 徐卫华，何宜庆，钟慧安 . 金融深化、科技创新与产业结构优化升级——基于我国 30 个省市 1997—2014 年面板数据分析 [J]. 金融与经济，2017（3）：13–19.

[201] 何宜庆，吴铮波 . 高等教育发展、技术创新水平与产业结构升级——基于长江经济带的空间效应研究 [J]. 高校教育管理，2019，13（3）：79–88，96.

[202] 潘海生，翁幸 . 我国高等职业教育与经济社会发展的耦合关系研究——2006—2018 年 31 个省份面板数据 [J]. 高校教育管理，2021，14（2）：12–23.

[203] 吴小节，马美婷，杨尔璞，等 . 广东省生态文明建设与产业升级的耦合协调发展 [J]. 科技管理研究，2021，41（5）：176–187.

[204] 孙永胜，佟连军 . 东北限制开发区域开发强度与生态环境的时空耦合关系研究 [J]. 地理科学，2021，41（4）：685–694.

[205] 甘静，郭付友，陈才，等 .2000 年以来东北地区城市化空间分异的时空演变分析 [J]. 地理科学，2015，35（5）：565–574.

[206] 张改素，丁志伟，赵萌，等 . 中原经济区县域经济密度的空间分异及影响因素 [J]. 经济地理，2014，34（9）：19–26.

[207] 徐维祥，刘程军 . 产业集群创新与县域城镇化耦合协调的空间格局及驱动力——以浙江为实证 [J]. 地理科学，2015，35（11）：1347–1356.

[208] 徐维祥，张凌燕，刘程军，等 . 城市功能与区域创新耦合协调的空间联系研究——以长江经济带 107 个城市为实证 [J]. 地理科学，2017，37（11）：1659–1667.

[209]WANG H, ZUO R.A Comparative Study of Trend Surface Analysis and Spectrum-Area Multifractal Model to Identify Geochemical Anomalies[J].Journal of Geochemical Exploration，2015，155：84–90.

[210] 麻学锋，刘玉林 . 基于三要素的张家界旅游城镇化响应测度及影响机制 [J]. 地理科学，2018，38（8）：1346–1356.

[211] 郑德凤，郝帅，孙才志，等 . 中国大陆生态效率时空演化分析及

其趋势预测 [J]. 地理研究，2018，37（5）：1034–1046.

[212] 黄秉杰，孙旭杰 . 产业结构与经济增长动态关系的探讨——基于 VAR 模型的山东省实证分析 [J]. 技术经济与管理研究，2013（5）：109–113.

[213] 罗永恒，姚德权 . 投资、产业结构与经济增长之间的动态关系研究 [J]. 财经理论与实践，2015，36（2）：53–58.

[214] 黎文勇，杨上广 . 对外开放、功能分工与中国经济增长质量——基于 282 个地级以上城市的空间杜宾模型研究 [J]. 经济体制改革，2019（5）：28–36.

[215] 谢建国，吴国锋 . 对外贸易与中国的经济增长绩效——基于 1978 年—2011 年中国省际面板数据的研究 [J]. 中国经济问题，2014（6）：26–39.

[216]TOBLER W.A Computer Movie Simulating Urban Growth in the Detroit Region[J].Economic Geography，1970，46（sup1）：234–240.

[217] 刘华军，张权，杨骞 . 城镇化、空间溢出与区域经济增长——基于空间回归模型偏微分方法及中国的实证 [J]. 农业技术经济，2014（10）：95–105.

[218] 张翠菊，张宗益，覃明锋 . 能源禀赋、技术进步与碳排放强度——基于空间计量模型的研究 [J]. 系统工程，2016，34（11）：47–53.

[219] 邹薇，刘红艺 . 城市扩张对产业结构与经济增长的空间效应——基于空间面板模型的研究 [J]. 中国地质大学学报（社会科学版），2014，14（3）：1–13.

[220]ANSELIN L.Local Indicators of Spatial Association-LISA[J]. Geographical Analysis，1995（2）：93-115.

[221]LE SAGE J P, PACE R K. Introduction to Spatial Econometric[M]. BocaRaton：CRC Press Taylor&Francis,2009.

[222] 阳荣威，玉欢爽 . 高等教育人才结构与产业需求相适性——基于湖南省 2008—2017 年结构偏离度实证分析 [J]. 大学教育科学，2019（6）：74–80.

[223] 潘懋元 . 教育外部关系规律辨析 [A]. 潘懋元论高等教育 [M]. 福州：福建教育出版社，2007.

[224] 季忆，密心源，吴云青 . 高等教育学科结构与产业结构的互动机制 [J]. 东南大学学报（哲学社会科学版），2020，22（S1）：111–113.

[225] 杨水根，王露 . 高质量发展背景下湖南省本科专业调整与产业结构演进协同发展研究 [J]. 大学教育科学，2022（2）：64–74.

[226] 高远东，张卫国，阳琴 . 中国产业结构高级化的影响因素研究 [J]. 经济地理，2015，35（6）：96–101.

[227] 魏敏，胡振华 . 湖南新型城镇化与产业结构演变协调发展测度研究 [J]. 科研管理，2019，40（11）：67–84.

[228] 于璇 . 我国高中阶段教育资源配置的地区差异、动态演进与趋势预测 [J]. 教育与经济，2021，37（3）：59–69.

[229] 李玉栋，沈红 . 区域学科与产业协同的实证计量和空间分析——以丝绸之路经济带沿线四省份为例 [J]. 高校教育管理，2019，13（1）：72–81.